Musterung

Staatlich legitimierte Perversion

Lars G Petersson

chipmunkapublishing
the mental health publisher

Lars G Petersson

All rights reserved, no part of this publication may be reproduced by any means, electronic, mechanical photocopying, documentary, film or in any other format without prior written permission of the publisher.

Published by
Chipmunkapublishing
PO Box 6872
Brentwood
Essex CM13 1ZT
United Kingdom

http://www.chipmunkapublishing.com

Copyright © Lars G Petersson 2010

Chipmunkapublishing gratefully acknowledge the support of Arts Council England.

Musterung

Dieses Buch ist allen Männern, die wegen Missbrauchs bei Intim-untersuchungen durch militärische Institutionen leiden, gewidmet. Es ist in der Hoffnung geschrieben worden, dass heute noch junge Menschen sich nicht eines Tages den Älteren als Leidengenossen anschließen müssen.

Ohne die unermüdliche Unterstützung meiner Ehefrau Josephine und die Hilfe einiger Mitglieder von BASTA (Initiative gegen erniedrigende medizinische Untersuchungen in militärischen Institutionen) wäre es mir nie gelungen, diese Arbeit fertig zu stellen. Danke an euch alle.

Lars G Petersson, London im Februar 2010

Lars G Petersson

Musterung

Inhaltsverzeichnis

Musterung

Alles muss funktionieren

Nur mit einem Slip und ein paar Turnschuhen bekleidet sitzt sie im Wartezimmer. Darüber hinaus hat sie nichts an. Noch einige andere junge Frauen sind bei ihr. Alle sind so leicht bekleidet. Es ist allen ein wenig unangenehm so dasitzen zu müssen. Ständig laufen fremde Männer mit Akten unter dem Arm an ihnen vorbei und manche von Ihnen werfen im Vorbeigehen einen kurzen Blick auf die Frauen.

Nach langer Wartezeit kommt Ursula Müller endlich an die Reihe. Ein Mann in einem weißen Kittel steht an der Tür und ruft ihren Namen. Es ist der jungen Frau schon ein wenig seltsam zumute, jetzt so in ihrem fast nackten Zustand über den Flur gehen zu müssen, um das Untersuchungszimmer zu betreten. Aber es bleibt ihr keine andere Wahl. Denn die Untersuchung ist gesetzlich vorgeschrieben und nicht zu erscheinen würde bestraft werden. Es heißt auch, sie könnte sogar mit Hilfe der Polizei zwangsweise vorgeführt werden, wenn sie der Vorladung nicht Folge leisten würde. Bliebe sie ganz weg, dann droht ihr sogar eine Haftstrafe. Keine schönen Aussichten also. Nein, im Gefängnis zu landen, möchte sie unter allen Umständen vermeiden. Dabei hat sie noch nicht einmal etwas Schlimmes angestellt. Im Grunde genommen überhaupt nichts. Ursula ist nur erwachsen geworden. Das ist schon alles. 17 Jahre ist sie jetzt alt und in ein paar Monaten wird sie 18 sein.

Als die junge Frau das Untersuchungszimmer betreten hat, findet sie sich in der Gesellschaft von zwei Männern wieder. Einer von ihnen sitzt bereits an einem Schreibtisch. Es ist der Jüngere von den beiden. Ursula schätzt sein Alter auf Anfang zwanzig. Obwohl auch in weiß gekleidet, scheint er aber nur ein Protokollführer zu sein. Vorgestellt haben sich beide bei ihr nicht. Aber der andere ältere Mann, der sie auch aufgerufen hat, kommt ihr ziemlich barsch vor und ist offensichtlich der Arzt.

Jetzt wird das geschehen, was Ursula nie wieder vergessen wird. Ihr Körper wird ungewollt begutachtet werden. Dafür musste sie extra hierher kommen. Alles an ihr wird kontrolliert werden. Von Ohren, Gebiss und Mundhöhle oben, bis zu den Fußsohlen unten. Zwischendurch, natürlich so halbnackt wie sie ist, muss sie 20 Kniebeugen machen. Doch damit nicht genug, denn man nimmt ihr am Schluss noch das, was ihr in Form eines Kleidungsstückes bisher einen letzten Schutz geboten hat. Davor hat sie sich schon seit Jahren gefürchtet. Der Arzt sagt etwas kühl: "Ziehen Sie jetzt bitte auch noch den Slip aus". Ursula wird ganz heiß und sie kann richtig fühlen wie ihr Gesicht errötet. Sie weiß sich nicht zu helfen. Denn sie möchte das eigentlich gar nicht machen, was der Arzt nun von ihr verlangt.

"Ich muss mich hier jetzt nackt ausziehen, in Anwesenheit von zwei fremden Männern", denkt sie. "Das ist doch unheimlich peinlich." Ihre innere Stimme sagt zu ihr: "Nein, Du willst das nicht". Sie fühlt, wie es ihr noch heißer wird und sie bekommt richtige Angst. Ursula sieht zu dem jungen Mann hinüber, der ganz gelassen hinter seinem Schreibtisch sitzt. Er schaut jetzt auch noch geradewegs in ihre Richtung und sie bemerkt ein verstohlenes Grinsen in seinem Gesicht.

Der Arzt vor ihr wird etwas ungeduldig und stellt seine Forderung erneut. Mit deutlich mehr Schärfe in der Stimme verlangt er von Ursula: "MACHEN SIE SICH JETZT GANZ FREI, bitte!" Das junge Mädchen gibt seine innere Gegenwehr auf und kommt dem befehlsähnlichen Drängen schließlich nach. Ihr fehlt es einfach an Mut, sich weiterhin zu widersetzen. Jetzt steht sie ganz nackt mitten im Zimmer, fühlt sich irgendwie verloren und muss sich so auch noch ihren intimsten Körperbereich begutachten lassen. Am liebsten würde sie im Boden versinken, so peinlich ist ihr die Situation.

Der Arzt kontrolliert ihre Geschlechtsorgane besonders sorgfältig. Es muss schließlich geprüft werden, ob auch alles richtig "funktioniert". Nicht nur einmal, nein, sogar drei Mal führt der Arzt die seines Erachtens nötigen Handgriffe durch. Ursulas intimster Körperbereich gehört momentan einem anderen Menschen, den sie freiwillig nie an sich heran gelassen hätte. Kurz darauf heißt es auch noch: "Bitte umdrehen, nach vorne beugen und die Pobacken spreizen". Fast schon automatisch, jetzt fast gänzlich ohne innere Gegenwehr, kommt das Mädchen auch noch diesem Wunsch des Arztes nach. Sogar ihr After wird jetzt von außen noch kurz, aber eingehend mit Hilfe eines kleinen Leuchtstiftes inspiziert. Glücklicherweise bleibt es ihr aber erspart, einen fremden Finger im Anus spüren zu müssen (andere Frauen müssen sich auch das noch gefallen lassen).

Ursula hat sogar noch mehr Glück gehabt, denn sie wurde nur von einem einzelnen Arzt begutachtet. Manchmal sind sogar zwei Ärzte anwesend, die sich die Aufgaben teilen. Auch zwei Schreibkräfte hätten dabei sein können. Von Zeit zu Zeit müssen schließlich auch neue Angestellte angelernt werden. Wie in anderen Berufen, so

Musterung

muss man sich auch hier immer rechtzeitig um den Nachwuchs kümmern.

"Fräulein Müller, sie können jetzt ihren Slip wieder anziehen", hört sie wie aus weiter Ferne und wie betäubt die Stimme des Arztes zu sich dringen. Endlich wird es ihr erlaubt, dieses Zimmer zu verlassen. Als Ursula endlich wieder draußen ist, fällt den anderen wartenden jungen Frauen auf, dass ihr Gesicht immer noch rot wie eine Tomate ist.

Natürlich ist die eben erzählte Geschichte so nie passiert. Denn so etwas macht man doch nicht mit jungen Frauen. Völlig skandalös wäre es, wenn jemand einem Mädchen so etwas antun würde. Eine Unmöglichkeit, schlicht und einfach pervers wäre das. Dieser Ansicht wären bestimmt sehr viele Leute. Aber es gibt ganz bestimmt auch so schon manche die denken: Der Autor ist wahrscheinlich ein wenig krank im Kopf. Denn wie hätte er sonst so etwas aufschreiben können?

Worauf möchte ich denn mit dieser erfundenen Geschichte eigentlich hinaus? Eben, dass Situationen wie diese sich nicht nur in einer Fantasiewelt abspielen, sondern einen ganz realen Hintergrund haben. Um das Geschehen wahr werden zu lassen genügt es einfach, die Geschlechter der Akteure zu tauschen. Dann wird diese Prozedur plötzlich Realität und wiederholt sich mindestens 1000 mal pro Tag in Deutschland. Wahrscheinlich sogar noch viel öfter.

Ja so geht man tatsächlich mit jungen Leuten um - nicht nur in allen Kreiswehrersatzämtern des Landes, sondern auch in den Standorten und Kasernen der Bundeswehr und nicht zu vergessen, in den zuständigen Behörden für den Zivildienst. Unter dem Begriff "allgemeine Wehrpflicht" und "Gesundheitsfürsorge" für Zeit- und Berufssoldaten und Angestellte der Bundeswehr wird all dies einfach legitimiert und von den Verantwortlichen abgesegnet. Immer wieder heißt es von amtlicher Seite: "Hosen runter!" Immer wieder greift man den (oft sehr) jungen Männern an die Hoden und immer wieder kontrolliert man den Gesäßbereich auf nicht existierende Hämorrhoiden und Analfissuren. Und ist es nicht seltsam? Plötzlich sieht niemand mehr ein Problem darin. Niemand bezeichnet es mehr als das was es eigentlich ist - ein Übergriff. Nein, man nennt es "Musterung" und "das muss man dulden". So sind eben die "Vorschriften" heißt es und da endet jede Diskussion.

> Grundgesetz, Artikel 1: "Die Würde des Menschen ist unantastbar. Sie zu achten und zu schützen ist Verpflichtung aller staatlichen Gewalt."

In Deutschland wurden für zukünftige Soldaten Wehrtauglichkeits-untersuchungen dieser Art während der Kaiserzeit eingeführt. Von Hitler wurden diese Praktiken für seine Zwecke gerne übernommen und heutzutage sieht es in den modernen Streitkräften kein bisschen anders aus.

Alles hat ja einen Zweck. So ist es auch mit dieser Sache. Wilhelm und Adolf wollten gehorsame Soldaten. Leute die selbständig denken und es wagen könnten aufzubegehren, waren bei diesen Herren nicht willkommen. Aus dem einfachen Grund, weil man mit solchen Freidenkern keine Nachbarländer angreifen kann. Solche Leute würden bei so etwas nicht mitmachen wollen. Was man also braucht, sind eingeschüchterte, gehorsame Untertanen und die muss man sich in der Regel erst erziehen. Die Musterung ist nichts anderes, als eine Erfolg versprechende Methode, womit genau dieses Ziel erreicht werden kann.

Die meisten von uns, wenn nicht sogar alle, werden sich nicht davon freisprechen können, sich schnell in so eine folgsame Person umwandeln zu lassen. Wenn man erst einmal eine Weile nackt vor der Untersuchungskommission gestanden hat, lernt man sich auf diese Weise anzupassen und insbesondere lernt man dadurch auch, dass man nichts wert ist. Nackt unter Angekleideten fühlt sich ein jeder von uns wehrlos. Wenn man dort nackt steht, wenn die Geschlechtsorgane vor der Obrigkeit zu präsentieren sind, wenn man sich umdrehen und die Pobacken spreizen muss, dann wird auch der stärkste Mann klein und schwach. Spätestens ab diesem Moment bricht jeder persönliche Widerstand in sich zusammen und der Einzelne ist für die weitere militärische Ausbildung gut vor-bereitet. Nur in dieser einen Richtung, ist das besondere Interesse an Hoden und Vorhaut zu verstehen.

Früher wurde es offensichtlich in den Schützengräben des "Wes-tens" für die Soldaten als zweckdienlich angesehen, im Rahmen einer militärischen Ausbildung ein solches "Mannbarkeitsritual" hinter sich zu haben. Im Dienst für die Nationalsozialisten und für deren Absichten mag es auch von Nutzen gewesen sein. Ent-menschlicht worden zu sein durch eine völlige Missachtung des

Musterung

natürlichen menschlichen Schamgefühls machte alles, was danach kam vielleicht schon ein bisschen erträglicher für den Einzelnen. Man hatte sozusagen die Zivilisation und die Menschlichkeit zu Hause gelassen. Wie sonst hätte man friedliche Leute dazu bringen können, an solchen Verbrechen mitzuwirken?

Inzwischen haben sich die Zeiten geändert. Andere Wertvorstellungen und ein verändertes Menschenbild prägen unser Denken und unsere Vorstellung von einer modernen menschenwürdigen Gesellschaft. Das hat auch Konsequenzen auf die Verfassung einer Armee, die Bestendteil dieser Gesellschaft sein soll. Die Soldaten und seit geraumer Zeit auch die Soldatinnen einer solchen Armee sollen mündige Staatsbürger in Uniform sein, fähig sein, eigenständig zu denken und sich nicht für kriminelle politische Machenschaften instrumentalisieren lassen. Kadavergehorsam und gedankenloses Mitläufertum sollen keine Leitlinien mehr für militärisches Handeln sein.

Aber was ist nun mit den Hoden, Vorhaut und Hinterteilen junger Männer? Werden sie denn jetzt in Ruhe gelassen? Nein, leider nicht. In dieser Hinsicht spielen die veränderten Bedingungen offensichtlich keine Rolle. Wie früher wird hier weiter kontrolliert und inspiziert, und für die Opfer ist alles genau so schlimm wie eh und je. Wahrscheinlich ist es für viele sogar noch schlimmer. Anstatt ein Mannbarkeitsritual unter Männern zu sein, hat sich die ganze Sache, die Musterung, im Namen der "Gleichberechtigung" in eine sexuell gefärbte Entwürdigung von jungen Männern entwickelt. Willige Frauen haben mit der Autorität einer ärztlichen Begutachtung die dominierende Rolle in einem demütigenden Untersuchungsritual übernommen und obwohl diese Frauen selbst nie dazu gezwungen wurden, haben sie sich scheinbar unbegrenzte Macht über Tausende von zwangsvorgeführten nackten Jugendlichen erworben.

Wie sich Ursula fühlte, so fühlen sich täglich unzählige Jugendliche und junge Männer. Ein pervertierter Umgang und ein schlimmer Missbrauch im Namen der "Gleichberechtigung" ist eigentlich nicht vorstellbar. Scheinbar schrankenlose Rechte der freien Frau im rechtsfreien Raum des gezwungenen Mannes. Und dies alles unter der Regie eines Staates, in dem Gehorsamkeit, Nacktheit, Intimuntersuchung und Unterwerfung aller modernen Werte von Menschenwürde zum Trotz augenscheinlich doch nicht aufgehört haben, die jeweiligen Mächtigen zu faszinieren.

Lars G Petersson

Zur Geburt verpflichtet

Zum Bestehen eines Volkes müssen Männer und Frauen zusammen arbeiten. Von allen anderen Aufgaben einmal abgesehen, tragen die zwei Geschlechter traditionell zwei verschiedene Sachen bei. Männer verteidigen die Heimat, falls notwendig mit Gewalt, Frauen gebären Kinder. Ohne Land und Freiheit können Männer und Frauen nicht überleben, ohne Kinder stirbt ein Volk aus.

Um die erste Aufgabe zu erledigen, werden Männer notfalls gezwungen, zu den Waffen zu greifen. Man verpflichtet sie, das Land und die Grenzen zu verteidigen. In manchen Fällen ist das nachvollziehbar. Wenn die Gefahr besteht, angegriffen zu werden, wird sich ein Volk verteidigen müssen, um seinen Fortbestand zu gewährleisten.

Wenn es um die zweite Aufgabe geht, so würden die Frauen aber nur "aufgefordert" werden ihren Teil beizutragen. Eine Frau kann doch nicht vom Staat dazu gezwungen werden, schwanger zu werden. Das wäre doch gegen jede menschliche Vernunft. Oder ginge das wirklich?

Vor wenigen Jahren arbeitete ich in einem Hospiz. Dort lag mal ein älterer Herr, der im Endstadium an Krebs litt. Er war mir sehr sympathisch und immer wenn es mir die Zeit erlaubte unterhielt ich mich mit ihm. Von diesem Mann hörte ich zum ersten Mal etwas über eine besondere Art von Zwangsuntersuchungen.

Als ehemaliger Spitzenmitarbeiter des rumänischen Diktators Ceausescu wusste er sehr gut Bescheid über dieses Thema. Wie überall damals in der kommunistischen Welt, wurden junge Männer auch in Rumänien zum Kriegsdienst einberufen. Aber unter Ceausescu gab es mehr Zwang als sonst üblich. Als Ausnahmefall auf dieser Welt wurden nämlich auch Frauen auf besondere Art einbezogen ihre Heimat gegen die bösen Kapitalisten zu verteidigen. Sie wurden gynäkologisch zwangsuntersucht. Es ging einfach darum mehr Nachwuchs zu erzwingen. Um die Zahl der Geburten zu erhöhen, war es Frauen untersagt Verhütungsmittel zu benutzen.

Ceausescus Plan in den 1960er Jahren war, die Bevölkerungszahl in den nächsten 34 Jahren von dreiundzwanzig auf dreißig Millionen zu erhöhen. Durch diesen Plan wurde Schwangerschaft für Frauen Pflicht, so wie der Kriegsdienst für Männer. Die Produktion von Kindern wurde zur Staatsangelegenheit, zur Politik des Diktators.

Musterung

"Der Fetus gehört der Gesellschaft" sagte Ceausescu. "Jede Frau, die es vermeidet Kinder zu haben, ist eine Deserteurin." Um diese Verfügung durchzusetzen, hatten die Behörden eine Reihe von Mitteln zur Förderung der Geburtzahlen zusammengestellt. Über gynäkologische Zwangsuntersuchungen versuchte man frühe Schwangerschaften zu entdecken, um somit illegale Schwangerschaftsabbrüche zu verhindern. Die Frauen mussten diese Untersuchungen ständig über sich ergehen lassen.

Der rumänische Staat hat alles total überwacht, aber es ist mir nicht bekannt, wie erfolgreich diese Untersuchungen für sich selbst gesehen letztendlich waren. Darüber hat mir der alte Mann nichts erzählt. Wahrscheinlich hat er es selbst nicht gewusst. Eines aber hat man mit Sicherheit dadurch erreicht. Die Bevölkerung war eingeschüchtert. Kinderlos zu bleiben war schon verdächtig und wurde als unsozialistisches Handeln betrachtet - eine Anklage, die von der einzelnen Bürgerin, wenn nur irgendwie möglich vermieden werden musste.

Es ist für uns kaum vorstellbar, aber unter Ceausescu war es in Rumänien wirklich so. Ich war schockiert, als ich erstmals davon erfuhr. Dies war an jenem Tag, kurz vor dem Tod dieses alten Mannes. Spät abends saß ich an seiner Seite, so wie er wenige Jahre zuvor immer an der Seite des Diktators gesessen hatte. Als dessen guter Berater hatte der jetzt im Sterben liegende alte Mann damals zu den engsten Vertrauten des Präsidenten gezählt. Nun hörte ich so etwas wie Reue in seiner Stimme. "Nein, man kann doch Frauen nicht befehlen sich gynäkologisch untersuchen zu lassen, nur um festzustellen, ob sie auch wirklich dem staatlichen Zwang nachkommen, Kinder zu gebären. Nein, das geht doch nicht." Zusammen haben wir uns Gedanken darüber gemacht. Natürlich war ich mit ihm einer Meinung. Selbstverständlich war er voll im Recht mit dem was er sagte: "Nein, das kann man doch nicht".

Über dieses Gespräch habe ich mir nachher oft Gedanken gemacht - über Zwang im Allgemeinen und über Intimverletzungen im Besonderen. Nein klar, so etwas darf doch nicht sein. Aber was denn mit den die Intimsphäre verletzenden Arztkontrollen beim Militär? Das darf es doch genauso wenig geben, oder ist dort alles anders? Wehrpflichtige und Zeitsoldaten sind doch auch Menschen mit einer Menschenwürde die geschützt werden muss! Auch sie, genau wie die rumänischen Frauen, müssen doch das Recht auf Selbstbestimmung über ihre Intimsphäre haben. Auch hier muss es doch Grenzen geben für das, was staatliche Behörden machen dürfen. Die Gedanken an erzwungene Untersuchungen des Genital- und Rektalbereichs, jetzt nicht unter dem Diktator Ceausescu, sondern bei der Bundeswehr, ließen mich gleich an eine andere Art Zwang denken. Einen Zwang, der aber mit dem Ersten ganz eng zusammenhängt. Einen Zwang, ohne den es meiner Meinung nach die Nötigung zur erniedrigenden Intimuntersuchung durch das Militär und seiner Behörden nicht geben könnte.

Für mich als Schwede und Sohn der europäischen Kriegsgeneration ist es in Ordnung, dass alle dabei mithelfen mussten die Nazis und ihre erzwungene Wehrpflichtarmee (die für eine kriminelle Sache auf dem Altar geopfert wurde) zu besiegen. Aber junge Männer heute noch zum Kriegsdienst zu verpflichten, obwohl kein Feind weit und breit zu sehen ist, das geht mir entschieden zu weit. Es stimmt doch, seit dem Tode Hitlers und seit dem Ende des kalten Krieges muss niemand von uns in Europa noch Angst haben, angegriffen zu werden. Ganz ehrlich, wer sollte denn heute die Bundesrepublik angreifen? Die Belgier oder die Dänen?

Nein, alles hat sich verändert. Als Resultat des neuen friedlichen Zeitalters haben die Rumänen, wie bereits festgestellt, schon vor Jahren ihre Zwangskontrollen wieder abgeschafft, die Russen wollen uns nicht länger zum Kommunismus bekehren und die meisten westeuropäische Staaten haben ihre Wehrpflichtheere aufgelöst. Diese gehören heute zum größten Teil der Geschichte an, als etwas, das altmodisch und ineffektiv ist. In vielen demokratischen Ländern wird heute niemand mehr zwangsmäßig zum Marschieren herangezogen oder zu einer Musterung vorgeladen.

Aber es gibt noch welche, bei denen sieht es anders aus. Verkrampft halten hier Machthaber an alten Strukturen fest und kämpfen besonders in einem zentral gelegenen Land noch um ihren Platz an der Sonne. Bereitet man sich etwa nochmal auf einen Krieg vor, auch wenn man die zwei großen Kriege des letzten Jahrhunderts mit katastrophalen Folgen selbst gestartet hat? Ja, gerade hier in der Bundesrepublik, von wo Hitler seine Untertanen und den Rest Europas in eine der größten Verderben der menschlichen Geschichte stürzte, werden heute noch in Massenproduktion gehorsame Soldaten produziert, und wie immer fangen sie alle mit derselben Prozedur an.

Musterung

Wie damals bei Kaiser und Führer werden Musterungskandidaten (und im Weiteren auch alle anderen Soldaten) immer noch und immer weiter daraufhin kontrolliert, ob sie Vorhautverengungen und Analfissuren haben. Nur so können sie ihre Pflicht erledigen, scheint die gängige Meinung zu sein. Nicht weil es um ihre eigene Gesundheit geht. Nein, damit hat es in Wirklichkeit nichts zu tun. Es geht um Unterwerfung und um Einschüchterung. Vor allem geht es darum, jungen Menschen Gehorsamkeit beizubringen. Somit ist das alles nur die Fortsetzung eines anhaltenden Machtmissbrauchs und niemand scheint fähig oder gewillt zu sein, einen Schlussstrich darunter zu ziehen.

Will man Frauen dazu zwingen mehr Kinder zu produzieren, dann geht es natürlich um ihre Geschlechtsorgane. Auch wenn man nur Abscheu für seine Methoden übrig haben kann, aber damit lag Ceausescu völlig richtig. Aber warum muss zuerst unbedingt die eigene "Kanone" kontrolliert werden, nur weil man gezwungen werden soll mit Karabiner und Maschinengewehr schießen zu lernen? In Deutschland ist es in der Tat immer noch so. Dass sich die Vorhaut gut vor und zurückschieben lässt, scheint viel wichtiger zu sein, als ob der junge Mann, der zukünftige Soldat, genug Kraft in Armen und Beinen hat oder ob seine Lungen und sein Herz kräftig genug sind, um unbeschwert laufen zu können. "So ist es eben". "So sind die Gesetze", heißt es.

"Muss ich trotzdem zur Musterung, wenn ich freiwillig Zivildienst machen möchte? Ich habe total Angst vor der Musterung. Ich bin zwar erst 16 Jahre alt, aber solange ist das bis dahin ja auch nicht mehr. Stimmt es, dass man den Finger in den Po geschoben bekommt, und am Glied betatscht wird?"

Rolf S.

Im Schatten des Krieges

Als ich noch ein ganz kleines Kind war, hat mein Vater mir vom Krieg und von seiner Musterung erzählt. Er hat damals, als dies alles noch "normal" war, nackt vor den Musterungsoffizieren und dem Militärarzt gestanden. So völlig entblößt hat er dann mit ihnen allen über seinen kommenden Wehrdienst und über seine Dienstplatzierung "diskutiert". Dieses Bild blieb während meiner ganzen Kindheit in mir wach. Ich hatte Angst erwachsen zu werden und diese Angst wurde ich nie los. Sie hat meine Kinderjahre zerstört. Täglich fürchtete ich die kommende Entwürdigung. Eines Tages würde auch ich so dastehen müssen.

"Nehme deinen Kopf unter den Arm" gab mir mein Vater dazu den bildlich und gutgemeinten Rat. So hatte er selbst das Rekrutendasein überlebt, als jemand der von außen seinen eigenen Körper beobachtet und zusieht was damit geschieht. "Die machen mit dir sowieso was sie wollen. Du wirst wie ihr Eigentum sein. Aber wenn du sozusagen alles von außen betrachtest, dann wirst du es auch gut überstehen. Ja, mit der Musterung fängt alles an. Die werden dich begutachten, in Augenschein nehmen, ungefähr so wie man ein gebrauchtes Auto inspiziert oder vielleicht noch besser ausgedrückt, wie ein Pferd auf dem Markt." So wäre es eben und dagegen könnte man nichts machen.

> WPflG § 15 Abs. 6 Männliche Personen können bereits ein Jahr vor Vollendung des 18. Lebensjahres erfasst werden. Die Absätze 1 bis 5 und § 17 Abs. 3 Satz 2 Halbsatz 1 gelten entsprechend.

Es war mir klar, eines Tages würde ich auch Soldat werden und das Soldatendasein beginnt mit dem, was man "Musterung" nennt und dabei muss man in einer Reihe nackt vor anderen Menschen, Ärzten und Offizieren stehen. Ein Mann hat sich wie eine Ware, als staatliches Eigentum zu präsentieren. Wie gesagt, schon als ganz kleines Kind wusste ich, dass mir selbst irgendwann in der Zukunft so etwas bevorstand.

Außer den Erzählungen meines Vaters, gab es in den Nachkriegsjahren noch andere Andeutungen hinsichtlich dieser besonderen Einweihungszeremonie zum männlichen Erwachsenwerden. Irgendwann sah ich auch einen Film im Fernsehen, in dem eine Musterungsszene während der Kaiserzeit dargestellt wurde. Da standen

Musterung

dann auch wieder junge nackte Männer in einer Reihe hintereinander vor dem Musterungsarzt, der sie kurz untersuchte. Wenn er
mit ihnen fertig war, sagte er jeweils nur "tauglich", oder in seiner
Mundart den sich immer wiederholenden Satz: "Kein Arsch und
kein Genick, ein Jahr zurück".

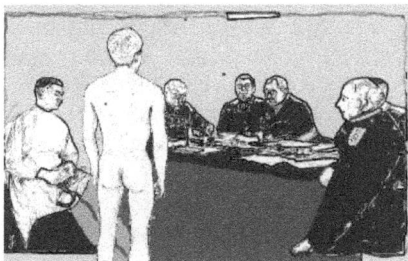

Was Vater mir erzählt hatte und auch der Film zeigte, waren also
das Material aus dem ich ungefähr entnehmen konnte wie so eine
Untersuchung abläuft. Ansonsten war das Thema ja tabu. Niemand
sagte etwas darüber. Obwohl jeder wusste, dass alle es mitmachen
müssen. Selbstverständlich würde es auch allen weiteren so ergehen,
aber niemand wollte es gerne öffentlich zugeben. Im Nachhinein
weiß ich natürlich auch warum, denn sie alle hatten sich ja
geschämt. Männer sprachen von der Rekrutenzeit, von den bösen
Offizieren, aber nie von dem Tag an dem alles begann. Wenn etwas
gesagt wurde, dann wurde alles verharmlost. "Ist doch ein Männerritual", "ist doch etwas ganz natürliches", "es gehört sich doch so",
"ist ja auch schnell überstanden".

Die Erwartung vor dem was mir bevorstehen würde, hat mir viel
von meinen ersten Lebensjahren gestohlen. Immer wieder dachte
ich darüber nach. Zum Schluss war aber das Glück doch mit mir.
Als ich das betreffende Alter von 18 Jahren schließlich erreichte, da
hatte sich bei uns in Schweden viel verändert. Ich wurde gemustert,
aber es war alles nicht so wie ich mir es vorgestellt hatte.

Zwei Tage hat die Prozedur gedauert. Es war im Jahr 1969 und es
war alles sehr modern, wie in einem modernen Bodybuildinginstitut.
Eine Menge von Tests und Belastungsproben - physische und
psychische - wurden durchgeführt. Ich empfand alles als sehr
wissenschaftlich und auch freundlich. Nur zum Schluss musste ich
zu einem Arzt, dieser war aber genau so freundlich. Er hat dann eine
schnelle Untersuchung an mir durchgeführt. In weniger als drei

Minuten schätze ich, länger hat es nicht gedauert. Er bat mich die Hosen hinunterzuziehen (auf der Untersuchungsbank liegend) und dann tastete er sehr schnell meine Leisten ab. Ich habe nichts Entwürdigendes damit verbunden. Nur nicht freiwillig da zu sein, das war auch für mich ein Problem. Wie auch bestimmt für alle anderen Menschen, denen ihre Freiheit wichtig ist.

Es ist heute 40 Jahre her. Warum erinnere ich mich denn trotzdem so genau an diese Untersuchung? Warum erinnere ich mich überhaupt nicht an den Ablauf der Zahnarztuntersuchung im selben Jahr? Es war physisch viel unangenehmer, war vielleicht auch mit Schmerzen verbunden, aber mit Freiheitsentzug und Entblößung hatte es rein gar nichts zu tun gehabt. Erforderlich war es wahrscheinlich, aber ich bin dort aus freiem Entschluss hingegangen. Freiwillig hatte ich um Behandlung ersucht. Bei der Musterung war es anders. Nie hätte ich jemand darum gebeten, meinen Unterleib zu untersuchen, ob es nun auf freundliche Art geschehen würde oder nicht. Nur darum geht es letztendlich. Es geht um Würde, es geht um den freien Willen, es geht darum Mensch sein zu dürfen.

Beim Militär gibt es keinen Platz für Luxus solcher Art. Das war mir schon vorher bewusst, und wenn ich bei Zeiten dorthin müsste, dann würde diese Tatsache bestimmt noch mit aller Kraft bestätigt werden. Ja, ich war unter Zwang dorthin bestellt. Mein Körper gehörte nicht mehr mir, sondern der Staat besaß mich jetzt. Sie konnten alles mit mir machen, was sie wollten. Bei der Musterung hatte ich noch Glück (sonst hätte ich nie den Mut gehabt, das hier zu schreiben), aber einen Rechtanspruch auf Würde hatte ich nicht und während der Militärausbildung die folgte, sollte sich diese Würde sowieso bald ganz in Luft auflösen.

Eine militärische Ausbildung unter Zwang muss doch einfach psychisch schädlich sein, habe ich mir damals schon überlegt. Ich hatte versucht Vaters Rat zu befolgen, den "Kopf unter den Arm zu nehmen" und dachte, mich wenigstens damit selbst gerettet zu haben. Aber klar, auch so ging es letztendlich nicht. Niemand kommt ganz heil aus so etwas wieder heraus.

Wie recht ich damit hatte, das habe ich wenige Jahre später deutlich erfahren müssen, als ich unter dem dänischen Verteidigungsministerium in einer psychiatrischen Abteilung des Militärs, die in einem zivilen Krankenhaus untergebracht war, arbeitete. Ja, so etwas gab es wirklich in Kopenhagen; eine Abteilung für Wehrpflichtige die während der "Ausbildung" psychisch zusammen gebrochen waren. Inzwischen wurde diese Abteilung in ein generelles Krisenzentrum umgewandelt. Auch traumatisierte Berufssoldaten werden jetzt hier betreut. Überspitzt könnte man sagen, dass eine Abscheu gegen das Töten anderer Menschen bei Angehörigen des Militärs als ein psychiatrisches Problem eingestuft wird.

Während meiner Arbeit dort, habe ich neben vielen anderen erstaunlichen Sachen von dem Fall eines jungen Mannes erfahren, der mich sehr nachdenklich machte. Jens war zu einer Gefängnisstrafe verurteilt worden, weil er seinen Freund darum gebeten hatte ihm sein Bein zu brechen. Durch den Beinbruch konnte er sich vor dem Dienst drücken, vor dem er sich so sehr fürchtete. Wegen Zerstörung staatlichen Eigentums (also "seinem" eigenen Bein), musste dieser junge Mann dann aber ins Gefängnis.

Mein ganzes Leben lang bin ich über dieses Unrecht gegenüber meinem jungen Geschlechtsgenossen verärgert gewesen. Doch ich konnte mich zunächst nicht dazu überwinden mir einzugestehen, dass es dabei auch um mich selbst ging. Dass auch ich durch den Wahnsinn des Militärwesens als Mensch beschädigt worden war. Dass ich auch um mich selbst kämpfte und kämpfen musste. Ich schämte mich darüber. Für mich ging es erst einmal anscheinend immer nur um andere, denn es war viel leichter so. Eine Lüge war es ja auch nicht, aber in Wirklichkeit war es eben nur die halbe Wahrheit. Denn schließlich hatte mich während meiner ganzen Kindheit der Gedanke geplagt, nackt vor der Musterungskommission stehen zu müssen. Ich konnte mich davon nicht befreien.

Später wurde auch ich auf dem Exerzierplatz erniedrigt und man hat mir dort meine menschliche Würde genommen. Ganz klar, auch ich war persönlich betroffen. Auch ich konnte mich dem Würgegriff des Militarismus nicht entziehen. Alles hängt mir immer noch nach, obwohl ich nicht unter einem weißen Kreuz gelandet bin, auch bei der Musterung Glück gehabt habe und mein tägliches Leben von den Erlebnissen ebenfalls nicht sehr beeinträchtigt gewesen ist. Millionen junger Männer sind vorher und nachher weniger glücklich davon gekommen. Ihnen erging es noch schlimmer und sie mussten oft Dinge erleben, die für sie nicht mehr zu verkraften waren. Und immer noch geht dieser Wahnsinn weiter. Selbst wenn sie nie in einen Kampf ziehen müssen oder der Gefahr ausgesetzt sind auf dem Schlachtfeld zu sterben, unter dem Joch des Militärs sind manche Seelen dennoch für immer zerstört worden.

Ständig verlangt dieser Wahnsinn nach neuen Opfern, nach neuen jungen Männern und heute bleiben auch die Frauen teilweise nicht davon verschont. Es ist doch im Grunde so, dass es nicht nur um die "Verteidigung des Landes" geht, sondern in einigen Fällen - glaube ich - auch um ein von der Öffentlichkeit abgeschlossenes Gebiet, in dem sexuell gestörte Menschen unter dem Schutz der militärischen Institution unangefochten genügend Auslauf für ihre sexuellen, sadomasochistischen Perversionen finden können.

Dies ist etwas, was man auch zum Militarismus zählt. Ein krankhafter Wunsch andere zu töten, aber auch eine krankhafte, perverse Sucht andere zur Nacktheit zu zwingen, Geschlechtteile zu kontrollieren, andere zu dominieren und zu erniedrigen. Es schaut wirklich so aus, als ob alle diese Faktoren zusammen gehören.

"Ich hatte einmal Bilder von einer Musterung in einem Buch über den Zweiten Weltkrieg gesehen. Da standen mehrere nackte Männer vor Militärärzten und sogar Offizieren. Das muss damals wirklich schlimm für die Betroffenen gewesen sein. Mein Großvater, der in zwei Kriegen gekämpft hat, erzählte mir zwar oft von seinen Kriegsabenteuern, aber nie etwas von seiner Musterung. Jetzt im Nachhinein finde ich das schon irgendwie seltsam. Denn es muss für ihn doch auch ein einprägsames Erlebnis gewesen sein. Oder hat er sich dafür so geschämt und deshalb nie darüber gesprochen?"

Manfred S.

Musterung

Der Sohn meines Nachbarn

Eine Bekannte von mir, die Sexologin und Psychiaterin mit speziellen Kenntnissen in der Behandlung von Folteropfern ist, sagte vor wenigen Jahren plötzlich während einer Diskussion: "Wie kann es eigentlich sein, dass Soldaten überhaupt eine Erektion bekommen, wenn sie auf Befehl Frauen vergewaltigen sollen? Dafür muss man doch Lust haben, oder?"

Ja, das ist schon eine gute Frage. Ich glaube heute kenne ich die Antwort. Sexuelle Erregung wird nicht alleine durch liebevolle Zärtlichkeit erzeugt. Es gibt auch eine dunkle Seite zu diesem Thema, obwohl es streng tabu ist darüber zu sprechen: Erlebte Erniedrigung und Unterwerfung kann nicht nur Scham und Leiden, sondern auch sexuelle Lustgefühle hervorrufen. Die Folge kann dann eine Erektion sein und vom Betroffenen in dieser Situation als äußerst peinlich empfunden werden, weil es ihm einfach nicht gelingt seine Gefühle unter Kontrolle zu halten. Er schämt sich dann dafür und vermeidet es aus diesem Grund je mit anderen darüber zu sprechen.

Der Tag an dem sich so ein Mensch vom Opfer in einen Täter umwandelt, liegt nicht unbedingt fern. Es kann schneller geschehen, als man es für möglich halten würde. Unter normalen Bedingungen kommt es vielleicht nicht so weit. Aber das ist keine Selbstverständlichkeit. Unterwerfung, Erniedrigung und Machtlosigkeit oder das Gegenteil davon - egal welche Rolle man einnimmt, also die des Opfers oder die des Täters - kann sexuelle Lustgefühle hervorrufen und nichts ist permanent. Heute musste ein Mensch noch das Opfer sein, schon morgen kann es dem gleichen Mensch Freude machen, als Täter über andere Macht auszuüben. Falls jemand dadurch erregt wird, dass ein anderer erniedrigt wird oder wenn jemand sich aus Angst und Scham in Erregung versetzt fühlt, dann ist das beabsichtigte Ziel nicht mehr weit entfernt.

Für eine friedliche Gesellschaft ist so eine Person nicht gerade wünschenswert, aber für aggressive kriegslüsterne Streitkräfte ist es schon etwas anderes. Für diese kann es sehr nützlich sein. So wie sich das Opfer von Kindesmissbrauch in einen Täter umwandeln kann, so kann sich auch für den werdenden Kriegsvergewaltiger in dieser Richtung ein Weg geöffnet haben, als er am Anfang seiner Militärkarriere sexuell entwürdigt wurde. Wenn er seine Menschenwürde zerstört sieht, wenn man bei ihm Hass erzeugt hat, dann ist er als Soldat auch in dieser Hinsicht auf dem Weg zur Vollendung. In manchen Streitkräften war es früher so und in manchen ist es immer noch so.

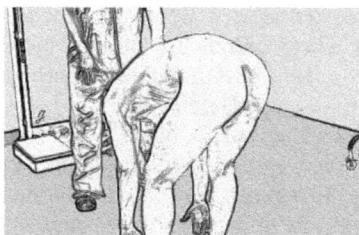

Wir wissen heute, dass fast jeder von uns unter Verwendung der richtigen Methoden in einen Folterknecht umgewandelt werden kann. Es gibt viele Beispiele dafür. Das Bekannteste ist wahrscheinlich, was unter der Regie der griechischen Diktatur während der 60er Jahre geschah. In der Zeit der Papadopulos Junta wurden die entsprechenden Methoden nicht nur in großem Umfang angewendet, sie wurden auch von anderen studiert. Später wurde darüber sogar ein Buch veröffentlicht und ein Film gedreht. "My Neighbour's Son" wurde es jeweils genannt und es ging alles nur darum, wie man "wissenschaftlich" Folterknechte ausbilden kann.

Die erschreckende Erkenntnis: Fast alle Menschen können dazu gebracht werden. Was man dazu nur braucht, ist Abhängigkeit, Erniedrigung, Strafe und Unterwerfung. Wenn jemand lange genug erniedrigt und geschlagen worden ist, bringt man ihm bei wie er die Rollen umtauschen kann. Aus dem Opfer entwickelt sich der Folterer, der Täter. Der Folterknecht ist fertig. Es erscheint ihm jetzt als völlig natürlich und normal, anderen Leuten Leiden zuzufügen. Jemand der missbraucht worden ist, kann von nun an andere Menschen missbrauchen. Nicht nur seine Peiniger, an denen er sich gerne rächen würde, werden dabei von ihm in Betracht gezogen, nein, auch alle anderen können mitunter seinen angestauten Hass zu spüren bekommen. Jeder auf den er seine Wut projizieren kann, soll für das selbst erlebte Leiden bezahlen. Jedenfalls kommen jene in die engere Wahl, die zur selben "Gruppe" gehören wie seine Peiniger - dieselbe Rasse, Nationalität oder dasselbe Geschlecht besitzen, sowie jene mit der gleichen politischen Überzeugung. Die Umwandlung ist gelungen. Nach dieser Beschreibung könnte es also auch der Sohn deines Nachbarn sein - oder warum nicht seine Tochter? Ja, es könnte jeder/jede von uns sein. Du oder ich, Onkel

Musterung

Peter oder Tante Ulrike. Niemand kann sich davon freisprechen. Beispiele dafür gibt es ja viele. Das Instrument für physische und psychische Misshandlung hat man jetzt fertig ausgebildet. Als noch zuvor selbst eingeschüchterter Mensch, kann es für ihn jetzt auch erregend sein Macht über andere zu spüren.

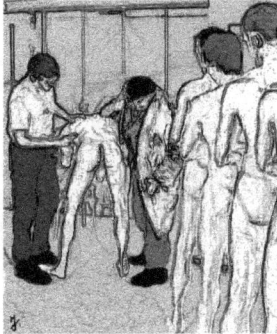

Diese Erkenntnis von der menschlichen Natur erschreckt mich und ich bin geradezu entsetzt darüber, weil sich daran nichts ändern lässt. Griechenlands Junta gehört zwar der Vergangenheit an, aber die Methoden die von diesem Regime angewendet wurden, die leben immer noch weiter. Sie sind überall zu finden. Erniedrigende sexuell gefärbte Rituale während der Musterung sind nur einige von ihnen. Und es ist in diesem Bereich leider keiner Besserung der Zustände in Sicht, eher das Gegenteil. Was die Musterung in Deutschland betrifft, so finden wir ein krasses Beispiel dafür, wie man alles auch noch schlimmer machen kann. Im Namen eines zweifelhaften Verständnisses von Gleichberechtigung, hat man ein besonderes, schreckliches, sexuell gefärbtes System von Missbrauch aufgebaut. Hier werden seit Jahren in den KWEÄ, Kasernen und in den Zivildienstbehörden junge Männer nackt den Frauen vorgeführt. Von denen, die selbst diesem Zwang nicht unterliegen, werden sie wie Vieh auf dem Marktplatz behandelt. Die Konsequenzen können verheerend sein.

Ich habe Angst

Ich war auch mal ein kleines ängstliches Kind. Heute gibt es viele andere. Sie alle warten auf den Tag der großen Entblößung, auf den Tag, an dem der Staat sie in Augenschein nehmen will. Nachher denken sie darüber nach, bis zum Ende ihres Lebens. Sie hassen den Staat, der ihnen so früh und so viel von der Freude ihres jungen Lebens weggenommen hat.

Es ist noch nicht lange her, da las ich folgendes im Internet: "Ich bin siebzehn, habe am Donnerstag Musterung und weiß nicht was ich machen soll. Hab schon viel gehört von wegen Hose runterlassen und so. Kann man das nicht irgendwie umgehen? Ich sage es nicht gern, aber ich habe einen extrem kleinen Penis (3-4cm) und mir wäre es so peinlich, vor den Anwesenden dort alles zu zeigen - was kann ich tun? Tim."

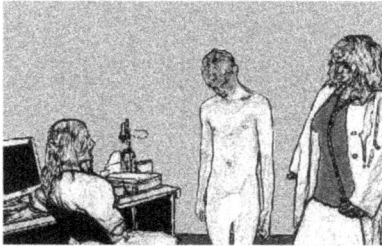

So klang ein anonymer Hilferuf aus dem Internet. Mir schien es wie ein Hilferuf in einer dunklen Nacht zu sein. Viele haben ihn höchstwahrscheinlich gehört, aber niemand wird wissen, von wo er kam. Selbst wenn wir es gewusst hätten, was hätten wir machen können um diesem jungen verzweifelten Mann zu helfen? Was hätte man ihm sagen können? Ganz ehrlich, doch bestimmt nicht viel. Vielleicht nur so etwas wie "Tim, du bist jetzt 17, bald wirst du 18 sein. Ab jetzt gehörst du dem Staat und genau so, als wenn du selbst etwas gekauft hättest und es besitzen wolltest, so will der Staat dich jetzt besitzen. Du bist sein Eigentum, das er jetzt kontrollieren und in Augenschein nehmen will."

Es ist schon richtig, obwohl Tim nach internationalem Recht noch ein Kind ist und er nach deutschem Recht bis dahin noch kein Wahlrecht gehabt hat, also nie etwas zu sagen hatte, unterliegt er

Musterung

von nun an der sogenannten Wehrüberwachung mit stark eingeschränkten Freiheitsrechten für seine Person. Nach "demokratischen" Prinzipen haben die Erwachsenen es so für ihn entschieden. Um die "Freiheit" verteidigen zu lernen, haben sie ihm Freiheitsentzug vorgeschrieben. Schon ein bisschen merkwürdig und widersprüchlich eigentlich. Von nun an soll er Gehorsamkeit lernen und als einleitende Übung muss er auf Befehl seine Hosen hinunterziehen und Penis, Hoden und Hinterteil vorzeigen. Das ist der erste Schritt in einem längeren Prozess. Wenn er das endlich zum ersten Mal überstanden hat, dann hat er keine Intimsphäre mehr zu verteidigen, nichts bei ihm ist mehr privat.

> "Als ich mich nach meiner letzten Musterung an die Details aller Untersuchungen erinnerte, hatten besonders die Intimuntersuchungen einen bleibenden Eindruck hinterlassen und zwar keinen besonders guten. Ich trug eine Wut darüber in mir, die ich aber nicht richtig zum Ausdruck bringen konnte. Ich schämte mich zu sehr, um mit jemand darüber zu sprechen. Also begann ich alles (umgangssprachlich ausdrückt) in mich hinein zu fressen."
>
> Burkhard M.

Dies alles ist natürlich mit einer ganz bestimmten Absicht verbunden. Danach wird es einfacher sein ihm das zu beibringen, worum es letztendlich geht - schießen zu lernen, durch die Gegend zu marschieren, für den Staat sein Leben einzusetzen und sich wenn nötig zu opfern. Egal, ob er darin für sich selbst einen Zweck erkennen kann oder nicht. Das hier ist ja nichts Neues, es war ja fast immer so.

"Nein Tim, du bist nicht der Einzige der diesen Weg gegangen ist. Du bist nur jemand in einer langen Reihe. Bei der Musterung darfst du dich nicht verstecken, du musst dich präsentieren. Die Nacktheit ist hier Zweck. Und so schlimm ist das Ganze ja nun auch wieder nicht. Die Größe des Penis wird nicht gemessen, da kannst du völlig unbesorgt sein. Eventuell hat jemand dafür ein Grinsen übrig, aber das ist dann auch schon alles. Tim, dafür musst du doch Verständnis haben. Ist aber auch egal, denn du musst ja sowieso alles dulden. So steht es ausdrücklich im Gesetz."

Ganz ehrlich, ich frage mich auch warum der Penis für die Bundeswehr so wichtig ist. Nicht die Größe, aber insbesondere die Funktion der Vorhaut. Komisch eigentlich. Ich habe bei allen ausführenden Behörden nachgefragt, die gesamten Bundestagsabgeordneten angeschrieben, ebenso dem Wehrbeauftragten und dem Verteidigungsminister dazu Fragen gestellt und natürlich auch die Ärzte in ihren medizinischen Verbänden um Auskunft und Stellungnahme gebeten. Selbstverständlich wurde auch das Gesundheitsministerium nicht vergessen.

Alle diese Leute haben dazu meine Fragen gehört. Niemand kann oder will mir aber darauf eine Antwort geben. Man schweigt oder gibt vor, nichts zu wissen. So wie es aussieht, möchte kein Mensch die Verantwortung übernehmen, geschweige denn darüber diskutieren. Alle drücken sich. Es hat demnach für mich jetzt den Anschein, als ob die Bundeswehr und ihre Mitarbeiter/-innen nicht nur ein krankhaftes, perverses Interesse an der Vorhaut, sowie an den Hoden haben, sondern sie werden bei ihrer Beschäftigung damit auch völlig in Ruhe gelassen.

Alle in dem ganzen Land wissen von diesen Zwangskontrollen, von der Überprüfung der männlichen "Eier". Viele regen sich zwar zu Hause ganz im Stillen darüber auf, aber niemand traut sich öffentlich darüber zu sprechen. Die Schande scheint zu groß zu sein. Ich schlage deshalb vor, wir sollten anstatt über zwei "Eier", besser über zwei sehr heiße Kartoffeln sprechen. Das heißt, wenn meine Ansprechpartner den Mut dazu aufbringen würden. Franz Josef Jung war zur Zeit der Recherchen für dieses Buch Verteidigungsminister. Heute heißt sein Nachfolger Karl-Theodor Freiherr zu Guttenberg. Beide wurden auch einmal im nackten Zustand gemustert. Ihre Geschlechtsteile wurden sorgfältig geprüft und sie wurden auch insgesamt in Augenschein genommen. Mir ist klar, dass der junge

Musterung

Franz Josef und der junge Karl-Theodor darüber empört gewesen sein müssen. Dr. Jung und Dr. zu Guttenberg fehlt heute aber der Mut darüber zu sprechen.

"Wenn ich älter gewesen wäre, so wie jetzt, dann hätte ich eine andere Autorität gehabt. Aber mir wurde schon zu Anfang völlig klar gemacht - folgsam sein - dein Gegenüber befindet sich in einer Machtposition. Die Hoden wurden bei mir nicht grob untersucht, sondern sehr, sehr lange und immer wieder abwechselnd und die Vorhaut wurde 3 mal vor und zurückgeschoben von der Ärztin. Die Hoden taten mir nicht weh. Es war trotzdem eine große Demütigung und die entwürdigendste Situation in meinem Leben."

Lukas K.

Lars G Petersson

Dieter spricht es aus...

"Mit 18 denkt man an Freiheit, Selbstentscheidung, Mündigkeit. Dass man gerade zu diesem Zeitpunkt gezwungen wird, vor anderen und dazu auch noch oft weiblichen Personen die Unterhose auszuziehen und geschaut wird, ob die Vorhaut nicht zu eng und die Hoden auch gesund sind, empfand ich damals als sehr demütigend", sagte mir Dieter an einem Tag ganz plötzlich und ohne Vorwarnung. Früher, sagte er, hatte er nie mit jemand über dieses Thema gesprochen und das mag sehr wohl die Wahrheit sein. Zwischen uns beiden war es jedenfalls nie ein Thema gewesen.

Es war alles schon ein bisschen seltsam. Es schien, als ob Dieter an diesem Tag plötzlich aufgewacht sei. Gleichzeitig schien es mir aber auch so, als ob es ihm selbst nicht ganz bewusst war, dass er seine Gedanken so laut ausgesprochen hatte. Schon verwunderlich, warum er so plötzlich jemand in seine geheime Welt eingeladen hatte - nach Jahren voller Schweigen.

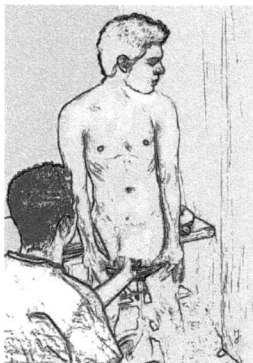

Egal wie, aber plötzlich war das Eis gebrochen und es konnte nicht mehr rückgängig gemacht werden. Und er hatte noch mehr zu sagen. "Klar, wenn man so untersucht wird, dann will man am liebsten im Erdboden versinken. Dabei wird man ganz klein. Das Berühren und Ertasten der Hoden ist eigentlich eine Handlung, die man nur sehr wenigen gestattet. Bei der Musterung wird es wie selbstverständlich durchgeführt und gewöhnlich wird man noch nicht einmal um Erlaubnis gefragt. Das Umdrehen und nach vorne Beugen ist dann, vielleicht weil man die fremden Blicke nicht mehr wahrnimmt, fast schon eine Erleichterung." Heute ist Dieter der

Musterung

Meinung, dass die Musterung nur der erste, dafür aber ein sehr wichtiger Schritt ist, um junge Leute einzuschüchtern, sie zu demütigen und ihren Widerstand zu brechen. Ich kann ihm darin nur zustimmen.

Aber auch jeder andere müsste sich doch fragen: Ist das wirklich Teil des modernen Deutschlands oder gehört so eine Vorgehensweise nicht besser nur in den Bereich der Vergangenheit? Zur Zeit Bismarcks, des Kaisers und an Hitlers Tagen ging es ganz klar um Einschüchterung, Machtausübung und Entwürdigung. Die Nacktmusterung war ein sehr wichtiger Bestandteil dieses Prozesses. Inzwischen hat sich aber unser Verständnis von den Aufgaben, die eine Armee hat, von der Rechtmäßigkeit von Kriegen und nicht zuletzt generell von Menschenwürde und Menschenrechten grundlegend gewandelt. Die Bundeswehr hat in ihrem Leitbild das Konzept des mündigen Staatsbürgers in Uniform verankert. Also sollte sich auch im Bereich der Musterung bzw. Tauglichkeitsuntersuchung etwas entsprechend geändert haben. So ist es aber leider nicht. Nein, die veränderten Verhältnisse in der zivilen Welt haben sich nicht sehr positiv auf diesen Bereich ausgewirkt. Jedenfalls haben sie zu keiner Verbesserung geführt. Bei der Bundeswehr macht man immer noch so weiter, wie es immer schon gewesen ist. Es sind keine Pläne vorhanden etwas zu ändern.

Anscheinend sieht man sich aber inzwischen unter Druck gebracht und ist an dem Punkt angekommen wo man meint sich rechtfertigen zu müssen. Deswegen wurde ganz einfach eine neue Ausrede erfunden. Heute geht es um "Vorsorge", heißt es. Ja, in diesen Jahren hat die Bundeswehr eine merkwürdige Sorge um die Geschlechtorgane junger Männer und deren "Gesundheit" entwickelt. Man glaubt somit eine unangreifbare Argumentation gefunden zu haben, alte Methoden weiter anwenden zu dürfen.

"Bei der Untersuchung der Intimzone, wenn die Hose unten ist, fragt die Ärztin als erstes, ob die Vorhaut zurück geht. Viele sind in dieser Situation sicher ziemlich aufgeregt, weil alle jetzt auf die Stellen blicken, die man vorher nur erahnen konnte. Wer da zu lange zögert, zu stottern beginnt oder nur verlegen schaut, kann sicher sein, dass die Ärztin es selbst macht, und zwar auch wirklich richtig bis ganz nach hinten."

Melanie U. Arzthelferin

Deutsche Behörden lieben ihre Regeln und Vorschriften über alles.
Deshalb ist es aber schon mehr als auffällig, wenn in dieser Sache
augenscheinlich noch nicht einmal die eigenen Regeln und Gesetze
befolgt werden.

Im Wehrpflichtgesetz §17 ist ausschließlich von der Feststellung
zur Wehrtauglichkeit die Rede. Es geht überhaupt nicht um Vorsorge. Laut Abs. (4) (sind) "die Wehrpflichtigen vor der Musterungsentscheidung auf ihre geistige und körperliche Tauglichkeit
eingehend ärztlich zu untersuchen; sie haben sich dieser Untersuchung zu unterziehen. Dabei sind solche Untersuchungen vorzunehmen, die nach dem Stand der ärztlichen Wissenschaft für die
Beurteilung der Tauglichkeit des Wehrpflichtigen für den Wehrdienst notwendig und im Rahmen einer Reihenuntersuchung
durchführbar sind." Laut WPflGes §8a gibt es dazu verschiedene
Tauglichkeitsgrade (wehrdienstfähig, vorübergehend nicht wehrdienstfähig, nicht wehrdienstfähig) und Verwendungsgrade (voll
verwendungsfähig oder verwendungsfähig mit Einschränkung für
bestimmte Tätigkeiten), nach denen die Wehrpflichtigen nach
ärztlichem Urteil eingeteilt werden.

Als Entscheidungsgrundlage hierfür hat das Bundesverteidigungsministerium einen "Tätigkeitskatalog" (Tätigkeitsmerkmale in der
Grundausbildung im Sinne des § 8 a Abs. 2 Satz 1 WPflG) heraus-
gegeben. Hier sind in 20 Punkten die Mindestanforderungen
aufgeführt, die ein Soldat während der "Allgemeinen Grundausbildung" (AGA) erfüllen muss. In Streitfällen ist es übrigens dieser
"Tätigkeitskatalog", der von den Verwaltungsgerichten zur Beweisführung herangezogen wird. Nirgendwo in diesen gesetzlichen
Grundlagen zur Tauglichkeitsuntersuchung ist von Vorsorge und
bezeichnenderweise auch nicht von einer Intimuntersuchung die
Rede, sondern nur von der Feststellung der Wehrtauglichkeit.

Es gibt gute Gründe sich über das ganze Thema zu wundern.
Worum geht es eigentlich? Bei weiblichen Bewerberinnen, zum
Beispiel, die sich immerhin freiwillig bei der Bundeswehr bewer-
ben, wird überhaupt keine Genitaluntersuchung mittels Inspektion
oder gar Palpation durchgeführt. Selbst in der behördeninternen
Dienstvorschrift (ZDv 46/1), die die Genitaluntersuchung der Män-
ner detailliert vorschreibt, ist im Kapitel 2 unter o) Genitalorgane der
Frau / Ziffer 235 ausdrücklich vermerkt, dass bei der klinischen
Untersuchung die Inspektion der äußeren Genitalorgane entfällt und
statt dessen eine Befragung mittels eines dafür entwickelten

Fragebogens durchzuführen ist. Erst bei relevanten Auffälligkeiten ist "eine gynäkologische Untersuchung durch eine(n) Facharzt/-ärztin für Gynäkologie und/oder Frauenheilkunde zu veranlassen, soweit kein aktueller Befundbericht vorliegt." Liegt bereits ein ärztlicher Befundbericht vor, entfällt bei ihnen auch die Analuntersuchung.

Darauf hat sich im Grunde genommen die ärztliche Diagnostik in diesem Zusammenhang zu beschränken, und zwar analog auch bei Männern. (Über die Unterschiede der Untersuchung zwischen Männern und Frauen gehen wir im Einzelnen noch weiter unten ein) Ganz offenkundig liegt für eine Vorgehensweise, wie sie derzeit bei den männlichen Wehrpflichtigen, Soldaten und Zivildienstleistenden praktiziert wird, weder eine medizinische noch eine militärische Notwendigkeit vor. Selbstverständlich müsste diese Art der medizinischen Befragung auch für die Diagnostik im Rektalbereich angewendet werden, da dieser ebenfalls zum Intimbereich gehört. Für jede Untersuchung, welche über die Tauglichkeitsprüfung hinausgeht, gilt wie im übrigen Leben auch: Jeder ärztliche Eingriff bedarf der *vorherigen* Zustimmung und damit verbundenen Aufklärung des zu Untersuchenden.

Selbst in der Vorbemerkung der ZDv 46/1, eine bis 2006 unter Verschluss gehaltene behördeninterne Dienstvorschrift, deren Herausgeber ebenfalls das Bundesverteidigungsministeriums ist, wird klar gesagt, dass „…*"die Zentrale Dienstvorschrift für die Beurteilung der geistigen und körperlichen Tauglichkeit für den Wehrdienst ist."*

Also nichts mit Vorsorge. Diese gehört nicht in den Zuständigkeitsbereich der Bundeswehr und ihrer Behörden. Und das ist auch richtig so. Denn Vorsorgeuntersuchungen, wenn sie wirklich Sinn ergeben sollen, müssen in regelmäßigen Abständen über viele Jahre oder gar Jahrzehnte wiederholt werden (optimal nur durch ergänzende Selbstuntersuchung mit bzw. nach entsprechender fachärztlicher Anleitung). Eine einmalige Untersuchung kann lediglich Zufallsbefunde zu Tage fördern, sollten Erkrankungen zu diesem Zeitpunkt vorhanden sein. Ansonsten wird die Scham verletzende und entwürdigende Art und Weise, mit der die Musterung oftmals einhergeht, eher dazu führen, dass der Betroffene in Zukunft weiteren freiwilligen Kontrollen lieber aus dem Weg geht. Es ist auch fraglich, in wieweit im Rahmen einer solchen Reihenuntersuchung von Ärztinnen und Ärzten ohne urologische Facharztausbildung hier wirklich eine gesicherte Diagnostik möglich ist.

Wie tiefgreifend und nachhaltig negativ sich dagegen solche Erlebnisse auf die Psyche auswirken können, wird noch später im Buch durch einige Erfahrungsberichte deutlich werden. Welcher Mann wird nach solchen beschämenden Erfahrungen mit dem anderen Geschlecht bei medizinischen Untersuchungssituationen gar noch einmal freiwillig die Praxis einer Ärztin mit ihren Assistentinnen aufsuchen? Der Schaden der hierdurch entsteht, ist bisher noch nie thematisiert oder von dafür zuständigen Institutionen (Krankenkassen, Ärzteverbänden, Gesundheitsministerien oder womöglich das BMVg selbst) eingehend untersucht worden.

Musterung

Ungewohnte "Schützenhilfe"

Zeitgleich, als die Wehrbehörden die Intimuntersuchungen mit dem Argument der Vorsorge rechtfertigten, forderte im Vorfeld des 3. Europäischen Kongresses für Andrologie (Männerheilkunde) Prof. Eberhard Nieschlag, vorgeblich wegen steigender Zahlen von jungen Männern mit Hodenkrebs, einen entsprechenden Gesundheitscheck bei der Bundeswehr-Musterung "Da es keine Vorsorgeuntersuchung wie bei Frauen gibt, spielen gerade Bundeswehrärzte bei der Früherkennung eine wichtige Rolle", sagte Nieschlag. (Quelle: Handelsblatt vom 10.09.2004). Das war wohl ungewohnte "Schützenhilfe" aus dem zivilen Sektor des Gesundheitswesens. Waren hier vielleicht übergreifende Netzwerke aktiv, über die die Bundeswehr auch auf die Zivilgesellschaft Einfluss nehmen möchte?

Seitens der Bundeswehr versucht man oft, Experten des Zivillebens für sich zu gewinnen, um die eigene Glaubwürdigkeit zu erhöhen, wenn eigene Kompetenz und Qualifikation fehlen (beides kommt anscheinend öfters vor). Auf gemeinsamen Treffen und Tagungen werden dann solche Verbindungen vertieft. Bei einer dieser Gelegenheiten hat möglicherweise Herr Prof. Nieschlag unkritisch Zahlen einer Studie übernommen, mit der belegt werden sollte, dass die Musterungsuntersuchung ein hervorragendes Instrument zur Aufdeckung von ansonsten in diesem Stadium nicht erkannten Hodentumoren sei. Es handelt sich dabei um eine Publikationen in der Zeitschrift Wehrmedizin und Wehrpharmazie von Römer et al. "Früherkennung von Hodentumoren - Musterung als Prävention / Oktober 2001" sowie "Akzeptanz und Ergebnisse der Hodentastuntersuchung anlässlich der Musterung / August / September 2003."

Auch von Mitgliedern der Deutschen Gesellschaft für Wehrpharmazie und Wehrmedizin sowie dem BMVg werden diese Veröffentlichungen gern zur Beweisführung für die Notwendigkeit der aktuell praktizierten Intimuntersuchung herangezogen. Dabei sind die federführenden Autoren dieser Studie keineswegs Experten oder Urologen, sondern Arbeits- und Betriebsmediziner, - die gern einmal etwas publizieren wollten!

Bisher wurden die Zahlen und Ergebnisse dieser Studie noch nicht von fachlich entsprechend qualifizierten Experten, beispielsweise innerhalb der Deutschen Gesellschaft für Urologie, auf ihre Stichhaltigkeit hin überprüft. Aber wie steht es in diesem Zusammenhang um Herrn Prof. Dr. Nieschlag? Konnte er als Androloge nicht eine solche Prüfung vornehmen und kritisch bewerten? Welche erworbenen Qualifikationen hätten ihn dazu befähigt? Von Haus aus ursprünglich Arzt für Innere Medizin und Endokrinologe (ein Facharzt, der sich mit der Diagnose und Behandlung von hormonellen Erkrankungen beschäftig) ist er inzwischen ein international renomierter Reproduktionsmediziner und hat, bisher erfolglos, versucht, die "Pille für den Mann" zu entwickeln. Mit urologischen Vorsorgeuntersuchungen z.B. zur Erkennung von Hodentumoren im zivilen klinischen Bereich ist er von seinem Tätigkeitsprofil her nicht vertraut!

Vor diesem Hintergrund ist es schon etwas befremdlich, dass sich ein berühmter Universitätsprofessor auf den Zufallsbefund einer nicht qualifizierten Musterungsuntersuchung verlassen möchte und dieses auch noch namentlich empfiehlt! Es kommt ihm auch gar nicht der naheliegende Gedanke, für Männer eine ähnliche Vorsorge wie bei Frauen einzufordern. Nein- bei Männern muss es die Bundeswehr bzw. das Kreiswehrersatzamt sein!

Immerhin rief er wenigstens die Männer zu einer regelmäßigen Selbstuntersuchung auf, "ähnlich wie es auch viele Frauen zur Früherkennung von Brustkrebs tun". Dass Männer genauso in die Zivilgesellschaft zu integrieren sind wie Frauen, und dass sie auch ein Recht darauf haben, das erscheint offensichtlich auch heute noch vielen als absurder Gedanke.

Wenn die Gesellschaft wirklich ein Interesse an der Gesundheit der Männer, in dem Fall besonders der jungen Männer hat - und sie sollte es haben - dann muss sie auch dafür die notwendigen Ressourcen bereitstellen und *geeignete* Maßnahmen ergreifen, wie sie es bei Frauen auch macht.

Warum gehören Krebsvorsorgeuntersuchungen bei Männern bis zum 45 Lebensjahr zu den sogenannten IGEL-Leistungen (Individuelle Gesundheitsleistungen), wenn doch bekannt ist, dass der Hodentumor bei Männern *zwischen 18 und 35 Jahren* die höchste Inzidenzrate (häufigste Krebsrate) hat?

Warum wird nicht schon in der Schule im Aufklärungsunterricht auch den Jungen ein entsprechendes Gesundheitsbewusstsein vermittelt, wie dies ganz selbstverständlich bei den Mädchen geschieht? Es geht ja auch nicht nur um Hodenkrebs. Andere Erkrankungen (z.B. Krampfader im Hodenbereich), die immerhin Unfruchtbarkeit zur Folge haben können, gehören ebenfalls dazu!

Thema Vorsorge

Deutlich angemessener als der Vorstoß des Andrologen (!) war 2007 eine Kampagne des BKK Landesverbandes NRW und der Krebsgesellschaft NRW, welche die Hodenkrebsvorsorge bei jungen Männern fördern sollte. Unter dem Motto: "Echte Männer untersuchen regelmäßig ihre Hoden" warben auf Plakaten Feuerwehrmänner, Superhelden und Fußballer, die mit der Hand im Schritt posierten, für regelmäßige ärztliche und Selbstuntersuchung. Die Aktion sollte helfen, die Hodenkrebsvorsorge enttabuisieren. Im Laufe der Kampagne sollten zudem Urologen Fußballvereine besuchen und den Spielern mit Modellen und Broschüren zeigen, wie sie selbst ihre Hoden untersuchen können.

"Die Spieler haben eine Vorbildfunktion", sagte der ehemalige Fußballnationalspieler und HSV-Profi Jimmy Hartwig, der die Kampagne unterstützte in der Ärztezeitung vom 03.05.2007. Hartwig war selbst an Hoden- und Prostatakrebs erkrankt.

"Es gibt nicht viele Tumorarten, die man so früh und dann auch noch selbst erkennen kann", betonte Dr. Margret Schrader, Geschäftsführerin der Krebsgesellschaft Nordrhein-Westfalen.

Hodenkrebs ist bei einer frühen Entdeckung gut heilbar. "Die Heilungschancen stehen dann bei fast 100 Prozent", betonte Dr. Erich Uchmann, damals Assistenzarzt in der Urologie des Kölner Sankt Hildegardis-Krankenhauses. Eines der ersten Symptome der Krankheit sei eine Vergrößerung des Hodens, die sich ertasten ließe. Deshalb sei die Selbstuntersuchung besonders wichtig.

"Unter 15 Jahren ist der bösartige Hodentumor sehr selten. Wann Jungen mit der Selbstuntersuchung beginnen sollten, hängt sehr vom Entwicklungsstand der Kinder ab. Normalerweise ist ein Alter von 14 Jahren vernünftig", sagt DGU-Präsident Professor Manfred Wirth in der Ärztezeitung. Das Procedere ist unkompliziert: "Man sollte regelmäßig alle vier Wochen die Hoden abtasten und dabei auf Verhärtungen und Vergrößerungen achten." Der DGU-Präsident: "Eine Impotenz ist bei Hodenkrebs nicht zu erwarten. Hormone kann man, wenn nötig, gut substituieren." Möglicher Unfruchtbarkeit lässt sich sicher mit der sogenannten Kryokonservierung, also dem Einfrieren vor einer Operation gewonnener Spermien vorbeugen. Bei psychischen Problemen aufgrund des Verlustes des Hodens können Hodenprothesen eingesetzt werden. Diese sind medizinisch unbedenklich. "Gerade wegen der sehr guten Behandlungsmöglichkeiten, sollten wir alles daransetzen, damit Hodenkrebs bei unseren Söhnen kein Tabuthema wird, denn je früher eine mögliche Behandlung einsetzt, umso weniger belastend ist sie für die Betroffenen!", appelliert Wirth, DGU-Präsident.

Empathische Aufklärung ohne falsche Scham und dennoch unter würdigen Umständen, Anleitung zur Selbstuntersuchung, kompetente ärztliche Beratung bei freier Arztwahl! Keine überflüssige Nacktheit (hier muss zur Untersuchung wirklich nur das Genital für die Dauer der Untersuchung freigelegt werden) bei der Untersuchung und Respekt vor dem Schamgefühl des jungen Mannes. - Welch ein Unterschied zu der entwürdigenden, psychisch traumatisierenden und erzwungenen Intimuntersuchung der Musterung durch Personal, welches zudem nur in Ausnahmefällen über die nötige fachliche Expertise verfügt.

Aber geht es den Wehrbehörden wirklich um Prävention? Dann sollten sie auch von sich aus ein Interesse an (freiwilligen) qualifizierten urologischen Vorsorgeuntersuchungen haben, die (auch im Sinne der Gleichstellung!) dem Standart der gynäkologischen Untersuchung der Soldatinnen entsprechen! Schließlich ist Krebs auch hier ein Thema. Zum Beispiel unterstützt die Soldatentumorhilfe mit begleitenden Maßnahmen die medizinische Behandlung und die psychische Betreuung von tumorkranken Soldaten und ihren Angehörigen. Wäre hier ergänzend nicht eine wirkungsvolle Prävention, selbstverständlich auf freiwilliger Basis und unter Wahrung der Würde und des Schamgefühls, wünschenswert?

Schirmherr der Soldatentumorhilfe ist traditionell immer der jeweils amtierende Wehrbeauftragte des Bundestags. Zu seinen Aufgaben gehören hier unter anderem Empfänge und Lobreden: Am 16. Juni

Musterung

2009 empfing der Wehrbeauftragte des Deutschen Bundestages
Reinhold Robbe als Schirmherr der Soldatentumorhilfe das Prä-
sidium und den Beirat der Stiftung Deutscher Offizier Bund und
Abordnungen aller Vorstände der Soldatentumorhilfen zu einem
Arbeitsgespräch in seiner Dienststelle...
Unter den Teilnehmern des Gesprächs waren neben dem
ehemaligen Wehrbeauftragten des Deutschen Bundestages, Alfred
Biehle auch die Ehefrau des Bundesministers der Verteidigung,
Frau Beate Jung, sowie die ranghöchste Soldatin der Bundeswehr,
Frau Generalarzt Dr. Erika Franke. ... Der Wehrbeauftragte dankte
abschließend allen Teilnehmern für ihr unermüdliches Engagement
im Interesse der Soldatinnen und Soldaten und ihrer Angehörigen.

Wenn es ihm hier wirklich ernst ist, muss der Wehrbeauftragte nicht
außer bei solchen Veranstaltungen, die sich vor allem durch ihren
Symbolcharakter auszeichnen, noch weiter aktiv werden? Sollte er
sich dann nicht auch für eine wirklich umfassende Krebsvorsorge
der Soldaten im Rahmen freiwilliger Untersuchungen einsetzen?
Hierzu ist allerdings auch fachlich qualifiziertes Personal
erforderlich, über das die Bundeswehr und die KWEÄ selber meist
nicht verfügen (dass das so ist und warum, ist im Kapitel "Gleichberechtigung und Grundrechte" ausführlich dargelegt) sowie die
Einhaltung der Regeln zum Schutz der Intimsphäre, wie sie bei
weiblichen Soldatinnen praktiziert wird. Sonst verkommen Vorsorgeuntersuchungen zu dem, was sie derzeit sind: unwürdige "Doktorspielchen" mit Alibifunktion - Veranstaltungen, die sich ihrerseits
vor allem durch einen ganz speziellen Symbolcharakter auszeichnen.
Für eine urologische Vorsorgeuntersuchung, die qualitativ der
gynäkologischen entspricht, welche beispielsweise die künftigen
Soldatinnen erhalten, müssten allerdings nach Expertenmeinung ca.
300 Euro pro Untersuchung einkalkuliert werden, also deutlich
mehr als für das derzeitige Prozedere.
Scheut man hier vielleicht die Kosten? Wird die Gesundheit und
der Schutz der Menschenwürde bei Männern etwa gegen Geld auf-
gewogen? In Zeiten des "Sparzwangs und knapper Kassen" ein
bedenklicher Präzedenzfall, der nicht nur Männer aufhorchen lassen
sollte!

Lars G Petersson

Unter dem Deckmantel

"Das ist doch aber lächerlich", sagte Dieter dazu. "Was die da machen, hat mit Gesundheitsvorsorge nicht das Geringste zu tun. Ist doch nur ein Deckmantel." Insbesondere dass bei der Musterung weibliche Schreibkräfte dabei waren, hat Dieter sehr gestört. "Ich habe mich vor ihnen geschämt und gleichzeitig hat mich dies aber auch ein wenig in Erregung versetzt".

Es war damals Dieters erster näherer körperlicher Kontakt im Erwachsenenalter mit dem weiblichen Geschlecht. Vorher hatte er keine Hautberührung sexueller Art mit fremden Frauen gehabt. Deshalb war es ihm speziell bei der Intimuntersuchung sehr unangenehm, auch weil sich seine Reaktionen nicht vorhersehen ließen. "Ich dachte schon vor der Musterung immer, hoffentlich bekomme ich dabei keine Erektion. Es war mir sehr peinlich, nackt vor dieser Ärztin stehen zu müssen. Ich glaube der Ärztin und der Schreibkraft hat es Spaß gemacht, mich unbekleidet zu sehen. Ich würde mich heute noch schämen, wenn ich mich vor angezogenen Menschen ausziehen müsste."

Wie es vor ihm schon vielen anderen Menschen ergangen ist, so denkt Dieter heute noch oft daran zurück, was man mit ihm damals gemacht hat. Er wird die Gedanken daran wahrscheinlich nie wieder los werden. "Ich fühlte mich vergewaltigt. Alles blieb bis heute in meinem Kopf wach. Manchmal, wenn es ganz schlimm ist, dann denke ich an Selbstmord. Es kommt dann ein Gefühl über mich, dass kaum auszuhalten ist."

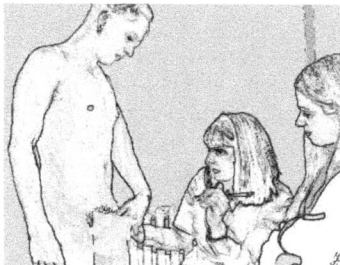

Dieter war der erste, durch den ich mit dieser eigenartigen deutschen Welt konfrontiert wurde. Er kam freiwillig. Dann machte ich mich auf die Suche nach weiteren Opfern und fand sie auch schnell. Ich begann eine Welt voller Scham, Flucht vor der

Musterung

Vergangenheit und Wut zu erforschen. Mich hat es sehr schockiert, dass so viele Männer darunter lebenslang und stillschweigend leiden. Überrascht hat es mich aber nicht.

"Es war sehr viel mehr als nur unangenehm für mich, weil es vor allem unter Zwang und sozusagen überfallmäßig geschah. Es war ein Einbruch in meine Seele! Warum ich ihnen das nun berichtet habe? Weil es wahrscheinlich in unserem Land viel mehr verwundete Seelen gibt, als man glauben möchte. Ich bin jedenfalls eine davon. Meine Musterungen liegen lange zurück, aber die Gedanken an die Erniedrigungen dort werde ich nie los werden."

Werner G.

Ein Treffen in Cafe Adler

"Ich habe damals vor vielen Jahren mehrmals die Musterung über mich ergehen lassen müssen, inklusive Intimuntersuchung", erklärte mir Sebastian, als wir uns im Cafe Adler am heute verschwundenen Checkpoint Charlie als Teil der Nachforschungen für dieses Buches trafen.

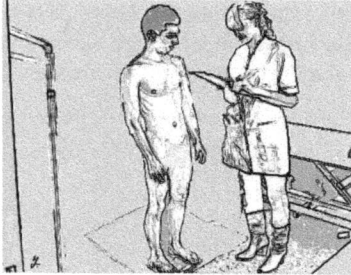

"Es war für mich die peinlichste und erniedrigendste Erfahrung, die ich je in meinem ganzen Leben durchmachen musste. Ich fühlte mich in meiner Würde zutiefst verletzt und wusste mir damals einfach nicht zu helfen. Ich traute mich damals nicht im entscheidenden Moment den Mund aufzumachen und einfach NEIN zu sagen." In der Zeit direkt danach hatte Sebastian sehr große Probleme mit seinem Selbstbewusstsein. Er hat sich sogar selbst eine Verletzung an seinem Körper zugefügt, weil er für sich etwas haben wollte, wie er es jetzt lange Zeit danach noch immer ausdrückt, was nur ihm allein gehörte. "Es ist davon eine Narbe in meinem Intimbereich vorhanden, die ich aber bestimmt nicht jedem zeigen würde." Dann gingen die Jahre dahin. Zufällig stieß Sebastian dann vor etwa vier Jahren auf Berichte von Männern im Internet, worin sie über ihre Erlebnisse bei der Musterung erzählten. Da wurden plötzlich auch seine Erinnerungen daran wieder sehr lebendig.
"In mir stieg ein Gefühl großer Erniedrigung hoch. Von einem Moment auf den anderen, nach so vielen Jahren. Da merkte ich, dass ich das alles nie richtig verarbeitet habe. Seit damals kreisen bei mir nun Gedanken um meine Musterungen ständig im Kopf herum. Zeitweise habe ich Aggressionen, die ich über sportliche Betätigungen auszugleichen versuche. Wenn ich mich ausgetobt habe,

geht es mir ein klein wenig besser. Hin und wieder ließ ich meine Wut auch an Computergegnern in sogenannten Ego-Shootern aus. In den letzten Jahren hatte ich viele Alpträume. In den Träumen bin ich von weiß gekleideten Gestalten umringt, vor denen ich nackt dastehe. Jeden Morgen wache ich auf, noch bevor es hell wird. Dann bin ich oft nass geschwitzt und mein erster Gedanke ist MUSTERUNG. Tagsüber versuche ich mich abzulenken, aber in Ruhezeiten gehen meine Überlegungen immer wieder in dieselbe Richtung. Dabei fühle ich mich ständig so wie damals, als ich erniedrigt worden bin. Ich muss immer an die jungen Frauen denken, die anwesend waren als es passierte. Schon seit jener Zeit ist meine Sexualität davon negativ beeinflusst. In der Art, dass ich keine körperliche Befriedigung durch eine Frau erhalten kann, sondern nur durch mich selbst. Ohne übertreiben zu wollen muss ich wirklich sagen - ICH LEIDE! Und zwar täglich!"

Sebastian hat daraufhin den Behörden schriftlich Bericht erstattet und ihnen einen Einblick in seine privaten und intimen Probleme erlaubt. Er hat ihnen in aller Ausführlichkeit erzählt, was mit ihm bei der Musterung gemacht wurde und welche Konsequenzen es für ihn gehabt hat. Aber klar, das hat zu keiner Entschuldigung geführt. Nicht einmal eine gleichgültige Antwort hat er auf seine sehr persönlichen Briefe erhalten.

"Und wer jetzt sagt ich wäre ein Weichling, der sollte mal daran denken was ich zu Anfang gesagt habe. Ich habe mir selbst und ohne Betäubung eine Verletzung an einer Stelle meines Körpers zugefügt, wo die meisten anderen Männer bestimmt zu jammern beginnen, wenn man ihnen da mit einem Messer auch nur zu nahe käme."

"Ich stand nackt vor fremden Personen, die es innerlich nicht berührte, dass ich mich in meiner Würde verletzt fühlte und alles war staatlich legalisiert. Ich war nicht krank und auch nicht bei einer Vorsorgeuntersuchung, sondern bei einer Tauglichkeitsüberprüfung für den Kriegseinsatz."

Marius D.

Sebastian leidet und man fragt sich, warum sein Land ihm so etwas eigentlich angetan hat. Wieso hat man diesen Mann eigentlich dazu gezwungen im nackten Zustand mehrmals "Untersuchungen" über sich ergehen zu lassen, die eher etwas mit sadomasochistischen Sexspielen zu tun haben, als mit ärztlichen Gesundheitstests? Warum erlaubt Deutschland es im 21. Jahrhundert immer noch, dass sich zu diesem Zweck "geeignete" Personen mit Hilfe staatlich festgelegter Vorschriften und Regeln mit totalen Machtbefugnissen ausstatten können und dann eigenverantwortlich über wehrlose junge Leute des anderen Geschlechts bestimmen dürfen?

Es ist doch so, unter dem Deckmantel "Vorsorge und Gesundheit" hat sich bei den Wehrbehörden eine perverse Form einer sexuell gefärbten Machtausübung und Kontrolle des männlichen Intimbereiches entwickelt, wobei das eine Geschlecht unter Zwang vom anderen "untersucht", geprüft und beurteilt wird. Der ganze Vorgang ist nicht nur pervers, er ist auch unprofessionell. Letztendlich werden die jungen Männer für einen Dienst begutachtet, über den die bewertenden Personen der Kreiswehrersatzämter anscheinend selbst kein Wissen zu haben brauchen. Trotzdem ist es immer wieder so, dass Mitglieder des Geschlechts dem keinerlei Pflichten auferlegt werden, frei darüber entscheiden dürfen, welche Personen aus den Reihen des anderen Geschlechts zu einem Jahr Zwangsdienst verurteilt werden sollen. Wenn heutzutage auch jeder zweite junge Mann Dank der friedlichen Verhältnisse in Europa ausgemustert wird, so haben sich dadurch diese Eignungs- "Untersuchungen" in eine staatliche Lotterie entwickelt. Mehr als nur echte Tauglichkeit entscheidet schließlich darüber, wer dienen muss und wer freigesprochen wird. Es scheint für manchen klar: wer sich total gefügig und unterwürfig präsentiert, für den erhöhen sich bestimmt seine Chancen von diesen Beurteiler/-innen ausgemustert ("freigesprochen") zu werden.

So unterwirft man sich lieber den "Kontrollen" und erträgt die Entwürdigungen in der Hoffnung, dass man nachher das Gebäude als ein freier Mann verlassen kann. Aus diesem Grund lassen viele alles mit sich machen, wozu sie aufgefordert werden. Mit den Erwartungen auf "Freispruch" haben sich junge - in manchen Fällen sogar minderjährige - Männer in bereitwillige Opfer ihrer Ausbeuter/-innen entwickelt. Noch Jahre lang danach könnten sie darunter aber seelisch leiden. Die Erinnerungen an ihre KWEA Erlebnisse werden sie vermutlich nie wieder los.

Eine KWEA- Ärztin gibt Auskunft

Eines unserer Mitglieder wurde durch Zufall im Juli 2009 im Internet auf unsere BASTA - Kampagne aufmerksam. Sein Interesse wurde geweckt, da ein naher Verwandter von ihm demnächst wehrpflichtig werden würde und möglicherweise auch ihm die Musterung bald bevorstand.

Er wollte es nun genau wissen und rief beim zuständigen Kreiswehrersatzamt an. Die erste Gesprächspartnerin, die offensichtlich durch die Zentrale den Grund des Anrufs informiert worden war, wollte zuerst gar nicht ihren Namen nennen. Für eine öffentliche Behörde ansonsten eher unüblich. Erst nach erneutem Nachfragen stellte sie sich vor, um dann genervt den Telefonhörer an eine Kollegin (war es vielleicht die Leiterin des KWEAs, die gerade selbst auch Untersuchungen durchführte?) weiterzureichen. Offensichtlich scheut man die Öffentlichkeit! Schämt man/Frau sich gar?

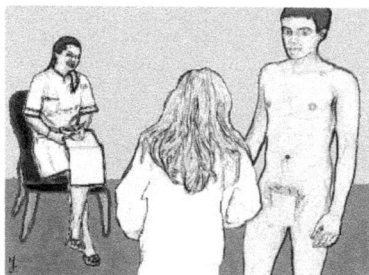

Die nächste Gesprächspartnerin meldete sich immerhin sofort mit Namen, allerdings ohne Angabe der Funktion. Klar war nur, dass es sich um den ärztlichen Dienst handelte. Bereitwillig wurde nun Auskunft gegeben. Selbstverständlich werde mit Sichtschutz gearbeitet, was man denn glaube. Das sei ja nicht mehr wie früher. Untersuchung durch einen männlichen Arzt? Ja, das sei möglich, müsse aber direkt bei der Anmeldung mitgeteilt werden. (Wurde bereits hier mit der Unwissenheit der Wehrpflichtigen spekuliert?).

Nachdem die Fragen, die der Grund für den Anruf waren zur Zufriedenheit beantwortet waren und unser Mitstreiter sich schon verabschieden wollte, nahm das Gespräch plötzlich eine unerwartete Wendung. Die Ärztin stellte die Frage: "Warum hat Ihr Verwandter denn Probleme damit, sich von einer Frau untersuchen zu lassen?" Damit habe sie in ihrer Arbeit wirklich noch nie ein Problem mit den zu untersuchenden Männern gehabt. Und ob denn eine *seelische Problematik vorliege,* dann könne er ja ein ärztliches Attest vorlegen. Diese Frage wurde während des Telefonats noch öfter gestellt, obwohl klargestellt wurde, dass es sich um einen völlig normal entwickelten jungen Mann handelte, der lediglich, wie jeder andere Mensch auch, ein normales Schamgefühl bezüglich der Nacktheit gegenüber dem andern Geschlecht besitzt.

Während des nun folgenden Gesprächs wurde immer wieder versucht, dieses Schamgefühl als das Problem eines Einzelnen zu darzustellen und daraufhin die seelische Gesundheit in Frage zu stellen. Eine diffamierende Strategie, wie sie auch in offiziellen Stellungnahmen oft anzutreffen ist ("... wenn sich jemand *so sehr* schämt, dass ....."). Und immer wieder der Hinweis, dass es diesbezüglich ihrem KWEA sonst nie Probleme gebe. Wir wissen inzwischen aufgrund unserer Recherchen dass das nicht stimmte. Auch wenn die Betroffenen in den Situationen, die uns bekannt sind, vor Ort tatsächlich keine Probleme gemacht haben. Sie kannten ihre Rechte nicht, waren jung und unerfahren und ließen sich unter dem Zwang der amtlichen Autorität alles gefallen. Aber das ist eben nicht dasselbe.

Auch beim Vortragen anderer Aspekte wurde unser BASTA-Mitglied von der Ärztin einfach unterbrochen, die daraufhin die Chance nutzte, ihre Sichtweise zum Thema Intimuntersuchung darzulegen. Es war schon auffällig, wie viel Zeit sich die Untersucherin dazu nahm. Ungebeten! Denn sie hatte diese Diskussion ja von sich aus begonnen! Offensichtlich sah sie sich unter einigem Druck, um die gängige Praxis der Zwangsuntersuchungen im Intimbereich der Männer durch Frauen zu rechtfertigen.

Das Gespräch im Einzelnen an dieser Stelle wiederzugeben, würde zu weit führen. Die von der Ärztin angeführten Argumente deckten sich im Wesentlichen auffällig mit dem, was auch in Internetforen von KWEA-Mitarbeiterinnen immer wieder vorgetragen wurde. (Dazu später mehr). Sah sie womöglich schon im Geiste "ihre Felle" schwimmen, wenn es Schule macht, dass die Männer die Intimuntersuchung durch Frauen ablehnen? Seitens der Wehrbehörden ist man sich anscheinend kaum noch für etwas zu schade, um ausreichend Nachwuchs zu bekommen:

Seit gut einem Jahr ist .... Musterungsärztin beim Kreiswehrersatzamt der Bundeswehr in .... Nach ihrem Medizinstudium an der Universität GHS Essen und der Facharztanerkennung informierte sie sich über alternative Berufsfelder - und entdeckte die Bundeswehr. Die Tätigkeit als Musterungsärztin entsprach genau ihren Vorstellungen. Jetzt beginnt der Arbeitstag der 34-Jährigen um Viertel nach sieben mit dem ersten Wehrpflichtigen. "Natürlich ist es einigen peinlich, wenn sie die Hose runterlassen müssen, und es Kursieren immer noch wilde Gerüchte über die Untersuchung. Aber die meisten jungen Männer nehmen es wohl oder übel gelassen. Ich habe sogar die Erfahrung gemacht, dass Einige froh darüber sind, von einer Ärztin und nicht von einem Arzt untersucht zu werden."

www.karriere.de/beruf/ arbeiten-bei-der-bundeswehr-8315/5 - *67k* - Cached

Welcher Typ Untersucherin wird sich wohl von Anzeigen wie dieser besonders angesprochen fühlen? Um das zu ermessen, braucht man sich die Anzeige nur noch einmal durchzulesen, dann allerdings mit vertauschten Geschlechterrollen. Wir müssen uns dabei vor Augen halten, dass es unsere Söhne, Brüder oder Partner sind, die hinterher die Untersuchung durch diese Frauen dulden sollen.

Aus Sicht unseres BASTA-Mitglieds sollten viel mehr Angehörige wehrpflichtiger Männer in diesen Einrichtungen anrufen, sich nach den Untersuchungspraktiken erkundigen und klarstellen, dass bei ihren Männern keine Intimuntersuchung durchgeführt wird! Mit dem Protest einer informierten Öffentlichkeit können diese Praktiken nicht mehr lange gerechtfertigt werden. Durch das Telefonat hellhörig und misstrauisch geworden, setzte sich der Anrufer mit uns in Verbindung und wurde Unterstützer unserer Kampagne.

Musterung

Als "Zuschauerin" tätig

Wie im Kapitel vorher bereits erwähnt, haben sich in den entsprechenden Internetforen eine Zeitlang auch Mitarbeiterinnen von
Kreiswehrersatzämtern zu unserem Thema geäußert, oder solche,
die sich dafür ausgaben. Die Argumente glichen sich allerdings auffällig, sowohl untereinander als auch mit denen der Kwea-Ärztin.
Letztendlich lief es immer darauf hinaus: dass bei den Intimuntersuchungen alles seine Richtigkeit hat und dass sich die Männer
damit abfinden sollten. Offenkundig wurde hier seitens der Behörden versucht, die durchaus lebhafte Diskussion in ihrem Sinne zu
beeinflussen. Als aber die Männer trotzdem auch weiterhin nicht
mehr bereit waren, Zwangsuntersuchungen durch Frauen und die
Anwesenheit voyeuristischer Assistentinnen als etwas Normales und
Gegebenes zu akzeptieren, wurde zurückgerudert.

Irgendwann im Frühjahr 2009 herrschte plötzliche "Funkstille" und
all die Nadines, Britts, Meikes usw. waren wie von Erdboden
verschluckt und kehrten nicht mehr zurück. Auch auf anderen Foren
wie Soldatentreff usw. wurde sich zu diesem Thema plötzlich nicht
mehr geäußert. Die Diskussion war augenscheinlich von "höchster
Stelle" gestoppt worden. Anscheinend hat man behördenintern einen
Maulkorb verhängt, nachdem die üblichen Plattitüden wie "stellt
euch nicht so an", "ist doch alles völlig normal", die Bagatelli-
sierung männlicher Schamgefühle bis zu offenen Provokationen
oder aggressiven Beschimpfung nichts genutzt hatten.

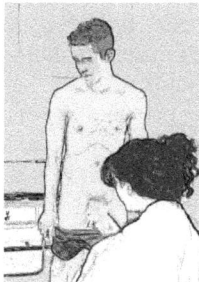

Hatte man sich seitens der Behörden verkalkuliert? Warum das
gewünschte Ergebnis ausgeblieben? Anscheinend wollte man sich
mit ungeschickten Äußerungen nicht noch weiter verstricken.
Anstatt sich beschämt zurück zuziehen und zu schweigen, wurde

seitens der Männer ernsthaft weiter diskutiert und auch die rechtlichen Aspekte traten immer stärker in den Vordergrund. Das Prestige der Mitarbeiterinnen der KWEÄ aber auch des Sanitätspersonals der Bundeswehr bekam langsam Blessuren.

Für das Buch habe ich mir einen Beitrag einer Arzthelferin, Nickname Ina, herausgesucht, der im Grunde stellvertretend für die Argumentation dieses Berufsstandes stehen kann.

Ina ist so eine Frau, die in einem Kreiswehrersatzamt (KWEA) arbeitet. Sie ist eine Assistentin und in dieser Stellung vor allem als "Zuschauerin" tätig. Obwohl sie selbst niemanden beurteilt und bewertet, spielt sie eine Hauptrolle bei der Erniedrigung junger Männer. Als jemand, die sich selbst nicht "freimachen" muss, hat Ina ihre eigene Meinung zu dieser Sache entwickelt. Was sich für Dieter und Sebastian zu einer lebenslangen seelischen Wunde entwickelt hat, ist für sie "ganz normal". So sagt sie jedenfalls. Es ist mir klar, warum Ina ihren "Beruf" mag und sie selbst sieht darin natürlich auch kein Problem.

"Was soll dabei auch demütigend sein?" fragt sie. Dass sie dabei in ihrer vom Staat zugewiesenen Position etliche Grenzen übertritt, merkt sie ganz offensichtlich nicht. Auch vielen anderen Menschen geht es so, wenn sie auf mitunter sehr verschiedenen Ebenen von Grausamkeit agieren. Solche Leute kümmert es wenig, wenn andere Menschen ihretwegen leiden. Sie wachen erst zu spät auf, wenn überhaupt.

Aber lassen wir dazu jetzt Ina selbst einmal zu Wort kommen: "Hallo, was soll bitte an einer ärztlichen Untersuchung demütigend sein? Sie dient doch einzig dazu, Krankheiten festzustellen. Krankheiten sind vielleicht demütigend, die Untersuchung doch nicht! Es handelt sich um eine ganz gewöhnliche Untersuchung, vergleichbar einer Vorsorgeuntersuchung. Bei uns läuft sie etwa folgendermaßen ab: Zu Beginn gleich nach der Personalienaufnahme werden die Kandidaten angewiesen, sich auszuziehen und nur die mitgebrachte Badehose anzuziehen. Socken und Schuhe dürfen anbehalten werden. Das ist nicht anders als beim Sport oder Schulschwimmen. Man(n) wartet im Umkleideraum und wird einzeln zu den Untersuchungen aufgerufen. Es folgen durch med. Assistenzpersonal verschiedene Tests und Messungen: Urin, Seh- und Höhrvermögen, Größe und Gewicht.

Zur sog. Voruntersuchung wird man(n) ins erste Arztzimmer gerufen. Die Ärzte sind bei uns überwiegend Frauen. Hier müssen die Jungs nur Socken und Schuhe ausziehen. Die Untersuchung hält sich strikt an die entsprechenden Dienstvorschriften, wobei Krankheiten als sog. Fehlerziffern notiert werden. Untersucht wird alles: Hände, Fingernägel, Füße und Sohlen, Sinnesorgane, Mundhöhle, Kiefer, Gebiss, Haut und sichtbare Schleimhäute, Kopf und Hals. Die Haltung wird kontrolliert, bisherige Krankheiten oder Unfälle erfragt, etc. Es ist alles sehr gewissenhaft und gründlich, nichts bleibt unentdeckt, Es ist wie bei einer normalen Untersuchung beim Hausarzt. Die meisten sind dabei ganz normal und freundlich und erwecken nicht den Eindruck, dass sie sich diskriminiert behandelt fühlen.

Bei der Hauptuntersuchung werden die Jungs dann wieder vom Warteraum in das zweite Arztzimmer gerufen. Zunächst ist meist nur eine Helferin anwesend, die die Gesundheitsunterlagen vorbereitet und den Proband bittet, die Schuhe auszuziehen. Einmal verstand einer nicht richtig und fragte: Nur die Schuhe? Wahrscheinlich wusste er schon von seinen Kumpels, dass er hier alles ausziehen muss. Ihm wurde dann mit einem Lächeln gesagt: Ja, erstmal nur die Schuhe.

Dann wird die Ärztin aus dem Nachbarraum hereingerufen. Es werden Herz-/Kreislaufsystem und Bauchorgane gecheckt, Lungen abgehört, Kniebeugen gemacht, Reflexe getestet, nach Allergien gefragt, auf psychische Auffälligkeiten geachtet. Zum Schluss werden die Geschlechtsorgane untersucht. "Ziehen Sie die Badehose runter, bitte mal husten, bücken Sie sich nach vorne". Anschließend diktiert die Ärztin die Fehlerziffern, etwa bei festgestellten Hernien, Krampfadern, Phimose oder Hämorrhoiden.

Eine etwas ältere Ärztin, die leicht hinkt, untersucht direkt am Schreibtisch. Bei ihr müssen Schuhe und Badehose ausgezogen werden. Socken darf man(n) anbehalten. Sie untersucht die Wirbelsäule und das Becken auf Fehlstellungen, zieht sich Handschuhe an und tastet die Leisten ab. Dabei muss der Proband husten. Anschließend muss er sich die Vorhaut selber ganz zurückziehen. Als Frau zuzusehen, wie sich ein 18jähriger vor ihr die Vorhaut zurückschiebt und seine komplette Eichel freilegt, ist schon ein komisches Gefühl.

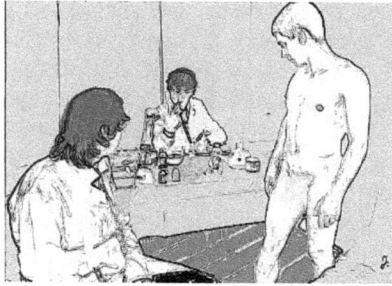

Als ich das nach der Ausbildung zum ersten Mal gesehen hatte, hat mich die Situation - das muss ich eingestehen - schon leicht - na ja - rattig gemacht, gerade weil es so ein Süßer war. Einmal hat sich ein etwas einfach Strukturierter, der bereits mit ausgezogenen Shorts nackt dastand, bei der Anweisung der Ärztin: Schieben Sie jetzt bitte die Vorhaut so weit es geht zurück, das Augenlied nach oben gezogen! Das erlebt man auch. Bei manchen schiebt die Ärztin die Vorhaut auch noch selbst ein bisschen weiter nach hinten. Was sie dabei untersucht, weiß ich nicht genau. Dann wird jeder Hoden einzeln nach Krampfadern abgetastet, ebenso die Nebenhoden und der Samenstrang. Danach muss man(n) sich bücken und die Pobacken spreizen, die Ärztin schaut aber nur und berührt nichts.

Es ist ein komischer Anblick, einen nach vorn gebeugten Mann zu sehen, wie der Hodensack so unter dem Poloch baumelt. Eine Untersuchung des Afters ist laut Dienstvorschrift erst bei über 40-Jährigen zwingend vorgeschrieben. Dann wird die Prostata per Finger ertastet, gab es aber bei uns noch nie. Dann darf er sich wieder anziehen.

Musterung

Eine körperliche Untersuchung ist meistens unangenehm, Wer geht schon gerne zum Arzt, freiwillig? Demütigend oder entwürdigend ist es aber mit Sicherheit nicht. Für manche ist es vielleicht auch peinlich, sich ganz nackt zeigen und seine Geschlechtsorgane untersuchen lassen zu müssen. Es ist bezeichnend, dass die Großen und besser Gebauten sich nicht so zieren wie teils die weniger Schönen, die nach der Anweisung, sich auszuziehen, eher ungläubig kucken, zögern oder mich groß anstarren, bis sie machen was gesagt wurde.

Uns Frauen geht es umgekehrt genauso! Für uns ist eine Untersuchung auch unangenehm. Aber deswegen wird die Würde doch nicht angetastet, niemand wird dabei entwürdigt. Unangenehm, vielleicht dem einen oder anderen peinlich, das kann zutreffen, aber so sind viele Situationen im Leben. Dass es für manche unangenehmer ist, wenn er nicht hinter einem Sichtschutz, sondern vor den Augen der Helferin untersucht wird, mag schon sein. Aber prinzipiell ist es das gleiche, ob man nur mithört oder es auch mit ansieht. In Arztpraxen ist bei der Untersuchung doch auch oft eine weitere Person anwesend. Und wir haben mit Sicherheit schon weitaus mehr Penisse, Eicheln, Hoden und Popos gesehen als andere. Da braucht sich niemand zu schämen. Und dass ein nackter junger Mann (noch dazu mit zurückgezogener Vorhaut) eine Frau erregen kann, ist klar und normal. Das ist dann eher eine Sache, wie man damit persönlich umgeht und letztlich auch der Gewöhnung.

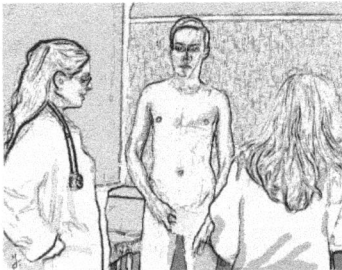

Wie wollt ihr denn untersucht werden? In abgedunkelten Räumen oder unter einem Umhang? Das wäre dann in meinen Augen menschenunwürdig und körperfeindlich dazu. Bei uns hat sich jedenfalls noch nie jemand geweigert, sich nackig zu machen und sein Geschlechtsteil zu zeigen. Das wäre auch lächerlich und kindisch. Derzeit ist die Rechtslage nun mal so, dass sich ein 18-Jähriger untersuchen lassen muss und dazu muss er sich vernünftigerweise auch ausziehen, sonst wäre der ganze Aufwand auch absurd. Und absurd wäre auch, alles zu untersuchen, nur Penis, Hoden und After blieben tabu. Dann kann man gleich ganz darauf verzichten!

Im Übrigen könnt Ihr Euch bei positivem Untersuchungsergebnis freuen, dass Ihr gesund seid. Werden erhebliche Krankheiten oder Mängel festgestellt, könnt Ihr Euch darüber freuen, dass Ihr befreit werdet. Also ist es doch für alle positiv."

Musterung

Fehlende Kompetenz im Umgang mit Menschen

Einmal unterstellt, dass Inas Ausführungen korrekt sind, lässt sich folgendes aus dem Gesagten ableiten: Ina versucht mit allen erdenklichen Mitteln eine Zwangsuntersuchung im Intimbereich, die es ansonsten im Zivilleben nicht gibt - außer bei Strafgefangenen im Rahmen einer Leibesvisitation oder ähnlichen polizeilichen Maßnahmen - einer normalen ärztlichen Untersuchung gleichzustellen. Völlig ignoriert wird zudem, dass es während medizinischen Eingriffen sehr wohl zu Übergriffen auch sexueller Färbung die Untersuchungsperson kommen kann.

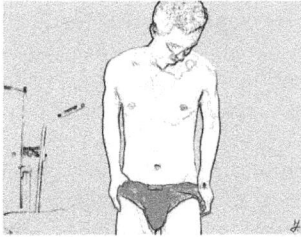

Einer dieser Übergriffe besteht darin, Ausmaß und Dauer der Entblößung unnötig auszudehnen. Ina findet es völlig normal dass die Männer sich bereits zum Beginn des gesamten Untersuchungsganges teilweise entkleiden müssen, ohne dass dies aufgrund der durchzuführenden Untersuchungen wie Seh- und Hörtest und ähnlichem erforderlich wäre. Wer hat jemals beim Augenarzt in Badehose die Sehkraft seiner Augen prüfen lassen? Wer musste mit unbekleidetem Oberkörper auf dem Flur einer Arztpraxis, wo ständig irgendwelche Mitarbeiter/innen auf und ab gehen, eine halbe Stunde oder länger auf die nächste Untersuchung warten?

Auf diese Art den Blicken fremder Menschen unfreiwillig ausgesetzt zu sein, ist eine Situation, die sehr wohl auch für manche Männer unangenehm sein kann und im Grunde auch völlig unnötig ist. Sie ist weder medizinisch noch organisatorisch begründbar. Selbst wenn Letzteres zuträfe, hätte sich doch hier wohl der Arbeitsablauf an den legitimen Bedürfnis auf Respekt im Umgang mit den zu Untersuchenden zu orientieren und nicht umgekehrt. Hier zeigt sich deutlich, dass es eben nicht wie bei einer normalen Untersuchung beim Hausarzt ist, die man freiwillig durchführen lässt und deren Verlauf man auch durch Äußerung der eigenen Bedürfnisse mitgestalten kann.

Die Situation im KWEA und in den anderen Einrichtungen, in denen die Musterungsuntersuchungen durchgeführt werden, ist von vornherein geprägt von einer hierarchischen Beziehung zwischen Untersucherin und Untersuchtem. Sofern dieser nicht seine Rechte bzgl. der Intimuntersuchung kennt, ist er der Willkür der Ärztin/dem Arzt und der Assistentinnen ausgeliefert. Eine Aufklärung über die alternative Möglichkeit zum Genital- und Rektalcheck in einer privaten Praxis seiner Wahl vor Beginn der Untersuchung bekommt er nicht. Auch nicht den Hinweis, dass die Untersuchung auf Wunsch auch durch einen gleichgeschlechtlichen Arzt durchgeführt werden kann. Selbst wenn er seine Rechte diesbezüglich kennt und wahrnehmen möchte, kann es ihm passieren, dass die/der Ärztin/Arzt trotzdem auf der Intimuntersuchung besteht und entsprechenden Druck mit ihrer/seiner amtlichen Autorität ausübt.

Ganz schwierig ist die Situation in einer Sanitätsstaffel der Bundeswehr. Hier kommt das Nichtbefolgen eines Befehls einer militärischen Vorgesetzten einer Befehlsverweigerung gleich, die nach dem Wehrstrafrecht geahndet werden könnte. Der Betroffene müsste dann fürchten, unter Umständen vorbestraft zu sein. Zusätzlich ist der Soldat danach noch möglichen Schikanen seiner militärischen Vorgesetzten ausgesetzt.

Laut einem Artikel von R. Kleine und J. Meyer vom 25.03.2009 in der Bildzeitung müssen Bundeswehrsoldaten, die sich beim Wehrbeauftragten beschweren, immer wieder mit Nachteilen im Dienst rechnen. Dies jedenfalls beklagte eben der Wehrbeauftragte Reinhold Robbe, um den es dabei geht, in einem Brief an die FDP-Verteidigungsexpertin Birgit Homburger. Immerhin 40 Soldaten baten darum, ihre Namen bei Beschwerden geheim zu halten. Mehr als fraglich auch, ob sie dadurch ihren Anspruch auf Aufklärung ihrer Rechte vor der Musterung sowie auf Schutz der Intimsphäre tatsächlich durchsetzen könnten. Schließlich ist die Situation auch dieser Institution schon lange bekannt, die sich bisher aber nur mit Stillhalten in dieser Frage hervorgetan hat. Im Fall einer Bürgeranfrage beim Wehrbeauftragten zu dem Thema Musterungsuntersuchungen bei Männern lag auch nach drei Monaten (!) trotz zwischenzeitlich geführter Telefonate keine substanzielle Antwort vor. Dabei enthielt der Brief nur einige grundsätzliche Fragen zu dem "Intimcheck", deren Beanrwortung dieser Behörde eigentlich nicht schwer fallen dürfte.

Musterung

Sehr geehrter Herr Robbe,

07.12.2009

hiermit wende ich mich, ... an Sie bzgl. der Durchführung von Tauglichkeitsuntersuchungen bei Wehrpflichtigen und männlichen Soldaten generell. Es geht mir um die derzeit zum Teil gängige Praxis der Musterungs-, Antritts-, Kontroll- und Entlassungsuntersuchungen, die nach der ZDv 46/1 bei Männern und zum Teil auch schon bei minderjährigen 17 Jahre alten männlichen Jugendlichen durchgeführt werden. Im Rahmen dieser Tauglichkeitsprüfungen zur Wehr-tauglichkeit werden auch im Intimbereich der Männer Genitalien, Leistenregion sowie der Rektalbereich untersucht. ....

Immer häufiger müssen die meist jungen Männer diese Untersuchungen von weiblichen Ärztinnen an sich dulden. Oft (in den KWEAs und Gesundheitsämtern wohl immer) sind außerdem während der Intimuntersuchung auch weibliche Assistenzkräfte anwesend. Es wird dabei in vielen Fällen ohne Sichtschutz gearbeitet, so dass die Untersuchten außer der mit Amts- bzw. Befehlsgewalt erzwungenen Intimuntersuchung durch eine Frau zusätzlich die Blicke der z. T. noch recht jungen bzw. gleichaltrigen Assistentinnen bzw. Truppenarzt-schreiberinnen, die mit der Untersuchung und Diagnosestellung in keinem Zusammenhang stehen, aushalten müssen. Diese Situation wird von vielen Betroffenen zu Recht als entwürdigende Zuschaustellung und als ehrverletzend empfunden. Meine Fragen an Sie und Bitte um Abklärung in diesem Zusammenhang sind:

1. "Warum wird die Intimuntersuchung mit so wenig Rücksichtnahme auf die Intimsphäre und das Schamgefühl der Untersuchten durchgeführt?"

2. "Welches genau sind die gesetzlichen Grundlagen für diese mit Amts- bzw. militärischer Befehlsgewalt durchgeführten Intimuntersuchungen?"

Weibliche Soldatinnen (die sich immerhin freiwillig bewerben und nicht wie viele ihrer Kameraden gesetzlich gezwungen sind) müssen, obwohl sie nach derselben Dienstvorschrift untersucht werden, solche Verletzungen ihres Schamgefühls nicht hinnehmen. Bei ihnen sind nur weibliche Assistenzkräfte anwesend und sie werden nur ausnahmsweise von einem Arzt anderen Geschlechts untersucht. Nach meinem Kenntnisstand werden Frauen zudem bereits vor diesen Untersuchungen darauf hingewiesen, sich ein fachärztliches gynäkologisches Attest bei einer/m Gynäkologin/en ihrer Wahl zu besorgen und sich dort untersuchen zu lassen. Im Gegensatz dazu werden Männer überhaupt nicht von den zuständigen Behörden bzw. von den Untersucherinnen/Unter-suchern, geschweige denn von anwesenden Assistentinnen über die Möglichkeit aufgeklärt, ein fachärztliches Attest nach entsprechender Untersuchung bei einem Facharzt/-ärztin ihrer Wahl einholen zu können und so die Intim-untersuchung im KWEA oder bei der BW zu umgehen. Meine Fragen diesbezüglich an Sie mit Bitte um Abklärung sind:

3. "Ist die Schilderung der unterschiedlichen Vorgehensweise korrekt?" und

4. "Wenn ja, warum wird so unterschiedlich bei Männern und Frauen vorgegangen?"

Männer haben ebenfalls eine individuelle Intimsphäre und Scham-gefühl, welche geschützt werden müssen! Auch ihre Würde ist nach Artikel 1 GG unantastbar! Daher müssen dieselben Regeln zum Schutz ihrer Intimsphäre gelten, wie für Frauen. Dies gilt auch in Hinblick auf das Gebot der Gleichbehandlung! Bei der Intim-untersuchung, sofern sie überhaupt notwendig ist, muss daher meiner Meinung nach ein ausreichender Sichtschutz den Assistenz-kräften gegenüber Pflicht sein. Die Verwendung einer ausreichen-den Trennwand widerspricht nach meinem Kenntnisstand keines-wegs dem "forensischen Prinzip", auf das sich bei einigen offiziellen Stellungnahmen zu diesem Thema immer wieder berufen wird. Bei der Bundeswehr sollten außerdem vorschriftsmäßig männ-liche statt weiblicher Truppenarztschreiber eingesetzt und der Un-tersuchungsschritt der Intimuntersuchung durch einen männlichen Arzt durchgeführt werden. Personell ist die Bundeswehr bei einem Männeranteil von nach wie vor immer noch über 90% wohl hierzu

Musterung

in der Lage und ein Abweichen hiervon sollte nur mit Einverständnis der Betroffenen bei freier Wahlmöglichkeit möglich sein. Dies wäre keine bevorzugte Sonderbehandlung für die Männer, sondern entspräche dem "forensischen Prinzip" und der Vorgehensweise, wie sie auch bei den weiblichen Soldatinnen praktiziert wird. Des Weiteren interessiert mich, warum die Intimuntersuchungen in dieser Form überhaupt notwendig sind. Dies bezieht sich nicht nur auf den Genital-, sondern auch auf den Rektalbereich, den ich in diesem Zusammenhang aus nachvollziehbaren Gründen ebenfalls zum Intimbereich zähle. Meine Frage diesbezüglich mit Bitte an Sie um Abklärung lautet daher:

5. "Wie lautet die medizinische Begründung bzw. Rechtfertigung für die Intimuntersuchung dieser Art wie oben dargestellt?" Darüber hinaus haben Sie in Ihrem Schreiben vom 23.11.2009 an mich dargestellt, dass Sie von Amts wegen bereits Untersuchungen zum Thema musterärztliche Untersuchungen im Genitalbereich eingeleitet haben. Meine Frage hierzu mit Bitte um Beantwortung ist:

6. "Welche Ergebnisse haben diese Untersuchungen bereits ergeben?"
Für die Mühe der Beantwortung meines Schreibens vielen Dank im Voraus,

Mit freundlichen Grüßen

Was wäre wohl passiert, wenn sich tatsächlich ein betroffener Soldat vertrauensvoll an diese Stelle, die doch seine Interessen vertreten soll, gewendet hätte? Man mag es sich angesichts der oben dargestellten Schwierigkeiten, die Angehörige der Bundeswehr in diesem Fall erwarten können, gar nicht ausdenken. (Mehr dazu im Kapitel: "Und täglich grüßt ... .")
Wie erklärt sich die lange Bearbeitungszeit? Musste wirklich erst noch so aufwendig recherchiert werden, obwohl das Prozedere bei den Untersuchungen doch im Prinzip bekannt ist? Benötigte man etwa soviel Zeit, um eine geeignete Sprachregelung zu finden? Sind die Kommunikationswege zwischen dem Wehrbeauftragten und den in Frage kommenden Institutionen so verschlungen und umständlich? Immerhin- der Weg zum Bundesministerium für Vertei-

57

ligung dürfte recht kurz gewesen sein. Der Wehrbeauftragte Hr. Robbe und der heutige parlamentarische Staatssekretär des BMVg, Hr. Kossendey, saßen während der 14. Wahlperiode des Bundestags (1998-2002) gemeinsam im Verteidigungsausschuss. Hr. Kossendey war damals stellvertretender Vorsitzender dieses Ausschusses. Man kennt sich also bereits.

Den Dienstweg einzuhalten, scheint also auch keine so gute Idee. Bliebe noch der Gang vor Gericht, notfalls bis zum Europäischen Gerichtshof. Die Verjährungsfrist einiger in Frage kommenden Paragraphen, die man hier auf diese Weise hinterfragen kann, dauert immerhin z. T. mehrere Jahre, im Gegensatz zur Beschwerdefrist nach der Wehrbeschwerdeordnung, die bereits nach 4 Wochen abläuft. Das heißt, man kann den Zeitpunkt einer Anzeige so platzieren, dass man dem Zugriff der militärischen Vorgesetzten nach dem Ende des Wehrdienstes bereits entzogen ist. Aber man braucht hierfür natürlich einen langen Atem, auch finanziell. Und in der Situation in der Kaserne selbst hilft es erstmal auch nicht weiter.
Anders verhält es sich natürlich, bei Beschwerden über das Verhalten der Mitarbeiterinnen der KWEAs oder der Einrichtungen, welche die Untersuchungen der Zivildienstleistenden zum Beginn und zum Ende der Dienstzeit durchführen, also Gesundheitsämter, Vertragsarztpraxen usw.. Allerdings muss gesagt werden, dass es hier zumindest in vielen Fällen zivilisierter zugeht. Aber allen Einrichtungen ist gemeinsam, dass sie die zu untersuchenden Männer nicht vor der Untersuchung auf ihre Rechte hinweisen. Das seltsam einförmige Verhalten über die Institutionsgrenzen hinweg in diesem Punkt spricht dafür, dass es hier wohl eine Anweisung gibt, dies zu unterlassen und gezielt auf die Männer einzuwirken, um eine Intimuntersuchung vor Ort durchzusetzen.

Musterung

Doch zurück zu Ina. Was also bleibt den betroffenen Männern anders übrig, als eine gute Miene zum scheinbar Unvermeidlichen zu machen und nach Möglichkeit keine Schwäche zu zeigen. Es sind nach Inas Ausführungen nur die meisten Männer, die nicht den Eindruck machen, als ob sie sich nicht diskriminiert fühlen. Was ist mit den Anderen? Was ist mit denen, denen die Untersuchung sichtbar peinlich ist, die zögern, bis sie dann doch schließlich dem Druck nachgeben und sich ganz ausziehen- immer noch ohne Aufklärung über ihre Rechte. Um wie viele handelt es sich dabei? Über all dies äußert sich die Assistentin Ina nicht. Stattdessen beurteilt sie mal eben, was für andere peinlich, kindisch, menschenunwürdig und körperfeindlich zu sein hat. Sie erklärt ebenfalls stellvertretend für die Männer, ob es für diese unangenehmer zu sein hat, wenn bei der Intimuntersuchung nur zugehört oder zugesehen wird, um damit ihre Anwesenheit und ggf. sogar noch die einer weiteren weiblichen Person zu rechtfertigen.

Aufgrund dieser Beurteilung entscheidet sie auch gleich mit, dass die Männer diese Willkürpraxis trotz aller Verletzungen des Schamgefühls und der damit verbundenen Ehrverletzung ihrer Meinung nach hinzunehmen haben. Das Ausmaß der Willkür wird ganz besonders deutlich, wenn man sich die unterschiedlichen Vorgehensweisen mit den damit verbundenen Schamverletzungen der Ärztinnen, von denen Ina berichtet, vor Augen hält. Dies alles, obwohl sie selbst niemals einen solchen mit Amtsgewalt erzwungenen Eingriff hinnehmen muss.

Jede/r Gynäkologe/in, der/die etwas auf sich hält, achtet entsprechend der Baseler Erklärung darauf, dass die Patientin nur so viel und so lange entkleidet ist, wie es für die Untersuchung unbedingt erforderlich ist. Zumindest sollte es so sein. Trifft dies nicht zu, kann die Frau aufstehen und gehen, ohne dem Druck einer Behörde ausgesetzt zu sein. Auch gibt es hier die freie Arztwahl.

"Und wir haben mit Sicherheit schon weitaus mehr Penisse, Eicheln, Hoden und Popos gesehen als andere," sagt Ina. Darum geht es aber nicht. Mit dieser leidigen Begründung hätte beispielsweise auch jeder Nudist oder regelmäßige Besucher einer Gemeinschaftssauna die Erlaubnis, einfach in der Frauenumkleidekabine des Schwimmbads o. ä. aufzutauchen. "Da braucht sich niemand zu schämen." Das zu beurteilen, ist Sache der Betroffenen. Zumal Ina so neben bei erwähnt, dass der Anblick der nackten Männer sie sehr wohl auch erregen kann und sogar schon "leicht rattig" gemacht hat. Das ist natürlich auch den untersuchten Männern klar und wird von ihnen sicher auch z. T. bemerkt.

Wir alle haben in bestimmten Situationen ein Gespür dafür, wie wir angesehen werden. Schamverletzende Blicke, die den Genital-bereich von Leuten fixieren, die sich in einer hilflosen- und Ab-hängigkeitssituation befinden, dazu bei einer erzwungenen Nackt-heit, ist ein Missbrauch! Was normalerweise keiner beanstanden würde und ganz sicher auch eine Frage des persönlichen Umgangs mit dieser Situation ist (nämlich sexuelle Erregung einer Frau beim Anblick eines nackten Mannes), ist bei einer erzwungenen Zurschaustellung der Nacktheit incl. beispielsweise detailierter Vorhautinspektion usw. einfach nur noch entwürdigend und an-stößig. Die Männer sehen sich in einer Situation ausgeliefert, in der sie eine Frau im Rahmen einer verordneten Ganzkörperunter-suchung mit Amtsgewalt zu einer vollständige Nacktheit nötigt und im Beisein und eben auch häufig im Blickfeld der weiblichen Assistenzkraft darüber entscheidet, was an den Hoden und Vorhaut sowie im Analbereich und wie lange dort untersucht wird. Das ist der dominierende Charakter der Beziehung zwischen Untersucherin und Untersuchtem, der sich auf jeden Aspekt der Musterung auswirkt. Dies ist auch gleichzeitig der entscheidende Unterschied zur freiwilligen Untersuchung bei einem Arzt/Ärztin der eigenen Wahl.

...*"Natürlich ist es einigen peinlich, wenn sie die Hose runterlas-sen müssen,* und es Kursieren immer noch wilde Gerüchte über die Untersuchung. *Aber die meisten jungen Männer nehmen es wohl oder übel gelassen...* " (Fett und Kursiv von mir)

www.karriere.de/beruf/ arbeiten-bei-der-bundeswehr-8315/5 - *67k* - Cached

---

Ina hat natürlich recht, dass auch trotz behutsamen Umgangs kör-perliche Untersuchungen, insbesondere im Intimbereich, als unan-genehm und peinlich empfunden werden können. Aber es ist eben etwas ganz Anderes, ob ich diese Untersuchung aus gesundheit-lichen Gründen durch eine Person, der ich vertraue, durchführen lasse, oder ob ich zu dieser Peinlichkeit von wildfremden Menschen des anderen Geschlechts gezwungen werde. Jemandem, der das nicht erkennt oder erkennen will, fehlt einfach die erforderliche soziale Kompetenz für diesen Umgang mit Menschen.

Es gibt außer dieser Situation nur noch eine weitere, in der staatliche Behörden eine Intimuntersuchung erzwingen. Dieses geschieht allerdings auf der Grundlage eines entsprechenden Rechtsprinzips, welches "unmittelbar aus Artikel 1 GG folgende Rechtsansprüche der Betroffen enthält, in angemessener und in einer der menschlichen Würde entsprechender Form behandelt zu werden." (aus: Strafprozessordnung und das Gerichtsverfassungsgesetz / Luwe-Rosenberg 2 26. neubearbeitete Auflage 2008).

Leider muss ich an dieser Stelle den Leser um ein wenig Geduld und Durchhaltevermögen bitten. Aber die Kenntnis der folgenden juristischen Sachverhalte ist wichtig für die Beurteilung der rechtlichen Grundlage der Intimuntersuchungen bei den militärischen Tauglichkeitsuntersuchungen. Es handelt sich hierbei um den §81d StPO. Dieser legt die Bedingungen fest, unter denen eine Leibesvisitation auch im Intimbereich auf behördliche Anordnung hin bei Vorliegen eines entsprechenden öffentlichen Interesses stattfinden darf:

---

(1) Kann die körperliche Untersuchung das Schamgefühl verletzen, so wird sie von einer Person gleichen Geschlechts oder von einer Ärztin oder einem Arzt vorgenommen. Bei berechtigtem Interesse soll dem Wunsch, die Untersuchung einer Person oder einem Arzt bestimmten Geschlechts zu übertragen, entsprochen werden. Auf Verlangen der betroffenen Person soll eine Person des Vertrauens zugelassen werden. Die betroffene Person ist auf die Regelungen der Sätze 2 und 3 hinzuweisen.
(2) Diese Vorschrift gilt auch dann, wenn die betroffene Person in die Untersuchung einwilligt.

Es handelt sich bei diesem Gesetz um eine Soll-Bestimmung. Mit dieser will der Gesetzgeber für den Regelfall eine gebundene Entscheidung herbeiführen. Das heißt, die Behörde hat hier die gesetzliche Vorgabe zu erfüllen. Um einen Regelfall handelt es auch bei der Musterung. Folgendes hierbei ist wichtig festzuhalten:

Es geht um eine Untersuchung des Intimbereichs, die durch eine staatliche Behörde angeordnet wird. Dabei erkennt der Gesetzgeber an, dass es zu einer Beeinträchtigung des Schamgefühls kommen

---

kann. Daher soll die "körperliche Untersuchung einer Person ... nach den Regeln des Anstands und der Schicklichkeit vorgenommen werden". (Die Strafprozessordnung und das Gerichtsverfassungsgesetz / Luwe-Rosenberg 2 26. neubearbeitete Auflage 2008).

"Das vom Gesetz nicht näher definierte Schamgefühl darf durch die Maßnahme nach §81d nicht verletzt werden. Das kann in objektiver Hinsicht durch die allgemeinen Regeln der Schicklichkeit und des Anstands eingegrenzt werden. Auch darüber hinaus sind einzelfallbezogene objektive Gesichtspunkte für die Beurteilung maßgebend ob das Schamgefühl verletzt ist. Das ist etwa dann zu bejahen, *wenn sich die betroffene Person vor einer Person des anderen Geschlechts, die keine Ärztin oder Arzt ist* (kursiv von mir), völlig entkleiden und eine Untersuchung ihrer Geschlechtsorgane dulden soll." (Strafprozessordnung StPo /hrsg von Wilhelm Krekeler / Markus Luffelmann. Autoren Mario Bergmann, Kai Lohse 2007; aber auch in: Strafprozessordnung / bearb. von Karl-Peter Julius ... Hans Joachim Kurth 4. Auflage 2009).

Was bedeutet dies nun übertragen auf die Musterungssituation? Zunächst muss festgehalten werden, dass diese, genau wie eine körperliche Intimuntersuchung nach der Strafprozessordnung, öffentlichen Interessen dient, wenn auch aus anderen Gründen:

Der Allgemeinheit muss daran gelegen sein, dass zum Wehrdienst nur Soldaten herangezogen werden, die dessen Anforderungen körperlich und geistig gewachsen sind. Andernfalls wäre nicht sichergestellt, dass die Streitkräfte ihre Aufgaben erfüllen können. Auf der anderen Seite ist es das eigene Interesse des nicht Diensttauglichen, vor Gesundheitsschäden als Folge des Wehrdienstes bewahrt zu werden.

Antwort von Dr. Gregor Gysi vom 30.11.2009

(Quelle: www.abgeordnetenwatch.de/dr_gregor_gysi-575-37621.html#questions)

Und weiter:

Musterung

So wurde 2004 § 81d StPO erweitert, wonach bei körperlichen Untersuchungen, die das Schamgefühl verletzen können, diese durch gleichgeschlechtliche Personen oder ÄrztInnen durchzuführen sind, wobei bei berechtigtem Interesse die Untersuchung einer Person eines bestimmten Geschlechts übertragen werden soll. Als Begründung dafür findet sich, dass nach allgemeiner Meinung § 81d StPO die einfachrechtliche Ausprägung des auf Art 1 Abs 1 GG basierenden Grundsatzes ist, ...

Antwort von Dr. Gregor Gysi vom 30.11.2009

(Quelle: www.abgeordnetenwatch.de/dr_gregor_gysi-575-37621.html#questions)

Das heißt aber nichts anderes, als dass die Grundlage für dieses Gesetz der Schutz der Menschenwürde nach Artikel 1 GG ist, *der für jeden Menschen gilt.*

Übertragen auf die Musterungssituation bedeutet dies, dass die Anwesenheit einer weiblichen Assistenzkraft während der Intimuntersuchung, ein Umstand, der von den Betroffenen immer wieder als besonders belastend empfunden wird, gegen den Willen der Männer gar nicht statthaft ist! Ganz zu schweigen von der Zurschaustellung vor mehreren Personen des anderen Geschlechts ohne Sichtschutz! Und es bedeutet auch, dass die Männer nicht nur *vorher* in jedem Fall über ihre diesbezüglichen Rechte aufzuklären und um ihre Entscheidung zu befragen sind, sondern dass diese Entscheidung für die Behörde (KWAE, Bundeswehr oder Gesundheitsamt) bindend ist!

Schlechte Zeiten brechen an für Ina und all die anderen professionellen Zuschauerinnen! Auch wenn der Gesetzgeber laut der Gesetzeskommentare Angehörigen des ärztlichen Berufsstandes (und zwar nur diesen, nicht aber dem nichtärztlichen Personal) tatsächlich eine gewisse geschlechtliche Neutralität zubilligt, ist für ihn die Sichtweise der Betroffenen, die untersucht werden sollen, in dieser Situation maßgeblich!

Das auch angesprochene Thema der Gleichbehandlung von Männern und Frauen im Beruf ist hier m. E. nicht tangiert. Sowohl männliches wie weibliches Personal lässt sich bei bestimmten Un-

> tersuchungen ausschließen; das ist vor Art. 1 I GG i. V. m. Art. 2
> GG (Persönlichkeitsrecht) hinzunehmen."
>
> Antwort von Dr. Gregor Gysi vom 30.11.2009
>
> (www.abgeordnetenwatch.de/dr_gregor_gysi-575-37621.
> html#questions)

Es sind also nicht nur die Männer, die hier eine Einschränkung ihrer
Persönlichkeitsrechte nach Artikel 2 Abs.1 hinzunehmen haben,
sondern ganz im Gegenteil auch die weiblichen Ärztinnen und
Assistenzkräfte. Und zwar dann, wenn eine Intimuntersuchung
durch sie seitens der Männer abgelehnt wird, da deren Anspruch auf
Schutz ihrer Würde Vorrang hat!

Daher ist hier die nicht nur die Übertragung der Untersuchung auf
eine Person, sondern ggf. auch auf einen Arzt eines bestimmten
Geschlechts auf Wunsch und das Zulassen einer Person des Vertrauens auf Verlangen für den Regelfall festgelegt.

Bedeutsam ist, wie bereits erwähnt, dass die betroffene Person auf
diese Regelungen hinzuweisen ist, und zwar auch dann, wenn sie in
die Untersuchung einwilligt. Lassen wir noch einmal einige führen-
de Gesetzeskommentare zu Wort kommen:

"Sie (die Hinweispflicht) wird zwingend (SKStPO-Regel Rn 12) in
Abs.1 Satz 4 begründet und trägt dem Umstand Rechnung, dass *die
Regelungen der Abs. 1 Satz 1 bis 3 weitgehend unbekannt sein dürf-
ten*" (Karlsruher Kommentare zur Strafprozessordnung mit GVG,
EGGVG und EMRK Hrsg. Von Rolf Hännich - 6. neu bearbeitete
Auflage 2008).

"Die in Absatz 1 Seite 4 normierte Hinweispflicht trägt dem Um-
stand Rechnung, *dass der betroffenen Person ihre in §81d veran-
kerte Rechte in aller Regel unbekannt sein werden. Sie soll eine
Verletzung des Schamgefühls verhindern*" (Strafprozessordnung
StPo /hrsg von Wilhelm Krekeler / Markus Luffelmann; Autoren
Mario Bergmann, Kai Lohse 2007).

"§81d enthält nicht unverbindliche Schicklichkeitsanforderungen,
*sondern unmittelbar aus Artikel 1 GG folgende Rechtsansprüche
der Betroffenen*, in angemessener und in einer der menschlichen
Würde entsprechender Form behandelt zu werden." (Die Straf-

prozessordnung und das Gerichtsverfassungsgesetz / Luwe-Rosenberg 26. neubearbeitete Auflage 2008; kursiv jeweils von mir).

Es erübrigt sich fast von selbst hier anzumerken, dass es derartige Hinweise (z.b. Untersuchung durch gleichgeschlechtlichen Arzt) bei den Musterungen und der Bundeswehr nicht gibt. Das aber heißt nichts anderes, als dass es sich bei diesem Gesetz um eine staatliche Schutzmaßnahme der Würde des Menschen handelt, welcher männlichen Wehrpflichtigen, Zivildienstleistenden und Soldaten von den zuständigen Behörden und ihrer Mitarbeiterinnen einfach vorenthalten wird!

"Grundsätzlich besteht für einen Wehrpflichtigen kein Anspruch auf eine Untersuchung durch einen Arzt gleichen Geschlechts. Die ärztliche Qualifikation vermittelt eine geschlechtliche Neutralität, d. h. der Blickwinkel des begutachtenden Arztes oder der begutachtenden Ärztin ist auf den Menschen und dessen medizinische Eignung bzw. Nichteignung für bestimmte Aufgaben oder Verwendungen gerichtet und zwar unabhängig von dessen Geschlecht."

Drucksache 16/11134 Deutscher Bundestag – 16. Wahlperiode 01. 12. 2008 Antwort der Bundesregierung auf die Kleine Anfrage der Abgeordneten Schäfer (Köln), Monika Knoche und der Fraktion DIE LINKE

Noch mal zurück zu KWEA Assistentin/"Zuschauerin" Ina: "dazu muss er sich vernünftigerweise auch ausziehen, sonst wäre der ganze Aufwand auch absurd." schreibt sie, "Und absurd wäre auch, alles zu untersuchen, nur Penis, Hoden und After blieben tabu. Dann kann man gleich ganz darauf verzichten!" Ein interessanter Aspekt. Zum einen stimmt es nicht, dass tatsächlich alles andere untersucht wird. Laut ZD/v 46/1, Kapitel 2, **203.** werden u. a. folgende Krankheiten nach Angaben der untersuchten Person ermittelt: Asthma bronchiale, Epilepsie, Geisteskrankheiten, Gemütsleiden, Stoffwechselstörungen (z. B. Diabetes mellitus), abgelaufene Infektions- und Kinderkrankheiten, Medikamenten-, Alkohol- und Drogenmissbrauch, Bettnässen, derzeitige ärztliche/zahnärztliche /kieferorthopädische Behandlung, Krankenhaus-/Sanatoriumsaufenthalte, Operationen, Unfälle mit Körperschaden.
Zum anderen wird bei Frauen, die sich freiwillig zur Bundeswehr melden, wie bereits erwähnt, tatsächlich auch auf die Untersuchung

des äußeren weiblichen Genitals verzichtet. Nur bei den Männern ist die Intimuntersuchung gefordert. Bei ihnen scheint die Intimuntersuchung derart im Vordergrund zu stehen, dass deren Auslassung nach Inas Meinung anscheinend die gesamte Untersuchung absurd und überflüssig macht.

Es stellt sich nach den bisherigen Ausführungen tatsächlich die Frage nach dem Sinn des Ganzen. Anstelle von ausgiebigen Belastungstests (die mangelnde Aussagekraft der Kreislaufkontrolle vor und nach den 20 Kniebeugen bzw. Liegestützen, die gemäß der ZDv zu leisten sind, werden noch weiter unten kommentiert), welche die körperliche Fitness der Probanden aussagekräftig prüfen, konzentriert sich augenscheinlich alles auf das Ritual der Vorhautinspektion und Hodenpalpation. Ein Schelm, wer hier auf schlüpfrige Gedanken kommt. "Wie wollt ihr denn untersucht werden?" Rhetorisch korrekte Antwort auf eine rhetorisch gestellte Frage: "Vom KWEA im Intimbereich gar nicht."

"Ich habe Angst vor der Musterung, weil mein linker Hoden im Leistenkanal steckt. Ich wurde schon zweimal deswegen operiert, ist mit 14 Jahren wieder hochgerutscht - noch einmal möchte ich nicht mehr an meinen Hoden untersucht werden. Sicher werde ich zum Urologen überwiesen, dort gehe ich aber nicht mehr hin, wurde schon zu oft abgetastet, ist wirklich sehr peinlich. Hoffentlich werde ich deswegen ausgemustert."   Mathias W.

Musterung

So sind eben die Vorschriften

Ja, Ina beschreibt wie es ist: Alles verläuft nach einem sorgfältig ausgearbeiteten Plan und vor allem müssen "Dienstvorschriften" ohne zu hinterfragen befolgt werden. "So war es, so ist es und so bleibt es." Kriegsdienst, Militär und Männer gehören offensichtlich naturbedingt zusammen. Daran darf nichts geändert werden. Jedenfalls nicht, solange in diesem Zusammenhang von Zwang für junge Männer gesprochen werden soll. Wenn es aber um etwas anderes dabei geht, dann sind plötzlich Neuerungen durchaus vertretbar.

In Bezug auf einen bestimmten Punkt hat sich ja, wie wir schon gesehen haben, längst alles verändert. Es ist etwas dazu gekommen. Früher hieß es immer, das Militär ist nichts für Frauen. Vom aktiven Soldatendienst waren sie selbstverständlich ausgeschlossen. Es war ihnen höchstens erlaubt, sich im Krieg um die Verwundeten zu kümmern und selbst innerhalb des "Gesundheitsbereiches" des Militärs, gab es klare Begrenzungen was die Einsatzbereiche betraf. In einer Altausgabe der ZDV 46/1, Ausgabe 1957 - Nachdruck 1963, war in Nummer 2 des Kapitels A (Bestimmungen für die ärztlichen Untersuchungen - I. Musterungsuntersuchungen) folgende Bestimmung aufgeführt: "Weibliche Personen dürfen bei der ärztlichen Untersuchung nicht mitwirken."

Diese Regelung wurde bereits Ende der 60er Jahre des vergangenen Jahrhunderts aufgehoben. Begründet wurde dieser Schritt mit der Gleichberechtigung von Mann und Frau, allerdings nur einseitig in Hinblick auf die berufliche Gleichstellung der Frau, nicht jedoch in Hinblick auf den Schutz der männlichen Intimsphäre. Auch wird dabei nicht beachtet, dass es, wie bereits oben dargestellt, bei Zwangsuntersuchungen im Intimbereich diese Art der Gleichberechtigung auf einer gesetzlichen Grundlage gar nicht geben kann. Die Tatsache, dass auch Frauen als Ärztinnen und Assistenzkräfte in KWEAs und in Untersuchungszentren bei der Bundeswehr im Zuge der Gleichstellung arbeiten dürfen, bedeutet aber nicht automatisch, dass sie auch bei den Intimuntersuchungen teilnehmen dürfen, da hier eine Abwägung der Rechtsgüter der Betroffenen stattfinden muss. Die vom Grundgesetz und verschiedenen Gleichstellungsgesetzen geforderte Gleichbehandlung von Männern und Frauen im Beruf wird hiervon nach Meinung vieler Juristen nicht beeinträchtigt.

Sowohl männliches wie weibliches Personal lässt sich bei bestimmten Untersuchungen ausschließen; das ist vor Art. 1 I GG in Verbindung mit Art. 2 GG (Persönlichkeitsrecht) hinzunehmen.

Antwort von Dr. Gregor Gysi vom 30.11.2009

(www.abgeordnetenwatch.de/dr_gregor_gysi-575-
37621.html#questions)

Bei der Frage der Gleichberechtigung gibt es aber nur eine
Abwägung zwischen den Personengruppen, denen etwas zugestanden oder verwehrt wird. Bei unserem Thema muss also die
Situation männlichen und weiblichen Untersuchungspersonals ver-
glichen werden. Wie bereits bekannt, stellt sich diese Frage bei
unserer Problematik anders: Nimmt man den Artikel 1 des Grundgesetzes (Schutzgebot der Würde) und das oben erwähnte Gesetz
der Strafprozessordnung, welches sich direkt daraus ableitet, als
Richtschnur, tritt dieses allgemeine Recht der Ärztinnen und
Assistentinnen vor den Persönlichkeitsrechten des zu Untersuchenden zurück, sobald dieser die Untersuchung durch anders geschlechtliches Personal verweigert. Deshalb ist hierbei die Hinweispflicht auf diese Rechte auch gesetzlich zwingend vorgeschrieben.
   Dieser Hinweis wird bei den Musterungsuntersuchungen den
Männern grundsätzlich verweigert. Angesichts der oben aufgeführten juristischen Sachverhalte kann man dieses Verhalten seitens
der Behörden durchaus auch als "bewusstes Vorenthalten" der
entsprechenden Rechte interpretieren. Im Zusammenspiel mit einer
entsprechenden amtlichen Anordnung oder einem militärischen
Befehl stellt sich dann folgerichtig die Frage, inwiefern man hier
von erzwungener Nacktheit, sexueller Nötigung und Demütigung
sowie von Missbrauch der Amts- oder der militärischen Befehlsgewalt sprechen muss.
   Um auch dies klar zu sagen: Wir reden dann auch über Verstöße
gegen die Menschenrechte durch staatliche Organe der Bundesrepublik Deutschland. Gemeint ist das Verbot erniedrigender Behandlung, wie es nicht nur im Grundgesetz sondern auch im Art. 3
der Europäischen Menschenrechtskonvention und in Art. 5 der
Allgemeinen Erklärung der Menschenrechte von 1948 verankert ist.
Mit dem Begriff der Erniedrigung ist in der Sprache der Juristen die
Verletzung des allgemeinen Achtungsanspruchs, der den Kern der

Menschenwürde ausmacht. Verletzt wird dieser dann, wenn staatliche Eingriffe die Achtung des Wertes vermissen lassen, der jedem Menschen um seiner selbst willen zukommt.

In diesem Zusammenhang ist es auch interessant, sich noch einmal das System der militärischen Gleichstellungsbeauftragten der Bundeswehr anzusehen. Wie in anderen gesellschaftlichen Bereichen auch existiert hier nur für Frauen das aktive und passive Wahlrecht. Nichts desto trotz lautet der gesetzliche Auftrag, eine "Gleichstellung von Soldatinnen und Soldaten" zu erreichen. Außerdem "dient (das Gleichstellungsgesetz) der Beseitigung bestehender und der Verhinderung künftiger *Diskriminierungen wegen des Geschlechts*" (kursiv von mir). Der §2 des "Gesetzes zur Gleichstellung von Soldatinnen und Soldaten der Bundeswehr" schreibt sogar vor, dass alle Soldatinnen und Soldaten, insbesondere solche mit Vorgesetzten- und Führungsaufgaben, (...) in ihrem Aufgabenbereich verpflichtet (sind), die Gleichstellung von Frauen und Männern zu fördern".

Laut § 19 (Aufgaben), Abs.1 hat die Gleichstellungsbeauftragte sogar ausdrücklich "in Bezug auf das Verbot von Benachteiligungen auf Grund des Geschlechts in Form von *Belästigungen und sexuellen Belästigungen* ... den Vollzug dieses Gesetzes in der Dienststelle zu fördern und zu unterstützen." (kursiv von mir).

Was läge also näher, als dass die gewählten Gleichstellungsbeauftragten sich für die Abschaffung der entwürdigen Untersuchungspraxis einzusetzen. Schließlich kennen sie die Unterschiede aufgrund der eigenen Erfahrung besonders gut und müssten sich konsequenter Weise hier für eine Gleichstellung ihrer männlichen Kameraden einsetzen. Bisher allerdings mit bemerkenswerter Erfolglosigkeit. So dürften die in diesem Buch kritisierten Zustände bei den Musterungen zwar auch hier bereits Thema auf Tagungen gewesen sein. Schließlich ist dieser Personenkreis im Vergleich zu anderen über diese Zustände außergewöhnlich gut informiert. Allerdings sind eine große Anzahl der Vertreterinnen selbst Angehörige des Sanitätsdienstes, das heißt, sie kommen aus dem Bereich, aus denen auch die Akteurinnen und Organisatorinnen der Intimuntersuchungen stammen ... .

Stabilisiert das derzeitige Gleichstellungskonzept der Bundeswehr mit seiner Zusammensetzung der Berufsgruppen gar das derzeitige System der Demütigung männlicher Soldaten bei medizinischen Untersuchungen? An den Tagungen der Gleichstellungsbeauftragten nehmen häufig auch Vertreter des Wehrbeauftragten teil; inzwischen sind es auch hier oft Vertreterinnen und zwar aus dem Referat WB 3, Personalangelegenheiten der Wehrpflichtigen und Angelegenheiten der Reservisten, Frauen in den Streitkräften. Am 09.03.2010 war beispielsweise die Leiterin des oben genannten Referats auf der Jahrestagung der neu gewählten Gleichstellungsbeauftragten anwesend. Auch in dieser Institution, bei der es sich immerhin um die Interessenvertretung der Soldaten, männlich wie weiblich, handelt, ist man bereits gut informiert.

Warum hat all dies aber nichts an der Situation geändert? Von einer Gleichstellung der Geschlechter kann bei den Intimuntersuchungen schließlich wirklich nicht die Rede sein. In der Praxis scheinen ausschließlich die Belange von Frauen relevant zu sein. Und deren Interessenvertreterinnen und sowie die weiblichen Entscheidungsträgerinnen halten offenkundig an der bisherigen Musterungspraxis zu ihrem Vorteil fest. Mit Billigung aller damit befassten Institutionen!

Liegt es vielleicht daran, dass "nach Maßgabe dieses Gesetzes (...) Soldatinnen gefördert (werden), um bestehende Benachteiligungen abzubauen" und Männer trotz gravierender Benachteiligung beim Schutz ihrer Würde hier keine ausdrückliche Erwähnung finden? Oder soll u. a. die vom Gesetz vorgegebene Quote von mindestens 50 % Soldatinnen im Sanitätsdienst um jeden Preis durchgeboxt werden, obwohl immer noch über 90% der Bundeswehrangehörigen männlich sind?

Immerhin: In den anderen Bereichen sind Soldatinnen nur "dann als unterrepräsentiert anzusehen, wenn ihr Anteil in den einzelnen Bereichen … in allen Laufbahnen *mit Ausnahme der Laufbahn des Sanitätsdienstes* unter 15 Prozent liegt"! (kursiv von mir)

Egal wie, heutzutage scheint es bei der "Gleichberechtigung" der Frau stellenweise um eine Frauenbevorzugung jeden Preis zu gehen und gemäß einer abartigen Version dieses sonst ehrenvollen Begriff änderte sich während der letzten Jahrzehnte ein entwürdigendes Männerritual langsam in etwas, dass für viele noch schlimmer ist als es früher einmal war. Es wurde zu einer entwürdigenden Nacktvorführung vor Frauen. Langsam wurde das Gebiet der Auswahl zwangs befohlener junger Männer und deren Tauglichkeitsüberprüfung von freiwilligen Frauen übernommen. Von da an wurde der Mann im Namen der "Gleichberechtigung" von Personen kontrolliert und "untersucht", die zum Teil selbst nie gedient haben, die selbst dem Zwang solch einer Untersuchung und dem

Musterung

nachfolgenden Dienst nicht unterliegen und darüber hinaus nicht einmal eine Spezialausbildung für ihre Tätigkeit haben müssen. Diese sind es aber die dem Mann letztendlich mitteilen, ob er für die Tätigkeit des Kriegshandwerks reif und tauglich genug ist.

Wir sprechen also hier, um es noch einmal ganz deutlich zu sagen von Personen, die im Fall der KWEA-Ärztinnen noch nicht einmal etwas von der Welt des Soldatendaseins wissen und auch nichts wissen müssen. Sie müssen auch, genauso wenig wie die Sanitäts-soldatinnen, keine derartigen entwürdigenden Untersuchungen inclusive des Intimbereichs durch das andere Geschlecht in der Art dulden, wie sie es selbst umgekehrt praktizieren. Was die gewollte Demütigung betrifft, so sind diese Zustände ganz gewiss noch schlimmer, als die ehemaligen krankhaften Männerrituale unter "ihresgleichen".

"Ich muss nächsten Monat zur Musterung, bin gerade 17 geworden. Stimmt es, dass man sich da nackt präsentieren muss? Der Gedanke daran ist mir unheimlich peinlich. Was passiert, wenn mein Penis steif wird? Ist mir schon in den unmöglichsten Situationen passiert. Ich habe Angst! Kann mir jemand helfen?"

David E.

Lars G Petersson

Ein "Besonderes Gewaltverhältnis"

Wieso kann es solche Zustände für Männer überhaupt geben? Ist eine derartige Behandlung nicht verfassungswidrig und liegt hier nicht ein Verstoß gegen die Menschenrechte vor? Wie legitimiert die staatliche Obrigkeit überhaupt solche Zwangsdienste und die mit ihnen einhergehenden entwürdigen Bedingungen?

Tatsächlich gibt es Situationen, in denen sich ein Bürger "in besonderer Nähe zum Staat" befindet. Früher wurde ihm in diesen Fällen der Rechtsschutz gegenüber dem Staat versagt und auch die Grundrechte galten hier nicht. Dies betraf zum Teil auch Situationen, die wir alle heute noch aus dem Alltag kennen. Es galt zum Beispiel für Schüler in der Schule und Beamte im Beamtenverhältnis. Aber auch Gefangene im Strafvollzug und eben auch Soldaten im Wehrdienst waren hiervon betroffen. Es galt hier ein "Besonderes Gewaltverhältnis".

Inzwischen hat sich der Status der völligen Rechtlosigkeit der jeweils Betroffenen geändert. Mit der Strafgefangenenentscheidung hat das Bundesverfassungsgericht 1972 (BVerfGE 33, 1) den Anwendungsbereich des besonderen Gewaltverhältnisses aber stark eingeschränkt. Das Urteil hat klargestellt, dass auch im besonderen Gewaltverhältnis grundsätzlich die Grundrechte gelten. Zum Beispiel kann die Einschränkung des Briefgeheimnisses der Strafgefangenen erforderlich sein, um die Sicherheit und Ordnung des Gefängnisses zu wahren. Das ändert aber nichts daran, dass er zunächst einmal Träger dieses Grundrechtes ist.

Man spricht daher heute lieber von einem Sonderrechtsverhältnis. Gemeint ist ein "Zustand der gesteigerten Bindung des Bürgers an den Staat, welche in ihrer Intensität über die normale Bindung des Bürgers an den Staat (allgemeines Gewaltverhältnis) hinausgeht." Teilweise wird auch der Ausdruck "Besonderes öffentlich-rechtliches Abhängigkeitsverhältnis" benutzt. Aber auch dieses Verhältnis kann noch Ermächtigung für Grundrechtsbeschränkungen sein (Peine, Allgemeines Verwaltungsrecht, Rn. 90). Diese müssen aber durch oder aufgrund eines Gesetzes vorgenommen werden.

Es gibt eine Ausnahme. Ein Grundrecht darf unter keinen Umständen eingeschränkt werden, nicht in der Schule, nicht im Strafvollzug und auch nicht beim Militär. Das ist der Artikel 1 des Grundgesetzes:

Musterung

(1) Die Würde des Menschen ist unantastbar. Sie zu achten und zu schützen ist Verpflichtung aller staatlichen Gewalt. ...

(3) Die nachfolgenden Grundrechte binden Gesetzgebung, vollziehende Gewalt und Rechtsprechung als unmittelbar geltendes Recht.

Besondere Gewaltverhältnisse im eigentlichen Sinn gibt es also nicht mehr - sollte man meinen. Auch Soldaten der Bundeswehr dürfen danach nicht mehr "gedrillt" werden, um ihre Persönlichkeit zu brechen damit sie sich willenlos den Befehlen ihrer Vorgesetzten fügen.

Wie aber konnten dann noch solche sexuell gefärbten entmenschlichenden Praktiken und Rituale wie die Intimuntersuchung bei den Tauglichkeitsprüfungen Einzug in die Wehrinstitutionen halten? Und dies ausgerechnet erst nach dem oben erwähnten Urteil des Bundesverfassungsgerichts mit den daraus resultierenden Konsequenzen für die Gültigkeit von Grundrechten? Warum gibt es den Zwangsdienst mit Namen "allgemeinen Wehrpflicht" überhaupt noch? Dieser ist zwar nicht "allgemein", dafür aber "männlich". So steht es im Grundgesetz; aber auch der Artikel 4 EMRK über das Verbot der Sklaverei und der Zwangsarbeit sagt aus, dass *"eine Dienstleistung militärischer Art oder eine Dienstleistung, die an die Stelle des im Rahmen der Wehrpflicht zu leistenden Dienstes tritt, in Ländern, wo die Dienstverweigerung aus Gewissensgründen anerkannt ist; ... nicht als Zwangs- oder Pflichtarbeit im Sinne dieses Artikels gilt"*.

Also Diskriminierung der Männer in Bezug auf den Schutz von Grundrechten auf höchster Ebene! Und das Ausmaß der Einschränkungen aufgrund dieser Benachteiligung ist beträchtlich. Nur für sie gilt laut §1 Wehrpflichtgesetz Abs. 1: Wehrpflichtig sind alle Männer vom vollendeten 18. Lebensjahr an, die Deutsche im Sinne des Grundgesetzes sind und 1. ihren ständigen Aufenthalt in der Bundesrepublik Deutschland haben oder 2. ihren ständigen Aufenthalt außerhalb der Bundesrepublik Deutschland haben und entweder a) ihren früheren ständigen Aufenthalt in der Bundesrepublik Deutschland hatten oder b) einen Pass oder eine Staatsangehörigkeitsurkunde der Bundesrepublik Deutschland besitzen.

Damit wird auch gleichzeitig die Bewegungsfreiheit dieser "freien" Menschen eingeschränkt. Ein Mann kann nicht mehr hingehen wo er will. Er hat eine Genehmigung zu beantragen. Deutlich wird ihm auferlegt: "Männliche Personen haben nach Vollendung des 17. Lebensjahres eine Genehmigung des zuständigen Kreiswehrersatzamtes einzuholen, wenn sie die Bundesrepublik Deutschland länger als drei Monate verlassen wollen, ohne dass die Voraussetzungen des § 1 Abs. 2 bereits vorliegen. Das Gleiche gilt, wenn sie über einen genehmigten Zeitraum hinaus außerhalb der Bundesrepublik Deutschland verbleiben wollen oder einen nicht genehmigungspflichtigen Aufenthalt außerhalb der Bundesrepublik Deutschland über drei Monate ausdehnen wollen. Die Genehmigung ist für den Zeitraum zu erteilen, in dem die männliche Person für eine Einberufung zum Wehrdienst nicht heransteht."

Nach dem Grundgesetz der Bundesrepublik Deutschland ist der junge Mann also schon nach Vollendung des 17. Lebensjahres, d.h. wenn er noch minderjährig ist, mit allen für ihn daraus entstehenden Folgen wehrpflichtig. Ab diesem Zeitpunkt unterliegt er der sogenannten Wehrüberwachung und seine Freiheitsrechte als Individuum werden ihm automatisch beschnitten, egal ob Krieg oder Frieden herrscht. So sieht die Freiheit in einem Land aus, dass von sich selbst behauptet eines der freiesten Länder überhaupt zu sein.

> Grundgesetz, Artikel 3, Abs. 1: Alle Menschen sind vor dem Gesetz gleich. Abs. 2: Männer und Frauen sind gleichberechtigt.

Ja, mit 17 fängt es an. Von nun an gehört ein junger Mann dem Staat. Hält er sich jetzt nicht an die Regeln, dann wird mit polizeilicher Vorführung und Haft gedroht. Das Wehrpflichtgesetz (im Folgenden WPflG abgekürzt) § 3 Abs. 1 "Die Wehrpflicht..... umfasst die Pflicht, sich zu melden, vorzustellen, nach Maßgabe dieses Gesetzes Auskünfte zu erteilen und Unterlagen vorzulegen, sich auf die geistige und körperliche Tauglichkeit und auf die Eignung für die Verwendungen in den Streitkräften untersuchen zu lassen..."

Diese Untersuchung heißt Musterung. Ina hat uns schon von ihrem Alltag erzählt. Klar, es verläuft alles nach dem großen Regelbuch der Zentralen Dienstvorschrift 46/1. Alles was sie uns erzählte steht ausführlich dort drin zu lesen, obwohl es sich sehr "trocken" anhört. Die Durchführung der Musterung ist genau festgelegt. Diese wird von den Kreiswehrersatzämtern durchgeführt und alles gründet sich auf folgenden kurzen Text als Dogma: "Die Wehrpflichtigen sind vor der Musterungsentscheidung auf ihre geistige und körperliche

Musterung

Tauglichkeit eingehend ärztlich zu untersuchen; sie haben sich dieser Untersuchung zu unterziehen. Dabei sind solche Untersuchungen vorzunehmen, die nach dem Stand der ärztlichen Wissenschaft für die Beurteilung der Tauglichkeit des Wehrpflichtigen für den Wehrdienst notwendig und im Rahmen einer Reihenuntersuchung durchführbar sind (§ 17 des WPflG)."

Lars G Petersson

"Zumutbare" Zwangseingriffe

"20 Jahre lang konnte ich die Erlebnisse bei meinen Musterungen anscheinend gut verdrängen", erzählte mir Dietmar. "Aber nun habe ich mit traumatischen Spätfolgen zu kämpfen. Ich habe ständig sogenannte Flashbacks. Außerdem plagen mich Schlafstörungen und Alpträume. Obwohl ich ein sehr ruhiger Mensch bin, neige ich jetzt manchmal zu Reizbarkeit und auch Wutausbrüchen, die ich dann aber unterdrücke. Im Grunde bin ich auch ein sehr gefühlvoller Mensch, dennoch fiel mir schon des Öfteren bei mir auf, dass ich Gefühle anderer nicht gut nachempfinden kann. In manchen Situationen die für andere sehr schmerzlich sind, fällt es mir schwer Mitleid zu empfinden. Selbstmordgedanken habe ich auch häufig. Diese beginnen damit, dass es mir an Lust fehlt in dieser Welt weiter zu leben."

Es war diese Entwürdigung, mit der das alles begann. Es dulden zu müssen von Kopf bis Fuß begutachtet und kontrolliert zu werden, damit kämpft Dietmar noch heute, viele Jahre später. Er kam sich vor wie beim TÜV und er war das Auto, nur eine Sache. Er hat sich dabei nicht mehr als Mensch gefühlt, sondern nur noch als ein Gegenstand. Das war er auch in dem Moment. Genau wie bei der staatlich geforderten Kontrolle von Fahrzeugen, ist auch hier alles exakt festgelegt was zu kontrollieren ist.

Für die ärztlichen Grunduntersuchungen (Musterung und Diensteintritt von Wehrpflichtigen, Annahme und Einstellung von freiwilligen Bewerbern, Entlassung von Soldaten) gelten laut der internen Dienstvorschrift ZDv 46/1 folgende Bestimmungen: "Bei der Erstuntersuchung im Musterungs- und Annahmeverfahren, sowie bei der Entlassungsuntersuchung am Ende des (Abschnittsweisen) Grundwehrdienstes und bei Grunduntersuchungen (u.a. Überprüfungsuntersuchung, Einstellungsuntersuchung), bei denen die letzte vollständige ärztliche Untersuchung mehr als 24 Monate zurückliegt, ist stets ein vollständiger Untersuchungsgang, d.h. eine umfassende Erhebung der gesundheitlichen Vorgeschichte und eine komplette ganzkörperliche Untersuchung durchzuführen."

Dies hört sich schon sehr umfangreich an und geht meiner Meinung nach weit über das hinaus, was gesetzlich gefordert ist. Im Gesetz ist nirgendwo von einer "ganzkörperlichen Untersuchung" die Rede sondern stets nur von einer Tauglichkeitsprüfung, und zwar in Hinblick auf die militärische Eignung. Das ist nicht dasselbe! Wir brauchen hier nicht alle Punkte aufzulisten, die zu diesem Prozess gehören. Aber wir sollten uns auf ein paar besondere Höhepunkte konzentrieren. Nämlich auf jene, die der menschlichen Seele am meisten Schaden zufügen können.

"Das männliche Genitale ist einschließlich der regionalen Lymphknoten durch Inspektion und Palpation zu untersuchen. Unter anderem auf: Fehlen, Verlagerung und Veränderung von Hoden, sowie Veränderungen an Nebenhoden und Samensträngen (z. B. Atrophie, Geschwülste, Varikozelen), Anzeichen für venerische Erkrankungen oder Parasitenbefall, Hinweise auf endokrine Störungen (z. B. Hypogenitalismus, mangelnde Schambehaarung), Anomalien am Penis (z.B. Phimose, Hypospadie)". "Die Untersuchung der Analregion umfasst eine Inspektion, unter anderem auf Hämorrhoiden, Fisteln, Fissuren, Papeln und Geschwüre. Bei über 40jährigen ist zusätzlich eine rektale Untersuchung vorzunehmen."

Noch etwas ist bemerkungswert, was die Untersuchung auf Wehrtauglichkeit angeht. Um die physischen Kräfte des jungen Mannes zu bewerten, wird der Proband gebeten 20 Liegestütze zu machen. Danach wird das Herz-Kreislauf-System des nur mit Unterhosen bekleideten Mannes (ich habe auch von Fällen gehört, wo derjenige ganz nackt gewesen ist), in Anwesenheit von zwei oder drei weiblichen Personen "untersucht".
Streng genommen hat man so zu verfahren: "Am liegenden Probanden sind Blutdruck und Puls zu messen vor der Belastung (in Ruhe), unmittelbar nach Ende der Belastung, danach in einminütigen Intervallen bis zum annähernden Erreichen des Ruhepulses, längstens jedoch bis zum Ende der dritten Minute."
Es ist in medizinischen Kreisen allgemein bekannt, dass in zivilen Arztpraxen der Blutdruck von Patienten schon unter ganz normalen Bedingungen erhöht sein kann. Das heißt selbst schon bei einem ganz freiwilligen Arztbesuch, der in freundlicher Atmosphäre stattfindet. Es ist deswegen überaus wichtig, dass die Blutdruckmessung von einem Arzt nie als einzige Grundlage für eine Bluthochdruckdiagnose verwendet und die weitere Behandlung auch nie allein darauf aufgebaut wird. Fast immer sind die Patienten ein bisschen aufgeregt und alleine das führt schon zu einem erhöhten Blutdruck. Bei Überprüfungen wurde festgestellt, dass viele Menschen aus dem dargelegten Grund auf erhöhten Blutdruck hin behandelt worden sind, obwohl die Werte unter den Alltagsbedingungen als ganz normal betrachtet werden mussten.

Heute wird diese Erkenntnis wie ganz selbstverständlich in die medizinische Diagnose mit einbezogen. Dies nicht zu beachten, wird als sehr unprofessionell angesehen. Die Art der physiologischen "Untersuchungen" wie sie im KWEA durchgeführt werden, ist demnach alleine schon deswegen ein Witz. Dazu braucht es keine weiteren Kommentare.

"Ihren Namen weiß ich nicht, vorgestellt hat sich da keiner. Die Ärztin forderte mich dann ohne Umschweife auf hinter die Trennwand zu gehen und mich auszuziehen. Nachdem ich mich entkleidet hatte (ich kannte das Vorgehen bereits von der Station mit dem Wiegen), musste ich ein paar Mal im Raum auf und ab gehen, wobei sie wohl meine Körperhaltung etc. beobachtete. Dann trat sie hinter mich und tastete meine Wirbelsäule ab. Danach hockte sie sich vor mich und griff mir an die Hoden (hier sollte ich erwähnen, dass sie während der ganzen Behandlung Handschuhe trug) und ich musste 2 Mal husten. Dann hat sie mich aufgefordert meine Vorhaut zurückzuziehen und hat kurz auf die Eichel geguckt. Daraufhin musste ich mich umdrehen, mich bücken und meine Hinterbacken spreizen. Sie hat dann da 30 Sekunden mit einer kleinen Lampe herum geleuchtet und meinte aber, es wäre alles in Ordnung.

Weiter ging es auf der Liege, da hat sie meinen Puls und meinen Blutdruck gemessen. Zwischendurch musste ich 20 Kniebeugen machen, zurück auf die Liege und wieder wurden Puls und Blutdruck gemessen. Dann hat sie eine Minute gewartet (was mir wie eine Stunde vor kam) und sie hat gemessen wie sich mein Puls und mein Blutdruck regeneriert hat. Dazu hat sie mich gefragt, ob ich aufgeregt wäre. Schließlich durfte ich mich wieder anziehen und es ging weiter zur nächsten Station."

Wolfgang N.

Egal ob man will oder nicht, alles was hier beschrieben wurde hat man laut behördeninterner Dienstvorschrift (ZDv) und nach Auffassung der verantwortlichen Untersucher und den Verantwortlichen in den KWEAs, der Bundeswehr und z. T. auch der Gesundheitsämter (bei Zivildienstleistenden) zu "dulden". Eine Zustimmung des "Patienten" braucht es nach dieser Sichtweise nicht.

Völlig ausgeblendet wird hier das bereits oben beschriebene Rechtsprinzip, welches dem §81d Strafprozessordnung zu Grunde liegt. Es wird den Männern von den Verantwortlichen und den Untersucherinnen schlicht vorenthalten, genau wie die Anwendung so mancher Regel der ärztlichen Berufsordnung, z. B. die Würde und das Selbstbestimmungsrecht (in dem Fall über die Durchführung der Intimuntersuchung) zu respektieren, sowie die Privatsphäre zu achten und Rücksicht auf die Situation der Patientinnen und Patienten zu nehmen.

Nur ärztliche Untersuchungen, die mit einer "erheblichen Gefahr für Leben oder Gesundheit des Wehrpflichtigen" verbunden sein können, sowie Operationen, "auch wenn diese keinen erheblichen Eingriff in die körperliche Unversehrtheit bedeuten" (ich bedanke mich dafür), dürfen nach dem Verständnis der Behörden nicht ohne Zustimmung des Wehrpflichtigen vorgenommen werden.

Folgende Untersuchungen sind laut ZDv ohne Zustimmung des Wehrpflichtigen nicht erlaubt: Lumbalpunktion, Sternalpunktion, Endoskopie des Magen-Darmtraktes, der Atemwege und der ableitenden Harnwege, Biopsie innerer Organe, Isotopendiagnostik, Kontrastmitteldarstellungen, inhalative Provokationstests und Arthroskopie.

Die Abwägung über das, was zumutbar ist, beschränkt sich hier auf rein physische Aspekte. Dass auch Untersuchungen, welche die nach hiesigem Rechtsverständnis die Würde des Menschen verletzen können, in diesem Sinne nicht zumutbar sind, wird in diesem Regelwerk mit keinem Wort erwähnt. Das ändert aber trotzdem nichts an der gesetzlichen Situation, über die sich auch eine Behörde mit ihrer Dienstvorschrift nicht hinwegsetzen darf.

Wäre die ganze Sache nicht so ernsthaft, könnte man es fast schon als lustig bezeichnen, so etwas in den Vorschriften zu lesen. Ein Scherz? Wie könnte man jemand zu derartigen Untersuchungen zwingen? Wie würde man zum Beispiel bei einer Zwangsendoskopie des Magen-Darmtraktes überhaupt das Opfer festhalten?

Nein, auch für die Bundeswehr wäre dies eine Aufgabe, die wahrscheinlich schwer lösbar wäre. Dass man aber so deutlich und ausführlich schreibt wozu man nicht gezwungen werden kann, verdeutlich doch immer mehr das Umgekehrte: Was man nämlich nicht verweigern kann und das scheint ja alles andere zu sein.

So ist es auch: "Zumutbar sind solche ärztlichen Untersuchungsmethoden, welche bei Durchführung durch fachkundige Ärzte nicht mit Sicherheit oder Wahrscheinlichkeit eine Verschlimmerung bestehender Erkrankungen, erhebliche Schmerzen oder ein ernsthaftes gesundheitliches Risiko für den Wehrpflichtigen bedeuten".

Für alles, was damit gemeint ist, benötigt der Staat auch im Jahr 2010 keine Einwilligung des "Patienten". Nein, denn er gehört dem Staat. Er hat nichts zu sagen. Sollte er sich trotzdem weigern wollen, dann wäre es besser, wenn er sich das noch einmal gut überlegen würde. "Die schuldhafte Weigerung, sich zumutbaren ärztlichen /fachärztlichen Untersuchungen (zu denen nach behördlicher Auffassung auch die Intimuntersuchung unter den von ihr willkürlich vorgegebenen Bedingungen gehört) zu unterziehen, ist ein Verstoß gegen die in § 3 Abs. l Satz 2 WPflG gesetzlich begründeten Pflichten des Wehrpflichtigen. Sie stellte nach § 45 Abs. l Nr. 1 Buchstabe c) eine Ordnungswidrigkeit dar, die bis 2008 nach § 45 Abs. 2 mit einer Geldbuße geahndet werden konnte...."

Zwar müssen sich Wehrpflichtige der Tauglichkeitsprüfung nach § 17 Abs. 4 WpflG unterziehen, im Gegensatz zur Pflicht, bei der Musterungsuntersuchung zu erscheinen (vgl. § 17 Abs. 10), handelt es sich jedoch um eine nicht sanktionierte Mitwirkungspflicht, die lediglich bei der Tauglichkeitsentscheidung berücksichtigt wird. Im Fall einer Weigerung "ist nach Aktenlage zu entscheiden." An dieser Stelle fragt sich vielleicht der Leser: "Man kann also die Intimuntersuchung verweigern. Und es gibt deswegen auch keine rechtlichen Konsequenzen? Wo ist dann das Problem?"

Wie bereits oben dargestellt, wird die Unwissenheit der jungen und oft auch noch unerfahrenen Männer vorsätzlich und systematisch ausgenutzt, um anschließend mittels amtlicher Weisung oder durch militärischen Befehl die Intimuntersuchung doch noch durchzusetzen. Selbst bei einer geäußerten Ablehnung wird diese längst nicht immer sofort akzeptiert. Oft wird kraft der verliehenen Autorität einer Amtsärztin oder militärischen Vorgesetzten doch noch der Zugriff auf den männlichen Intimbereich versucht. Für diejenigen, die sich hier einschüchtern lassen, wird die Situation dann noch entwürdigender. Und da der junge Mann keinen Zeugen hat, der für ihn bereit ist, die Nötigung im Nachhinein gegebenenfalls auch vor Gericht zu bestätigen, besteht für ihn dann überhaupt Chance, seine Würde zu wahren. Sicher auch ein Grund, weshalb es bisher relativ wenige offizielle Beschwerden Betroffener gegeben hat.

Nirgendwo in Deutschland gibt es einen anderen Ort mit einer höheren Dichte an weiblichen Ärztinnen, als speziell in den Kreiswehrersatzämtern und zunehmend auch in den Kasernen wo sich die wehrpflichtigen jungen Männer befohlenen Genitaluntersuchungen unterziehen müssen. Damit das auch weiterhin so gehen kann, wurde paradoxerweise die Verhängung von Bußgeldern im Fall einer Verweigerung im Jahr 2008 abgeschafft. Dies geschah zu einem Zeitpunkt, an dem der Unmut und die Beschwerden über die Musterungspraxis aus Sicht der dafür Verantwortlichen anscheinend bedenklich zugenommen hatte. Schon 2006 wurde der Petitionsausschuss des Bundestags von einem Beschwerdeführer zu diesem Thema eingeschaltet. Doch trotz einer entsprechenden Empfehlung des Ausschusses an das Bundesministerium für Verteidigung, Wehrpflichtige über die Praxis des praktizierten "forensischen Prinzips" und über die alternativem Möglichkeiten zur Intimuntersuchung während der Musterung zu informieren, hat sich nichts geändert.

Im BMVg wurde stattdessen eine Stelle eigens für Anfragen und Beschwerden zum Thema eingerichtet. Bereits 2007 musste Hr. Kossendey, damals wie heute parlamentarischer Staatssekretär dieses Ministeriums, Anfragen u. a. von Bundestagsabgeordneten beantworten, so zum Beispiel eine schriftliche Frage von der Abgeordneten Gisela Piltz, FDP (Drucksache 16/5684 – Deutscher Bundestag – 16. Wahlperiode, Antwort des Parlamentarischen Staatssekretärs Thomas Kossendey vom 7. Juni 2007). Dies alles mit dem (offenbar gewünschten) Ergebnis, dass bis heute alles beim Alten geblieben ist und das kollektive Schweigen und die Heimlichkeit weiter anhält.

Die Behörden setzen lieber weiterhin auf die Unwissenheit des überwiegenden Teils der Betroffenen, bei denen sie dann auch in Zukunft mit Amts- oder Befehlsgewalt den ungehinderten (weiblichen) Zugriff auf den männlichen Intimbereich erzwingen können und lassen die vergleichsweise wenigen Verweigerer straffrei ziehen. Die könnten sonst mit dem Bußgeldbescheid vor Gericht ziehen und von höchstrichterlicher Stelle bescheinigt bekommen, dass die Musterungspraxis der Intimuntersuchungen nicht rechtens ist. Dies aber würde eine ganze Lawine zu dem Thema in Gang setzen ... .

Die ganze Sache mit zumutbaren medizinischen Zwangseingriffen, die mit "Sicherheit keine erheblichen Schmerzen oder ein ernsthaftes gesundheitliches Risiko beinhalten", erweckt in mir doch widerwillig bestimmte Erinnerungen an eine grausame, überhaupt nicht so ferne Vergangenheit.... Vor diesem Hintergrund ist es um so weniger zu verstehen, dass die Einrichtung des Wehrbeauftragten, die den gesetzlichen Auftrag hat, sich für die Belange und Rechte der Soldaten einzusetzen, drei Monaten lang sich nicht in der Lage sah, einfache Fragen zu diesen Vorgängen zu beantworten. Musste wirklich noch so zeitaufwendig recherchiert werden, nach dem die Zustände schon mehrere Jahre bekannt ist? Oder wurde die Zeit dafür benötigt, eine gemeinsame Sprachregelung zu finden? Meinen die Beteiligten gar, sich so eine rechtliche Absicherung verschaffen zu können?

"Bei der zweiten Untersuchung (1 Jahr später) war nur der Arzt bei mir. Anfangs war alles OK, auch weil ich die Situation nun schon kannte. Wobei mir aber dann ganz anders wurde war, als der Arzt meinte: "Ich werde Sie jetzt rektal untersuchen, bitte tief hinunterbücken und nicht verkrampfen!" Was ich bei der ersten Musterung gerade noch so vermeiden konnte, war jetzt nicht mehr zu stoppen. Durch das Einführen des Fingers und das Herumwühlen in meinem Po, zack, da hatte ich einen Steifen.

Es wurde leider noch peinlicher. Der Arzt hat dann so etwas wie ein Rohr eingeführt, weil er wohl meinte etwas gefühlt zu haben, was nicht in Ordnung wäre. Es tat zwar tierisch weh, weil das Rohr fetter war als sein Finger, trotzdem kam ich plötzlich. Das war mir so etwas von peinlich. Ich habe am ganzen Körper gezittert und konnte dem Arzt nicht mehr in die Augen schauen. Froh war ich nur, weil keine dritte Person mit im Raum war."

Ulrich F.

Musterung

"Das Musterungsverfahren ist kostenfrei"

Nicht nur bei der Musterung muss es sich der junge Mann gefallen lassen, untersucht und bis in den letzten Winkel seines Körpers kontrolliert zu werden. Es scheint, als ob es auch danach nie aufhört. Man fährt damit weiter fort am Anfang des Grundwehrdienstes und zum Beginn des Zivildienstes gehört es auch zum Standartprogramm. Selbst am Ende seines Dienstes muss er noch einmal eine gründlichen Untersuchung, selbstverständlich inklusive einer Überprüfung der Geschlechteile über sich ergehen lassen.

Der Untersuchungsvorgang ist grundsätzlich immer der Gleiche, denn er muss nach einem vorgegebenen Schema durchgeführt werden. Alles streng nach Dienstanweisung bzw. Vorschrift. Es scheint auch für die Prüfer so viel leichter zu sein, denn man braucht sich dann keine weiteren Gedanken darüber zu machen. Vielleicht ist es dadurch auch einfacher, sich von persönlicher Verantwortung freisprechen zu können. "Ja, so ist es eben." Den Spruch hört man ziemlich häufig. Oder auch: "Wir haben uns exakt an die Vorschriften zu halten." Immer wieder "muss" man deswegen als Ärztin oder Arzt nach den Hoden greifen, die Vorhaut zurückschieben und den After inspizieren. Nichts darf vergessen werden und seien sie sich sicher, es wird auch nichts vergessen. Als Ärztin oder Arzt handelt man schließlich auch nur auf Befehl und Befehle müssen nun einmal befolgt werden (müssen sie das wirklich?).

Ein Wehrpflichtiger unterliegt bei der Musterung aber noch keiner direkten militärischen Befehlsgewalt. Dieser feine Unterschied kommt erst dann zum Vorschein, wenn der junge Mann seinen Dienst antritt. Im Gegensatz zur Musterung werden die Antritts- und die Entlassungsuntersuchung (und bei Zeit- und Berufssoldaten alle weiteren Untersuchungen dazwischen) grundsätzlich von Sanitätsoffizieren anstatt von Zivilisten durchgeführt. Während dieser Zeit befindet sich der junge Mann unter militärischem Befehl und wenn er sich dann weigert, dabei mitzumachen, wird es jetzt als Befehlsverweigerung eingestuft und bedeutet ein viel ernsthafteres Vergehen für ihn, als es bis dahin der Fall war.

Auch zur Entlassungsuntersuchung muss wieder alles sorgfältig "untersucht" werden. Es geht jetzt vor allem um die Beweisaufnahme. Insbesondere geht es dem Staat darum, sich gegen mögliche Regressforderungen abzusichern und demnach auch beweisen zu können, dass dem physischen "Eigentum" während seiner Dienstzeit kein Schaden zuteil wurde. Der Körper des jungen Mannes muss jetzt in Hinsicht auf mögliche Verletzungen überprüft werden. So steht es schließlich in dem großen Regelbuch und zwar nicht nur bei der Bundeswehr. Es ist genau, wie bei der Autovermietung von HERTZ und AVIS, wenn man einen Mietwagen ausleiht und wieder zurück gibt.

Zwar kann eine Vorhautverengung eindeutig nicht durch den Militärdienst verursacht werden (mit der Verengung von gesundem Menschenverstand bei den Verantwortlichen ist es natürlich etwas anderes), dennoch muss auch dieser Körperteil des Mannes wieder wie ganz selbstverständlich in Hinsicht auf seine optimale Funktionstüchtigkeit kontrolliert werden. Man kann ja nie wissen. Denn schließlich könnte es passiert sein, dass die Vorhaut während des Dienstes irgendwo stecken geblieben ist.

"Schlimm ist, dass diese Untersuchungen (ZDV 46/1) auch während der Bundeswehrzeit durchgeführt werden und noch einmal wenn die Dienstzeit zu Ende ist. Toll was? Was geht die Bundeswehr die Hoden, die Vorhaut, das Bändchen oder die Rektalgegend an? Muss doch ein normaler Mensch in seinem Beruf auch nicht machen. Ich finde, das ist die größte Schweinerei. Ich möchte nicht, dass mein Freund von jemand da unten "untersucht" wird....dafür gibt es den Urologen, und dass es den Assistentinnen nicht gefällt, kann mir keiner erzählen!

Mein Freund war im Winter beim Bundeswehr HNO-Arzt wegen einer Erkältung (ich muss dazu sagen, er hat den HPV Virus). Der HNO Arzt gab ihm Medikamente und meinte zum Schluss, er solle mal seine Hose hinunter ziehen, damit er mal gucken könnte, ob da unten alles in Ordnung ist. Er fasste ihn dann auch noch an sein Genital. Was geht das einem HNO Arzt an?"

Angela S.

Ja, auch die Entlassungsuntersuchung am Ende eines Grundwehrdienstabschnittes oder eines ununterbrochen geleisteten Grundwehrdienstes richtet sich nach den allgemeinen Durchführungsbestimmungen des Militärs. Darin heißt es: "Die Entlassungsuntersuchung ist immer vollständig durchzuführen, wenn bereits ein truppenärztliches Gutachten (San/Bw/0483) zur Feststellung der Dienstunfähigkeit vorliegt. Die hierbei festgestellten Verwendungseinschränkungen für bestimmte Tätigkeiten, sind für eine erneute Heranziehung zum Wehrdienst von Bedeutung."

Musterung

Erfolgt die Entlassung wegen vorübergehender oder dauernder Dienstunfähigkeit/Verwendungsunfähigkeit, ist in die Entlassungsverfügung folgender Zusatz aufzunehmen: "Nach Ihrer Entlassung befindet die Wehrersatzbehörde über Ihren Tauglichkeitsgrad und im Falle der Wehrdienstfähigkeit über Ihren Verwendungsgrad nach § 8a des Wehrpflichtgesetzes". In diesem Fall ist vom zuständigen KWEA innerhalb einer Frist von drei Monaten eine Überprüfungsuntersuchung durchzuführen."

Gemäß dieser Regeln wird also die Entlassungsuntersuchung durchgeführt. Denn wenn zum Beispiel "eine Wehrdienstbeschädigung geltend gemacht wird" (egal was das sein könnte, dazu gibt es keine näheren Angaben), muss dies durch eine medizinische Grunduntersuchung, (die laut Zentraler Dienstvorschrift auch wieder Hoden und After einschließt) eindeutig belegt werden können. Es wird wieder und wieder untersucht und immer wieder wird auch der Intimbereich inspiziert und kontrolliert. Will man sich dem verweigern, wird mit dem Gesetz gedroht und es heißt sofort: "Die schuldhafte Weigerung, sich zumutbaren ärztlichen/fachärztlichen Untersuchungen zu unterziehen, ist ein Verstoß gegen die in § 3 Abs. 1 Satz 2 WPflG gesetzlich begründeten Pflichten des Wehrpflichtigen."

Für Lumbal- und Sternalpunktionen, Biopsien und Endoskopien wird die Einwilligung des Patienten selbstverständlich benötigt. Ohne sie geht es nicht, wie wir schon gelernt haben. Aber wenn es um die Kontrolle der Vorhaut geht oder es sich um die Überprüfung vom Anus handelt, so kann man nach Auffassung der zuständigen Behörden und ihren Vorschriften auf die Zustimmung des Betroffenen getrost verzichten.

Das alles soll bedeuten, dass eine Intimuntersuchung ohne medizinisch einleuchtenden Grund und ohne Einwilligung des Wehrpflichtigen durchgeführt werden darf und Sinn und Zweck dieser "Doktorspielchen" nicht in Frage gestellt werden brauchen. Es soll der Eindruck entstehen, dass es nicht möglich ist, sich dagegen zur Wehr zu setzen.

Auf einen jungen Mann muss so eine verniedlichende Schlussbemerkung wie "Das Musterungsverfahren ist kostenfrei" wie Salz auf eine Wunde wirken und es ist eine zusätzliche Verhöhnung des zuvor erniedrigten Menschen. Oder ist dieser Satz eher als Scherz zu verstehen? Ich glaube es eher nicht. Nein, scherzhaft ist es doch wohl ganz bestimmt nicht gemeint, denn nichts von dem was man hier lesen kann klingt so, als ob es von einem Spaßvogel geschrieben worden wäre. Es klingt vielmehr so, als ob die Verfasser dieser Regeln in einer ganz anderen Welt leben würden und selbst ihre Nachfolger, also diejenigen, die an den Vorschriften krampfhaft festhalten, sich keine Annäherung an die moderne Gesellschaft wünschen, die sich den Schutz der Menschenwürde für alle Menschen auf ihre Fahnen geschrieben hat.

Musterung

Herzog sprach für taube Ohren

Auch in Bezug auf die Wehrpflicht scheinen die Verantwortlichen nicht sehr viel für die 1995 gehaltene Rede von Roman Herzog übrig zu haben. Der damalige Bundespräsident mahnte beim vierzigjährigen Bestehen der Bundeswehr vor den Kommandeuren der Streitkräfte: "Die Wehrpflicht ist ein so tiefer Eingriff in die individuelle Freiheit des jungen Bürgers, dass ihn der demokratische Rechtsstaat nur fordern darf, wenn es die äußere Sicherheit des Staates wirklich gebietet. Sie ist also kein allgemeingültiges ewiges Prinzip, sondern sie ist auch abhängig von der konkreten Sicherheitslage. Ihre Beibehaltung, Aussetzung oder Abschaffung und ebenso die Dauer des Grundwehrdienstes müssen sicherheitspolitisch begründet werden können. Gesellschaftspolitische, historische, finanzielle und streitkräfteinterne Argumente können dann ruhig noch als Zusätze verwendet werden. Aber sie werden im Gespräch mit dem Bürger nie die alleinige Basis für Konsens sein können. Wehrpflicht glaubwürdig zu erhalten, heißt also zu erklären, weshalb wir sie trotz des Wegfalls der unmittelbaren äußeren Bedrohung immer noch benötigen."

Ja, Herzog sprach für taube Ohren. Denn so, als ob man sich noch auf einen Krieg vorbereitet, wird alles weiter kontrolliert und inspiziert. "Ungediente Wehrpflichtige können auch nach ihrer Musterung vor ihrer Einberufung auf ihre Eignung für Verwendungen in den Streitkräften untersucht werden, soweit die Untersuchung erforderlich und notwendig ist". Das gilt auch "soweit die bei der Musterung getroffenen Feststellungen nicht ausreichen" heißt es in einer unendlichen Reihe von Vorschriften und Regeln, die alle nur den einen Zweck haben, die totale Kontrolle über die eine Hälfte der Bevölkerung sicher zu stellen - 65 Jahre nach Hitler, 92 Jahre nach Wilhelm. Es scheint keine Grenzen der Macht zu geben, wenn man sich die entsprechende Anwendung von WPflG § 17 Abs. 8 Satz 2 bis 4 und § 19 Abs. 5 Satz 1 bis 5 einmal näher anschaut. Es ist so, als wäre man in eine andere Zeit versetzt worden. Es erscheint mir wie ein Überbleibsel aus einer vergangenen Epoche. So als würde man sich in einer Welt wiederfinden, die das übrige Europa längst hinter sich gelassen hat.

Gleichberechtigung und Grundrechte

In den "allgemeinen Durchführungsbestimmungen zu der ärztlichen Untersuchung bei Musterung und Diensteintritt von Wehrpflichtigen, Annahme und Einstellung von freiwilligen Bewerbern, sowie bei der Entlassung von Soldaten" wurde festgelegt, dass "Die Dienstfähigkeit mob-einzuplanender/-eingeplanter weiblicher Soldaten im Rahmen von Grunduntersuchungen nach dieser ZD/v festgestellt" wird. Das heißt, die Musterungs-, Antritts- und Entlassungsuntersuchungen werden also bei Frauen die sich freiwillig zur Bundeswehr melden, auf Grundlage derselben Dienstvorschrift durchgeführt wie bei den Männern. Dennoch liegen, wie bereits oben dargestellt, Welten dazwischen, wenn es bei diesen Bewerberinnen um die Durchführung der Untersuchungen und den Schutzes der Intimsphäre geht.

Zunächst wird in der Zentralen Dienstvorschrift bei der Untersuchung des Genitalbereichs weiblicher Bewerberinnen bereits eine andere Vorgehensweise vorgeschrieben. Aus den Ziffern 234 und 235 des Kapitels II der ZDv 46/1 geht die Ungleichbehandlung von Mann und Frau hervor! Dort heißt es:

"n) Genitalorgane des Mannes
234. Das männliche Genitale einschließlich der regionalen Lymphknoten ist *durch Inspektion und Palpation zu untersuchen ...*

o) Genitalorgane der Frau
235. Die klinische Untersuchung *(ohne Inspektion der äußeren Genitalorgane)* ist um die Erhebung einer spezifischen gynäkologischen Anamnese unter Nutzung des dafür vorgesehenen Anamnesebogens (Anlage 7/16-7121 der ZDv 46/1), ggf. unter Einbeziehung vorhandener Fachbefunde, zu ergänzen. Wird hierbei eine GZr I1 81 (oder eine höhere Gradation) festgestellt, ist eine gynäkologische Untersuchung durch eine(n) Facharzt/-ärztin für Gynäkologie und/oder Frauenheilkunde zu veranlassen, soweit kein aktueller Befundbericht vorliegt."

Das bedeutet konkret, bei Männern wird inspiziert und angefasst, und zwar wie selbstverständlich auch von weiblichen Untersucherinnen (und ihren Assistentinnen). Bei Frauen passiert weder das eine noch das andere. Männliche Schreibkräfte sind von der Untersuchung bei Frauen trotzdem ausgeschlossen, männliche Ärzte

Musterung

kommen hier nur noch ganz selten zum Einsatz. Auch kann es passieren, dass Soldatinnen den Tauglichkeitscheck durch männliche Untersucher dennoch erfolgreich ablehnen, ohne hier dienstliche oder andere Konsequenzen befürchten zu müssen. Dies ganz im Gegensatz zu ihren männlichen Kameraden. Wie mir ein Soldat berichtete wurde die Untersuchung bei einer Soldatin im konkreten Fall zu einem späteren Zeitpunkt durch eine Ärztin nachgeholt. Sonst passierte nichts.

> "Am Schlimmsten fand ich bei der Musterung, dass ich vorher von Freunden schon wusste, was die da alles machen. Und alle die da arbeiten wissen das ja auch und können sich denken, dass man das selber auch weiß und Schiss davor hat. Das machte die ganze Situation für mich besonders unangenehm. Ich musste die ganze Zeit daran denken, dass die am Schluss von mir verlangen werden mich auszuziehen und hatte Bammel davor. Besonders, dass mich vielleicht auch die Helferinnen nackt sehen würden und dass ich einen Steifen bekommen würde."
>
> Christian V.

Und nur wenn es bei der anamnestischen Erhebung zu Auffälligkeiten kommt, ist laut Dienstvorschrift eine gynäkologische Untersuchung durch eine(n) Facharzt/-ärztin für Gynäkologie und/oder Frauenheilkunde vorgesehen. In der Praxis wird dies meist so gehandhabt, dass Bewerberinnen im Anschreiben regelrecht darum gebeten werden, ein entsprechendes fachärztliches Attest zur Einladung zur persönlichen Vorstellung und Teilnahme an der Eignungsfeststellung "wünschenswerter Weise zur Beschleunigung des Verfahrens mitzubringen".

> Betr.: Einladung zur persönlichen Vorstellung und Teilnahme an der Eignungsfeststellung
>
> Sehr geehrte Frau ....
>
> Vom ... bis ... führen wir beim Personalamt der Bundeswehr ... eine Vorauswahl und im weiteren Verlauf gegebenenfalls eine vollständige Eignungsfeststellung für Bewerberinnen und Bewerber der Laufbahnen der Offiziere durch, zu der wir Sie erwarten.

Bitte finden Sie sich am ..., den ... bis ... Uhr (Beginn der persönlichen Vorstellungsgespräche) in der ... -Kaserne ein und legen dieses Schreiben vor.
Der Personalausweis/Reisepass und Ihre Einladung sind für die
gesamte Dauer des Aufenthaltes in der Kaserne mitzuführen und
unaufgefordert vorzulegen.
Für die Vorstellungsreise erhalten Sie die beigefügten Gutscheine
zum Lösen von Fahrscheinen, jeweils eine einfache Fahrt gültig in
der 2. Wagenklasse bei allen Verkaufsstellen der DB Reise &
Touristik AG und Reisebüros mit DB Lizenz. Das Einlösen der
Gutscheine erfolgt nur bei gleichzeitiger Vorlage dieser Einladung
zur Eignungsfeststellung für Offizierbewerber. Bitte lösen Sie den
Gutschein für die Rückfahrt erst am tatsächlichen Rückreisetag ein.
Die auf dem Gutschein enthaltenen Hinweise bitte ich zu beachten.
Ein aktuelles Attest ihres Frauenarztes ist zur Beschleunigung des
Verfahrens wünschenswerter Weise mitzubringen. Inhalt des
Attestes sollte eine Zusammenfassung aller zurückliegender wie
auch aktueller relevanter gynäkologischer Befunde sein. Die Kosten
können seitens der Bundeswehr leider nicht übernommen werden.
Bitte berücksichtigen Sie bei Ihrer Vorstellung, dass Sie auch in
Ihrem äußeren Erscheinungsbild und Ihrer Bekleidung dem Anlass
angemessen Rechnung tragen. Beachten Sie bitte die organisatori-
schen Hinweise in der Anlage.

Im Auftrag

In diesem Fall wird selbstverständlich auch auf die Inspektion des
Analbereichs verzichtet. Dieser bleibt Männern in der Regel eben-
falls nicht erspart und es kann sogar passieren, dass auch bei jungen
Männern zusätzlich noch eine digitale Diagnostik betrieben wird,
obwohl diese laut ZDv 46/1 erst bei über 40jährigen sicherzustellen
ist (Kapitel II, (p) Analregion, Ziffer 236), um einen Verdacht auf
Erkrankung der Prostata oder des Rektums ausschließen zu können.
Die konkrete Umsetzung im Detail erfolgt hier nach der
willkürlichen Entscheidung des Arztes oder eben der Ärztin.
Begründet wird diese unterschiedliche Vorgehensweise in den
wenigen offiziellen und wenig bekannten Stellungnahmen mit der
unterschiedlichen anatomischen Beschaffenheit des Genitalbereichs
bei Mann und Frau! Wie zum Beispiel bei der Beantwortung einer
kleinen Anfrage der Fraktion der "Linken" vom 01.12.2008. Hier

heißt es: "Aufgrund der anatomischen und biologischen Gegebenheiten ist bei Männern der Großteil der Geschlechtsteile der
Inspektion und Palpation zugänglich und damit in der Altersstruktur
hinreichend und unkompliziert zu untersuchen.
Bei Frauen hingegen werden angesichts der Lage der Geschlechtsteile zusätzliches Instrumentarium und Gerät inklusive besonderer
Fachkenntnisse benötigt. Auch durch die biologische Besonderheit
von Schwangerschaft und Geburt kommt der gynäkologischen
Untersuchung und den Fachbefunden (als erforderliche gebiets-
ärztliche Zusatzuntersuchung) eine besondere Bedeutung zu. Aufgrund dieser Besonderheiten ist die regelmäßige Inanspruchnahme
von Gynäkologen/Gynäkologinnen durch junge Frauen anders zu
sehen und nicht mit der Untersuchung gleichaltriger junger Männer
durch einen Urologen/ eine Urologin zu vergleichen oder gleich-
zusetzen.
Der Gleichheitsgrundsatz (Artikel 3 GG) gebietet, wesentlich
Gleiches gleich, wesentlich Ungleiches seiner Eigenart entsprechend unterschiedlich zu behandeln. Differenzierungen müssen
auf vernünftigen Erwägungen bzw. auf Unterschieden in einem
Maße beruhen, die eine ungleiche Behandlung rechtfertigen. Eine
sachliche Rechtfertigung für eine unterschiedliche Durchführung
bestimmter Teile der ärztlichen Untersuchung weiblicher Bewerber
liegt aufgrund obiger Ausführungen vor, so dass der Gleichheitsgrundsatz dadurch nicht verletzt wird."

Diese Stellungnahme bedeutet im Umkehrschluss für die Untersuchung der männlichen Genitalien nichts anderes, als dass hierfür
nach Auffassung des BMVg keine besonderen Fachkenntnisse
erforderlich sind, und zwar nur aus dem Grund, weil diese
"aufgrund der anatomischen und biologischen Gegebenheiten zum
Großteil der Inspektion und Palpation zugänglich und damit hinreichend und unkompliziert zu untersuchen sind".
Manche Urologin und mancher Urologe wird sich bei dieser
haarsträubenden Erklärung wohl erst einmal verwundert die Augen
reiben und sich fragen ob sie bzw. er richtig gelesen hat. Die Ausbildung zum Facharzt der Urologie dauert in Deutschland
mindestens 5 Jahre. Der Inhalt der Weiterbildung ist durch die Wei-
terbildungsordnung der zuständigen Landesärztekammer geregelt
und umfasst einen Katalog an diagnostischen Tätigkeiten und
Operationen. In dieser Zeit müssen mehrere tausend urologische
Untersuchungen unter der Aufsicht eines weiterbildungsberechtig-

ten Facharztes und nachgeordneter Oberärzte durchgeführt werden. Dies gilt auch für die Hodenpalpation im Rahmen der Vorsorge.

Gerade in diesem Gebiet der Medizin spielt wie sonst kaum der geschulte Tastsinn eine entscheidende Rolle. Tatsächlich sind die anatomischen Strukturen des betroffenen Gebiets sehr fein und differenziert. Immer wieder muss die Erfahrung geschult und erweitert werden. Sogar bei Operationen werden Tumore ertastet und dadurch von gesundem Gewebe abgegrenzt.

Die Ausbildung zum Facharzt der Urologie wird durch eine Facharztprüfung abgeschlossen. Es ist ganz sicher nicht zu viel gesagt, hier von ärztlicher Kunst zu sprechen, bei der vorhandenes Talent durch jahrelange Ausbildung *nach* absolviertem Medizinstudium noch geschult werden muss. Auch und gerade bei der Diagnostik durch Palpation!

Nicht so bei der Bundeswehr und auch nicht im Kreiswehrersatzamt. Hier kann jede forsche Absolventin des Medizinstudiums direkt von der Universität in besagten Institutionen sich am Genitalbereich der jungen Männer zu schaffen machen, ohne hier aufgrund ihrer Amts- oder militärischen Befehlsgewalt auf nennenswerten Widerstand zu stoßen. Aber eben auch ohne irgendeine ausreichende Qualifikation, die ihr in diesen Einrichtungen gar nicht vermittelt werden kann. Es fehlen schlicht die personellen und zeitlichen Ressourcen sowie die fachlichen Voraussetzungen und außerdem ist ein Kreiswehrersatzamt eine Behörde und keine medizinische Weiterbildungseinrichtung. Das Ganze reduziert sich so auf eine entwürdigende Alibiveranstaltung, ein Angrabschen und ein erniedrigendes zur Schaustellen nackter Tatsachen, welches justiabel auch als ein sexueller Übergriff gewertet werden kann.

Um sich das zu Verdeutlichen, muss man sich nur einmal vorstellen, männliche Bundeswehrärzte würden bei der Thoraxuntersuchung der Soldatinnen auch eine Brustkrebsvorsorge erzwingen, da diese "aufgrund der anatomischen und biologischen Gegebenheiten zum Großteil der Inspektion und Palpation zugänglich und damit hinreichend und unkompliziert zu untersuchen sind". Dies Alles ohne Sichtschutz vor den Augen männlicher Protokollanten, die entsprechend "den Gepflogenheiten im zivilen Bereich" aus Gründen des forensischen Prinzips anwesend sein müssen. Und zwar um die Ärzte "bei ihrer verantwortungsvollen Tätigkeit vor ungerechtfertigten und zum Teil diffamierenden Anschuldigungen zu schützen".

Musterung

Dabei sind wir noch nicht bei der Untersuchung im Intimbereich auf Anzeichen für venerische Erkrankungen oder Parasitenbefall, Hinweise auf endokrine Störungen (z. B. mangelnde Schambehaarung), oder Anomalien am äußeren Genital usw. angekommen.

Abgesehen davon zielte die Kleine Anfrage natürlich nicht auf die unterschiedliche Beschaffenheit der weiblichen und männlichen Geschlechtsorgane mit den daraus sich ergebenden Unterschieden bei einer medizinischen Untersuchung ab. Die kennt jedes Schulkind und Die Linke hat hier ganz sicher nicht um Nachhilfestunden in Punkto Sexualkunde durch das Bundesverteidigungsministerium gebeten!

Es ging um die Frage der Beachtung des Schamgefühls und in diesem Zusammenhang um die unterschiedliche Behandlung von Männern und Frauen! Es ging um nichts weniger als um den Schutz der Würde nach Artikel 1 des GG in diesem Zusammenhang. Darauf wird in der Stellungnahme wohlweislich erst gar nicht eingegangen. Hierzu ist nichts zu lesen. Muss man hieraus schlussfolgern, dass nach Auffassung des BMVg nach "vernünftiger Erwägung" ein solcher bei Männern nicht erforderlich ist, da man hier ja erst gar nicht darauf eingeht? Die Frage, davon muss ausgegangen werden, war klar gestellt und wurde auch verstanden.

Wir befinden uns hier also im Zentrum der behördlich legitimierten Ungleichbehandlung von Männern und Frauen in Deutschland. In den Kreiswehrersatzämtern wird das männliche Geschlecht zusätzlich zur Diskriminierung durch Einschränkung ihrer Grundrechte (Zwangsdienst, Zwangsuntersuchung) gezwungen, im Rahmen einer Intimuntersuchung, Demütigungen und Erniedrigungen durch Frauen zu ertragen, die dies auch noch mit ihrem Anspruch auf Gleichberechtigung begründen.

Dazu kommt noch der Umstand, dass mit Frauen anders umgegangen wird, wenn sie sich freiwillig für eine Karriere in der Bundeswehr entscheiden. Sie genießen, wie bereits erläutert, schon ab Beginn ihres Eintritts in die Bundeswehr den Vorzug, dass ihre individuelle Persönlichkeit geachtet und damit ihrer Intimsphäre ein völlig anderer Schutz gewährt wird, als dies bei ihren männlichen Kameraden der Fall ist.

Aus Respekt vor dem weiblichen Schamgefühl, werden bei ihnen Untersuchungen welche die Geschlechtsorgane betreffen, wie selbstverständlich als Intimsphären verletzend klassifiziert und deshalb zunächst ausgespart. Sollten darüber hinaus bei ihnen direkte Untersuchungen intimer Körperpartien für notwendig erachtet werden, so werden diese in erster Linie von Ärztinnen und nur in sehr seltenen Ausnahmefällen von deren männlichen Kollegen vorgenommen. Die Anwesenheit von Assistenten und Sanitätssoldaten männlichen Geschlechts (deren Gegenwart bei den internen Bundeswehruntersuchungen ansonsten üblich ist), werden von vornherein kategorisch ausgeschlossen.

Hierzu ein Bericht einer angehenden Militärärztin über ihre Tauglichkeitsprüfung 2005 im OPZ Köln. Aufmerken lässt die Verwunderung der Medizinerin, dass hier fast nur Ärztinnen sind. Ebenfalls bemerkenswert ist die Bezeichnung der körperlichen Inspektion in Unterwäsche durch eine andere Ärztin als Fleischbeschau:

> "... Vor dem Mittagessen hatte ich auch noch meinen Arztcheck. Dieser wird in verschiedenen Räumen von verschiedenen Ärztinnen (ja, kein einziger Mann, so viel ich weiß, doch einer) durchgeführt. Man kriegt sehr viele Fragen gestellt über Krankheiten in der Vergangenheit, Krankheitsfälle in der Familie, Brüche (Achtung: Gipsschiene ist auch Gips *gg*), dann muss man sich bis auf die Wäsche ausziehen und wie schon erwähnt eine Art Fleischbeschau über sich ergehen lassen... ."
>
> (Quelle: www.Meinungsschreiber.net/Das Leben der Anderen/Denker-Forum/Die Intimsphäre bei der Musterung/ S. 39 /26.12.2009 um 14:15)

Mit welchem treffenden Ausdruck wird diese zukünftige Militärärztin wohl ihre Intimuntersuchungen bei Männern bezeichnen, die sie zusammen mit ihrer weiblichen Assistentin gleich reihenweise durchführen wird? Dieselben Frauen, die so viel Rücksichtnahme auf ihre Intimsphäre erfahren durften, haben selbst augenscheinlich keine Skrupel oder Schamgefühle, wenn sie umgekehrt als Sanitätssoldatinnen bei ihren männlichen Kameraden gleich kompanieweise Nacktheit und Intimuntersuchungen per militärischen Befehl erzwingen.

Musterung

Sehr geehrter Herr,

...vielen Dank für Ihre Anfrage. Das Berufsethos der Ärztinnen und Ärzte schreibt die "geschlechtliche Neutralität" vor. Die Neutralität ist ein wesentlicher Faktor der fachlichen Professionalität und wird auch durch die Berufsordnung rechtlich verbindlich gemacht. Die ärztliche Qualifikation vermittelt eine geschlechtliche Neutralität, d.h. der Blickwinkel des begutachtenden Arztes/der begutachtenden Ärztin ist auf den Menschen und dessen medizinische Eignung /Nichteignung, unabhängig von dessen Geschlecht, für bestimmte Aufgaben/Verwendungen o.a. gerichtet.

Es gilt der Grundsatz, dass bei Musterungsuntersuchungen, aber auch bei Untersuchungen von Freiwilligenbewerbern und Freiwilligenbewerberinnen, die Bitte nach einer gleichgeschlechtlichen begutachtenden Person erfüllt werden soll, wenn dies unproblematisch möglich ist. Ein Bereithalten zusätzlicher Kapazitäten, um jedem zu untersuchenden Menschen die Wahl zwischen ärztlichen Gutachtern gleichen oder anderen Geschlechts zu ermöglichen, wäre aber nicht verhältnismäßig. Die gilt insbesondere vor dem Hintergrund der oben erläuterten qualifikationsbedingten Neutralität des Arztes/der Ärztin.

Grundsätzlich wird also kein Wehrpflichtiger gegen seinen Willen vom anderen Geschlecht untersucht. Die ärztliche Musterungsuntersuchung erfolgt generell nur in Anwesenheit einer zweiten Person ("forensisches Prinzip"). Diese auch im zivilen Bereich praktizierten Gepflogenheiten gelten unabhängig vom Geschlecht der untersuchten bzw. untersuchenden Person.

Mit freundlichem Gruß

Antwort Dr. Franz Josef Jung vom 29.06.2009
(Quelle: /www.abgeordnetenwatch.de/dr_franz_josef_jung-650-6066.html#questions

Vorab ist zu dieser Stellungnahme festzuhalten, dass der Begriff der "geschlechtlichen Neutralität", der angeblich durch die Berufsordnung, auf die hier der Verteidigungsminister völlig zu Recht verweist, rechtlich verbindlich gemacht ist, dort überhaupt nicht vorkommt. Dafür wird aber viel über Rücksichtnahme auf die Situation der Patientinnen und Patienten gesprochen, von Menschenwürde und Schutz der Privatsphäre usw. ist gar die Rede. Darauf werde ich im Kapitel "Das Problem mit dem Gelöbnis" noch näher eingehen.

So viel an dieser Stelle zur "qualifikationsbedingten Geschlechtsneutralität" der Ärztinnen. Angesichts der unterschiedlichen Behandlung der Frauen bei Tauglichkeitsuntersuchungen und des Ausschlusses männlicher Assistenzkräfte bei deren Untersuchung (obwohl der Intimbereich, wie in der ZDv festgelegt, gar nicht inspiziert oder palpiert wird) sowie des weitgehenden Ausschlusses männlicher Ärzte, stellen sich aber noch ganz andere Fragen: Wird die sogenannte "Geschlechtsneutralität" der männlichen Ärzte vom Verteidigungsministerium etwa angezweifelt? Von der der männlichen Assistenzkräfte mal ganz zu schweigen! In sich gesehen bedeutet dies ja einen ziemlich ernsthaften Vorwurf, gegenüber dem medizinisch ebenso qualifizierten männlichen Personal. Ist es wirklich so, dass die Bundeswehr ihren männlichen Ärzten nicht zutraut weibliche Patienten zu betreuen? Und wie sieht es denn hier mit der Gleichberechtigung aus Sicht der Bundeswehr aus? Müssten umgekehrt männliche Sanitätssoldat nicht genauso das Recht haben, an der Untersuchung von Frauen teilzunehmen, wie umgekehrt auch?

Oder ist es nicht vielmehr so, dass das Geschlecht hier doch eine Rolle spielt und beim MENSCHEN Frau betont sensibel auf das Schamgefühl geachtet wird, während bei der SACHE Mann bewusst keine Rücksicht genommen wird? Wie selbstverständlich gelten sensiblere und mitmenschlichere Regeln für die Freiwilligen unter den Frauen, als Kontrast zu den Männern, insbesondere den zum Dienst gezwungenen Männern. Im Namen der Gleichberechtigung auf dem Arbeitsmarkt wird es gerne gesehen, dass sich auch Frauen bei der Bundeswehr bewerben. Von müssen kann dabei überhaupt keine Rede sein. Was dies betrifft, würde es auch der Sache nicht besonders dienlich sein, wenn man gerade diese Bewerberinnen mit den ansonsten in diesem Milieu üblichen Kontrollen konfrontieren würde. Warum sollte man sich aber um die anderen, um die zum Dienst Gezwungenen in gleichem Maße kümmern? Sie müssen ja sowieso, ihnen bleibt ja keine Wahl.

Gegen den übermächtigen Staat kam er nicht an, deshalb ging ihm lange Zeit der Gedanke durch den Kopf sich umzubringen. "Nur tot kann ich wieder frei sein."

Mario B.

Musterung

Man hat alles zu dulden

Für wehrpflichtige Männer enden alle Pflichten und Zwangsuntersuchungen noch nicht einmal mit der Vollendung des Grundwehrdienstes. Für viele ist das nur eine Einleitung.

Genau heißt es so: "Wehrpflichtige, die bereits in der Bundeswehr
gedient haben, werden nach Prüfung ihrer Verfügbarkeit durch die
zuständigen Wehrersatzbehörden zum Wehrdienst einberufen. Sie
sind zu hören, wenn seit dem Ausscheiden aus dem Wehrdienst
mehr als zwei Jahre verstrichen sind, und auf Antrag oder wenn
Anhaltspunkte für eine Veränderung des Gesundheitszustandes
vorliegen oder dies für eine vorgesehene Verwendung im Wehrdienst erforderlich ist, erneut ärztlich zu untersuchen. Auf die
Untersuchung findet § 17 Abs. 4 Satz 2, Abs. 6 und 10 Anwendung.
§ 19 Abs. 5 Satz 1 bis 5 gilt entsprechend. Die Wehrpflichtigen
haben sich nach Aufforderung durch die Kreiswehrersatzämter
vorzustellen und ärztlich untersuchen zu lassen. Sie haben sich
entsprechend dem Einberufungsbescheid zum Wehrdienst in der
Bundeswehr zu stellen. § 21 Abs. 3 gilt entsprechend."

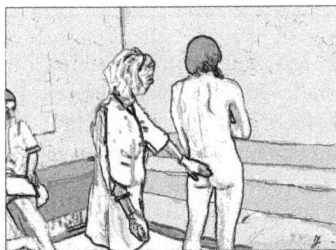

So ist es, die Wehrpflichtigen unterliegen der Wehrüberwachung,
und dementsprechend gilt dies auch für Zeit- und Berufssoldaten.
Diese endet bei Offizieren mit Ablauf des Jahres in dem sie das 60.,
bei Unteroffizieren, in dem sie das 45., und bei Mannschaften sowie
ungedienten Wehrpflichtigen, in dem sie das 32. Lebensjahr vol-
lenden. Während der Wehrüberwachung haben die Wehrpflichtigen
"binnen einer Woche jede Änderung ihrer Wohnung dem Kreiswehrersatzamt zu melden", "Vorsorge zu treffen, dass Mitteilungen
der Wehrersatzbehörde sie unverzüglich erreichen" und sich "auf
Aufforderung der zuständigen Wehrersatzbehörde persönlich zu
melden".

Die Einschränkung der persönlichen Freiheit geht sehr weit. Soweit sie in der Bundeswehr gedient haben heißt es, müssen sie sich "zur Verhütung übertragbarer Krankheiten impfen lassen" und "ärztliche Eingriffe in ihre körperliche Unversehrtheit dulden". Sie müssen auch unverzüglich den Wehrersatzbehörden "den Eintritt von Tatsachen begründen, die eine vorübergehende Wehrdienstunfähigkeit von voraussichtlich mindestens sechs Monaten beinhaltet" und darüber hinaus "Erkrankungen und Verletzungen sowie Verschlimmerungen von Erkrankungen und Verletzungen seit der Musterung", "den vorzeitigen Wegfall der Voraussetzungen für eine Zurückstellung", "den Abschluss und einen Wechsel ihrer beruflichen Ausbildung", und "einen Wechsel ihres Berufes sowie eine weitergehende berufliche Qualifikation" unverzüglich melden. "Big Brother" will alles über sein Eigentum wissen.

"Vorher hatte ich auch gesehen, wie zwei Jungs mit errötetem Kopf aus dem Untersuchungszimmer kamen. Diese waren mir auch vorher schon aufgefallen, weil sie etwas schüchtern und ängstlich zu sein schienen."

Jochen K.

Auch für minderjährige Jungen gelten schon diese Regeln. Haben sie das 18. Lebensjahr erreicht, fängt es an. Freiheit entziehende Maßnahmen und Vorschriften treten in Kraft. "Auf Anordnung der Bundesregierung haben männliche Personen nach Vollendung des 17. Lebensjahres a) Vorsorge zu treffen, dass Mitteilungen der Wehrersatzbehörde sie unverzüglich erreichen, auch wenn sie der Wehrüberwachung nicht unterliegen, b) eine Genehmigung des zuständigen Kreiswehrersatzamtes einzuholen, wenn sie die Bundesrepublik Deutschland verlassen wollen, c) unverzüglich zurückzukehren, wenn sie sich außerhalb der Bundesrepublik Deutschland aufhalten, und sich beim zuständigen oder nächsten Kreiswehrersatzamt zu melden." Schon ab diesem Alter (17) sind sie Eigentum des Staates und er braucht mit seinem Eigentum weder sensibel, noch freundlich umzugehen.

Die Verpflichtung, sich im Rahmen der Musterung nach dem Wehrpflichtgesetz untersuchen zu lassen, ist in § 17 Absatz 4 WPflG festgehalten. Der Wehrpflichtige hat alle Untersuchungen zu dulden, die erforderlich sind, um die Tauglichkeit festzustellen.

Musterung

Von nun an haben die Betroffenen nur noch eingeschränkte Rechte und keine völlige Bewegungsfreiheit mehr. Wir sprechen hier, das möchte ich noch einmal betonen, nicht von kriminellen Subjekten, sondern wir sprechen von der unschuldigen Hälfte eines Jahrgangs der heranwachsenden Bevölkerung. Ganz automatisch entfällt für die jungen Männer ab diesem Zeitpunkt de facto der "fest" im Grundgesetz verankerte Schutz der menschlichen Würde. Für sie als junge Mitbürger, die noch ganz am Anfang ihres Lebens stehen, existiert dieser Schutz einfach nicht mehr. Ganz im Gegensatz zu ihren Mitbürgerschwestern. Aber das empfindet man in diesem Land offensichtlich als "ganz normal". Niemand scheint jetzt hier an "Gleichberechtigungsgesetze" zu denken.

Nein, von nun an, obwohl er nichts Kriminelles gemacht hat, ist die Polizei "befugt, zum Zweck der Vorführung oder Zuführung, die Wohnung und andere Räume des Wehrpflichtigen zu betreten und nach ihm zu suchen. Das Gleiche gilt, außer zur Nachtzeit, für andere Wohnungen und Räume, wenn sich der Wehrpflichtige einem unmittelbar bevorstehenden Zugriff der Polizei durch Betreten solcher Wohnungen und Räume entzieht. Maßnahmen nach den Sätzen 1 und 2 bedürfen einer durch die Wehrersatzbehörde einzuholenden richterlichen Anordnung. Dabei kann das Gericht von einer vorherigen Anhörung des Wehrpflichtigen oder Wohnungsinhabers absehen, wenn es dies für erforderlich hält, um den Zweck der Maßnahme nicht zu gefährden. Personen, die Mitgewahrsam an der Wohnung des Wehrpflichtigen haben, haben das Betreten und Durchsuchen der Wohnung und anderer Räume zu dulden. Unbillige Härten gegenüber Mitgewahrsamsinhabern sind zu vermeiden."

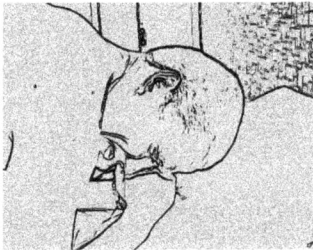

Aber "unbillige Härten" gegen den Wehrpflichtigen müssen offenbar nicht vermieden werden..... Handelt es sich hier um einen Schreibfehler oder billigt der Gesetzgeber einfach mit dieser Umschreibung ungebilligte Polizeigewalt? Unglaublich, aber das kann man daraus lesen. Dass solche Drohungen und Einschränkungen in friedlichen Zeiten allgemein akzeptiert werden, ist überaus schockierend, nicht nur in Anbetracht der Geschichte des Landes.

Jetzt folgt noch etwas, dass mich ein wenig erschauern lässt. Die Grundrechte der körperlichen Unversehrtheit (Artikel 2 Abs. 2 Satz 1 des Grundgesetzes), der Freiheit der Person (Artikel 2 Abs. 2 Satz 2 des Grundgesetzes), der Freizügigkeit (Artikel 11 Abs. 1 des Grundgesetzes) und der Unverletzlichkeit der Wohnung (Artikel 13 des Grundgesetzes) werden nach Maßgabe dieses Gesetzes eingeschränkt. Man schränkt hier de facto den heiligsten Grundsatz eines Rechtstaates ein. Man stellt an die nachfolgende Generation die Erwartung, sich in gesetzestreue Individuen und zu verantwortungsvollen Bürgern zu entwickeln. Gleichzeitig aber wird praktisch der Hälfte von ihnen ihr wichtigstes Recht, dass ihnen nach Maßgabe ihres Grundgesetzes zusteht, in Frage gestellt. Das Gesetz, das "über allem anderem steht", nämlich die Unantastbarkeit der Würde nach Artikel 1 GG und das daraus resultierende Schutzgebot des Staates, gilt für sie scheinbar nicht mehr.

Musterung

Zwischen weißen Kitteln aufgewachsen

Michaels Grundrechte waren auch einmal eingeschränkt. Zum Schluss wurde dadurch sogar sein Leben eingeschränkt. Soldat wurde er nie, aber die Bundeswehr nahm trotzdem in hohem Maße Einfluss auf sein Leben. Alles liegt nun schon viele Jahre zurück. Trotzdem ist immer noch alles deutlich in seinem Gedächtnis vorhanden, so als ob es gestern gewesen wäre. Nichts hat ihn verlassen. Obwohl seine Krankheit ihn zum Schluss "befreite", ist er selbst nie frei geworden. Die Bundeswehr und ihre KWEÄ sind seit einem viertel Jahrhundert seine ständigen Begleiter. Sie wurden zu alten Bekannten, die er nie hat haben wollen.

"Bereits in meinem ersten Lebensjahr erkrankte ich an den Bronchien. Deshalb war ich seit meiner frühesten Kindheit fast ständig in Kontakt mit Ärzten. Die ganzen Kindheits- und Jugendjahre hindurch war ich ziemlich schwächlich, litt oft unter Atemnot und bekam regelmäßig Medikamente verabreicht, womit aber nur Zeitweise eine Verbesserung erreicht werden konnte. Menschen in weißen Kitteln wurden praktisch zu meinen zweiten Eltern und waren deshalb für mich auch immer Autoritätspersonen. Was meine frühen sozialen Kontakte angeht, so musste ich aufgrund meiner Erkrankung häufig in der Schule fehlen. Dies war mir eigentlich so nebenbei bemerkt ganz angenehm, weil es mir in der Schule nicht sonderlich gut gefiel. Leider hatte ich wegen meiner gesundheitlichen Probleme auch so gut wie keine Freunde.

Im Alter von 18 Jahren erhielt ich Bescheid vom Kreiswehrersatzamt! Es war ein ziemlich unfreundlich gehaltener Brief." Von einer Behörde hatte Michael vorher noch nie einen Brief erhalten. "Ich muss zugeben," sagt er heute, "dass ich über den Inhalt schon etwas erschrocken war, weil darin auch von polizeilicher Vorführung und Gefängnisstrafe bei Nichterscheinen die Rede war. Nicht allzu lange nach meinem neunzehnten Geburtstag musste ich dann dorthin, zu meiner ersten Musterung.

Ich wollte überhaupt nicht dorthin, fragte meine Eltern was dort gemacht würde. Sie sagten nur, dort wirst du untersucht. Genaueres wussten sie anscheinend auch nicht. Ich fragte meinen Hausarzt, ob er mir wegen meiner Bronchien und meinen Allergien ein Attest schreiben könnte, wodurch ich vielleicht gar nicht erst dort erscheinen müsste. Diverse Unterlagen könne er mir mitgeben, aber ich müsste auf jeden Fall dorthin.

"Dort muss jeder hin", sagte er mir. Mit einem mulmigen Gefühl im Magen wurde ich von meinem Vater zum Kreiswehrersatzamt nach Köln gefahren. Dachte nur, wird schon alles gut gehen, die müssen mich einfach ausmustern. Wenn ich auch noch gar nicht so richtig verstand, was das Wort "mustern" wirklich bedeutete.

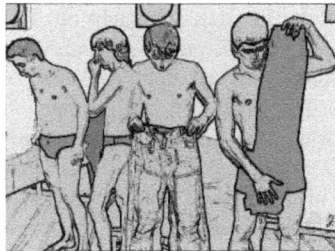

Aber im KWEA sollte mir dann schnell klar werden, um was es sich dabei genau handelt. Personalienaufnahme, bis auf Turnschuhe, Turnhose oder Badehose ausziehen hieß es da. Ein T-Shirt sollten wir auch nicht anbehalten. Alle Räume und Flure waren sehr groß. Ich kam mir dort irgendwie verloren vor, musste halbnackt wie ich war von Etage zu Etage immer in andere Räume zu verschiedenen Ärzten laufen. Zunächst im Keller eine Urin Probe abgeben, alle Jungs auf einmal im Toilettenraum.

Da war auch ein älterer Mann, der an der Tür stehen blieb und aufpasste. Manchen war das sichtlich unangenehm. Mir auch, wie man sich vorstellen kann. Einige verschwanden in die Sichtschutz bietenden Toiletten. Da diese schnell besetzt waren, blieb mir nur die andere Möglichkeit. Ich hatte mit Ärzten und Untersuchungen ja schon häufiger zu tun gehabt. Aber so in einer Gruppe eine Urin Probe abzugeben, war selbst mir neu. An einen anderen Jungen

erinnere ich mich dabei noch sehr genau, der auch mit seinem Vater
gekommen war und mir einen sehr ängstlichen Blick zu warf.

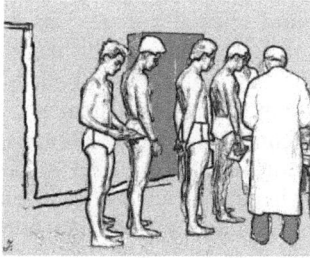

Dann ging es ebenfalls in den Kellerräumen, was auf mich sehr
abstoßend wirkte, zum Wiegen und Messen. Dort hieß es dann
Schuhe und Strümpfe auszuziehen. In einem Zimmer auf einer höheren Etage, wurde mir dann Blut abgenommen. Auch das war nichts
Neues für mich. Dann Sehtest und Hörtest, auch jeweils wieder in
anderen Zimmern. Der Hörtest kam mir etwas komisch vor, da ein
Arzt in einer Ecke ein paar Zahlen leise vor sich hin sagte, die ich
dann wiederholen sollte. Dann wurde mir gesagt, ich müsste hoch
zur Hauptuntersuchung. Ich glaube es war der vierte Stock und dort
sollte ich vor einem bestimmten Zimmer warten bis ich aufgerufen
würde.

Was dort dann geschah möchte ich etwas genauer schildern. Es
wundert mich ein wenig, warum ich fast nichts davon vergessen
habe. Ein junger dunkelhaariger Arzt rief mich hinein. Drinnen saß
schon eine sehr junge Arzthelferin an einem Pult. Sie hob ihren
Kopf als ich eintrat und sah mich einmal kurz von oben bis unten
an. Ich fand mich in einem sehr großen Zimmer wieder. Anscheinend war es ein Unterrichtsraum, denn da gab es eine breite
Tafel rechts an der Wand und alles erinnerte mich irgendwie sofort
an meine Schulzeit, wo ich sehr oft Hänseleien von Mitschülern
ausgesetzt war und wo ich auch von einem bestimmten Lehrer schikaniert worden war, weil er in mir wohl ein willkommenes Opfer
fand.
 Eigentlich auf jeder Schule die ich besuchte, machte mir
mindestens ein Lehrer das Leben schwer. Mein Selbstwertgefühl
schwankte in diesen frühen Jahren oft und genau in die Zeit als mich

Lars G Petersson

auf der Fachoberschule wieder ein Lehrer auf dem Kieker hatte, fiel dann auch zu "guter" Letzt noch die Musterung.

Große Fenster lachten mich an, aus denen ich auf einen fern gelegenen Güterbahnhof blicken konnte. Das Mobiliar bestand vor allem aus ein paar an die Wände gerückten Schulbänken, Schulstühlen, und parallel zur Tafel befand sich ein langgezogener Arbeitstisch, so wie man in aus dem Chemie- oder Physikunterricht von der Schule her kennt. Ich sollte mich direkt rechts von der an dem Pult sitzenden jungen Frau, mit dem Rücken zur Tür, auf den dort für mich bereitstehenden freien Stuhl setzten.

Dass ich mich schon alleine in dieser Umgebung nicht wohl fühlte, sollte verständlich sein. Der Arzt stellte mir Fragen zu Kinderkrankheiten und sonstigen Vorerkrankungen, genetisch vererbbaren Krankheiten in der Familie, Geschlechtskrankheiten u.a.. Bei der Frage nach Geschlechtskrankheiten stutzte ich. Woher hätte ich die haben sollen? Ich hatte bis dahin überhaupt noch keine sexuellen Kontakte gehabt. Welche Medikamente ich einnehme, wollte er auch wissen. Ich nannte die Medikamente für mein Asthma und meine Schilddrüse, sagte ihm auch, ich hätte eine Überfunktion. Er meinte, das von mir genannte Präparat wäre doch ein Medikament, welches nur bei Unterfunktion der Schilddrüse angewendet würde. Ich widersprach ihm, worauf die Arzthelferin mich etwas verdutzt ansah und dann erklärte ich den beiden, mein Hausarzt wäre da aber ganz anderer Ansicht. Hatte dieser junge Musterungsarzt vielleicht überhaupt keine Ahnung?

Was seine Gehilfin daraufhin notieren sollte, weiß ich nicht mehr. Meinen mitgebrachten Allergiepässen, die mir damals einmal vom Universitätsklinikum in Bonn ausgestellt worden waren, schenkte dieser Arzt keine große Aufmerksamkeit. Sie schienen ihm anscheinend nicht wichtig genug zu sein. Schließlich wurde ich noch nach irgendwelchen weiteren Beschwerden gefragt. Dass ich schon mal Schwindelanfälle in Verbindung mit Sehstörungen hätte, wurde leichtfertig übergangen, weil ich mich diesbezüglich nicht in Behandlung befand. Irgendwie hatte ich es dann wohl in der Aufregung vergessen zu erwähnen, dass ich häufig unter Atemnot litt.

"Bei der Zivi-Untersuchung im Gesundheitsamt, bei der man sich ja nochmals die Unterhose ausziehen muss, meinte die Ärztin dann zu mir, ich solle mal die Vorhaut vor ihren Augen zurückziehen. Von

Musterung

der Aufforderung war ich so überrascht und überrumpelt, dass ich es auch gemacht habe, erst nur zum Teil und als sie meinte bitte ganz zurück, auch komplett ganz nach hinten. Dass es ein extrem beschissenes Gefühl ist, so vor zwei 50jährigen alten Schachteln zu stehen (eine Arzthelferin schaute auch noch zu), wurde mir erst nach ein paar Sekunden klar.

Als sie dann gesehen hatten wie gut es bei mir funktioniert, meinte die Ärztin, ich könne sie wieder vorschieben. Dann sollte ich mich noch vorbeugen und die Pobacken spreizen. Schließlich durfte ich die Shorts wieder hochziehen, ohne dass sie mich irgendwo angefasst hatte. Bei der Entlassung soll es ja wieder so eine Untersuchung geben, die werde ich aber irgendwie vermeiden."

.   Lutz E.

Der Arzt ging dann über zur Untersuchung meines Mundraumes und der Zähne. Mir war dieser Arzt sehr unsympathisch, deshalb war es mir unangenehm von ihm berührt zu werden. Dazu kam noch, dass dieser Mann im weißen Kittel nur ein angehender Arzt war, wie auf dem Musterungsbescheid zu lesen ist. Er befand sich also damals noch in Ausbildung. Dieser junge Arzt, seine Gehilfin und alle anderen die mich bisher halbnackt, auch durchs kühle Treppenhaus von Raum zu Raum gejagt hatten, durften also mit mir machen was sie wollten. Die Bundeswehr und ihr Personal hatten da schon einen miserablen Eindruck bei mir hinterlassen.

Dann maß dieser gute Doktor meinen Blutdruck. Dies geschah in sitzender Haltung, nachdem ich ein paar Kniebeugen gemacht hatte. Daran erinnere ich mich jetzt wieder. Mein Kopf und mein Hals, sowie meine Wirbelsäule wurden dann auch noch abgetastet. Viel mehr wurde aber nicht gemacht. Damit schien sich diese letzte Untersuchung auch schon dem Ende zu nähern. Das sollte nun schon alles gewesen sein? Ich war froh.

Doch ich sollte mich zu früh gefreut haben. Denn man hatte sich noch etwas ganz Besonderes bis zum Schluss für mich aufgehoben. Denn der Arzt ging plötzlich schnell nach rechts und bedeutete mir ihm zu folgen. Ich wusste nicht, was jetzt auf mich zukommen sollte. Da war eine quadratische Fläche auf dem Fußboden markiert, auf die ich mich genau zu stellen hatte. In dieser Position befand ich mich dann ca. zwei Meter vor einer Wand, in der mir irgendetwas eingelassen zu sein schien, dass ich aber nicht genau identifizieren konnte. Meine Aufmerksamkeit wanderte dann aber wieder zu dem Arzt. Noch heute frage ich mich jedoch, warum ich mich genau auf diesen markierten Platz stellen musste. Damals kam mir in den Sinn, da wäre vielleicht eine Fotoaufnahme von mir gemacht worden. Aber wenn dies stimmen würde, zu welchem Zweck? Wahrscheinlich werde ich es nie erfahren. Nur wenige Meter hinter mir saß die Assistentin, von der ich mich beobachtet fühlte.

Während ich also jetzt so vor dieser Wand stand, sah ich zu diesem Arzt hinüber, der sich zunächst gut drei Meter rechts von mir zwischen dieser großen Wandtafel und dem langen Arbeitstisch befand. Ich bemerkte auch einen Eimer am Ende des Tisches direkt rechts neben mir, mit gebrauchten Latexhandschuhen. Ich schaute den Arzt an, er sah mich an und kurz darauf sagte er dann zu mir im Befehlston: "Ziehen sie jetzt mal die Hose bis zu den Knien hinunter". Ich hatte gelernt Menschen in weißen Kitteln zu gehorchen und tat was er verlangte, ohne darüber nachzudenken. Da erst wurde mir bewusst, ich stand jetzt eigentlich nackt da und es schien mir so, als würde der große Raum in dem ich mich befand noch größer werden. Ich wusste, hinter mir saß die Arzthelferin, die alles mit ansehen konnte.

Aber es sollte noch peinlicher für mich werden, denn ich hatte den Beginn einer Erektion und der Arzt stierte genau dorthin. Ich sah den Arzt erneut an und unter seinem prüfenden Blick schämte ich mich. Der Mann in weiß trat dann direkt vor mich hin und hatte vorher schon einen Latexhandschuh angezogen. Er hockte sich vor mich hin und ich wollte zusehen was er jetzt machte. Er schien sich aber bei dem was er vorhatte, nicht gerne auf die Finger schauen zu lassen und forderte mich dann in einem ziemlich unfreundlichen Ton auf, ich solle nach links aus dem Fenster sehen. So nackt dastehend fühlte ich mich einfach eingeschüchtert. Ich gehorchte ihm und konnte aus dem Augenwinkel heraus die Schreibkraft sehen, die sich in diesem Moment bemühte nicht auf mich, sondern auf die Akten zu sehen, die vor ihr auf dem Tisch lagen. Trotzdem kam ich mir von ihr beobachtet vor, denn sie hätte zu jeder Zeit in meine Richtung schauen können.

Ich hätte wohl genauso gut auf einem Marktplatz stehen können, umringt von vielen Menschen. In diesem Moment fragte der Arzt mich, ob er mich anfassen dürfe. Ich konnte nicht klar denken, kam gar nicht auf die Idee meinen letzten inneren Widerstand in ein gesprochenes nein zu kleiden und hörte mich selbst mit gebrochener, zögerlicher Stimme leise ja sagen. Ich bin heute noch erschüttert über die Respektlosigkeit, die man mir dort entgegenbrachte. Die Frage des Doktors an mich, verstehe ich heute

Musterung

noch als eine Floskel. Ich weiß nicht, ob man es Angst nennen kann, was ich damals fühlte, aber ich hatte mich der Macht des Arztes ergeben. Er tastete dann erst den rechten Hoden nur sehr kurz ab, dann den linken, wobei er auch meinen Penis rechts und links und sogar an der Spitze berührte. Mir wurde dabei ganz heiß.

Da ich später einmal bei meinem Hausarzt freiwillig solch eine Untersuchung habe machen lassen, kann ich beurteilen, dass diese sehr kurze Palpation, eigentlich war es nur ein Anfassen meiner Hoden, nicht für eine objektive Feststellung einer möglichen Erkrankung in diesem Bereich ausgereicht haben kann. Kleinere Knötchen an diesen Organen, hätte der Musterungsarzt ganz leicht übersehen können. Daraus schließe ich heute, dass er nur seinen Vorschriften genügen wollte. Er kontrollierte nur, ob auch "alles" vorhanden war. Das konnte dann abgehakt werden und fertig.

Ich bin der Überzeugung, dass es im Weiteren nur darum ging, mich vor ihm und seiner Schreibkraft entblößen zu müssen. Dies ist für mich heute der eigentliche Grund für diese "Untersuchung" gewesen. Ich fühlte mich dadurch schon damals in meiner Intimsphäre sehr verletzt und wenn ich gewusst hätte, dass mich diese Momente später ein Leben lang verfolgen würden, dann hätte ich dem Arzt bestimmt mit nein geantwortet. Ich könnte mich heute selbst dafür ohrfeigen, dass ich damals nicht den Mut dazu aufbrachte. So denke ich jetzt und so etwas würde ich ja auch heute nicht mehr mit mir machen lassen. Lieber wäre mir damals gewesen, man hätte mir ganz zu Anfang auf freundliche Art die Möglichkeit einer Verweigerung der Intimuntersuchung angeboten - bevor die Hosen unten waren. Aber diese Chance wollte man mir wohl gar nicht erst lassen.

"Dennoch fiel es mir nicht viel leichter, mich nun vor diesem fremden Arzt nackt ausziehen zu müssen. Es ist schon ein komisches Gefühl, so nackt vor einem völlig Fremden stehen zu müssen. Es war meine zweite Musterungsuntersuchung und dieser Arzt überprüfte wieder Hoden und Vorhaut. Einen Blick auf meine Pofalte wollte er auch kurz werfen und ich ließ auch das zu. Zum Schluss wurde ich für tauglich befunden. Das hieß dann für mich Zivildienst.

Wenn ich meinen Zivildienst antrete, muss ich eine zusätzliche Einstellungsuntersuchung über mich ergehen lassen. Diese ähnelt in Art und Form der Musterung. Auch hierbei wird in der Regel eine Intimuntersuchung durchgeführt. Mir bleibt auch nichts erspart. Da muss man sich noch mal durchchecken lassen mit Abhorchen, Blutdruck, Kniebeugen, etc. und wieder die Shorts ausziehen und Eierfummeln. Gefragt hab ich mich bei der Untersuchung im Gesundheitsamt, warum es für den Fahrdienst von Interesse sein soll, dass man sich auch noch unter die Vorhaut glotzen lassen muss. Vom vielen Sitzen kriegt man vielleicht Hämorrhoiden, aber sicher keine Vorhautverengung."

Benedikt M.

Zu seiner Assistentin sagte der Arzt dann mit lauter Stimme die Zahl zwei. Er zog den Gummihandschuh aus, warf ihn in den dafür bereitstehenden Eimer, ging dann wieder ein paar Meter nach rechts und ich schaute ihm nach. Er blickte mich an und ich sah in fragend an. Dann erst sagte er, ich könne die Hose wieder hochziehen. Er wunderte sich anscheinend, warum ich das noch nicht getan hatte.

Ich sollte dann draußen warten, bis ich wieder aufgerufen würde. Ich musste beim Hinausgehen noch an der Arzthelferin vorbei und versuchte noch einmal ihr in die Augen zu sehen. Sie vergrub sich jedoch ganz in ihre Akten vor ihr. Draußen saß ich dann und da wurde mir erst wirklich bewusst, wie peinlich die ganze Situation für mich gewesen war. Wie erbärmlich ich von hinten auf die Arzthelferin gewirkt haben muss, als ich dort im Zimmer mit hinunter gelassener Hose dastehen und mir an meinen Genitalien herumfummeln lassen musste. Da erst hatte ich meine Sinne wieder ganz beisammen. Ich war schockiert. Ich, der sonst eigentlich einen starken Willen habe, hatte alles einfach mit mir machen lassen. Ich war sehr böse auf den Arzt, verwünschte ihn und seine Gehilfin. Was hatte es mit dieser quadratischen Fläche auf dem Boden auf

Musterung

sich und warum musste ich mich genau darauf hinstellen? Diese Gedanken gingen mir dann durch den Kopf, während ich auf das Ergebnis meiner Untersuchung wartete.

Mein Vater, der in diesem Moment neben mir saß, bemerkte von meinen Gefühlsregungen nichts. Nichts kam über meine Lippen, was dort drinnen passiert war. Mein Schweigen sollte 28 Jahre anhalten.

Vor allem durch die Intimuntersuchung, hat sich das ganze Geschehen wahrscheinlich für immer in mein Gedächtnis eingebrannt. Am Schlimmsten war auch noch, ich wurde wider Erwarten nicht ausgemustert, sondern nur für vorübergehend nicht verwendungsfähig erklärt. Wie heißt es so schön? - Wiedervorführung erforderlich.

Nach dieser ersten Musterung hatte ich wieder häufiger Anfälle von schwerer Atemnot. Heute denke ich, dass es dabei schon gewisse Zusammenhänge gegeben haben könnte. Von mehreren Haus- und Klinikärzten wurde meinen Eltern und mir damals gesagt, Asthma könne oft zu einem Großteil auch psychisch bedingt sein. Aber bei mir wären wohl auch diverse Allergien die Ursache. Im Alter von 19 Jahren riet mir mein Hausarzt zu einer Desensibilisierung gegen die Hausstaubmilbe, auf die ich hauptsächlich allergisch reagierte.

Interessehalber schaute ich mir in unserer Schulbücherei Bildbände über den Zweiten Weltkrieg an. Da waren auch Bilder von Musterungen früher, wo Männer völlig nackt vor mehreren Ärzten und Offizieren standen. Mir wurde mulmig, wer weiß was noch alles auf mich zukommen würde. Mein weiteres Leben war geprägt von Furcht vor weiteren solchen Demütigungen, in der Art wie ich sie nun schon erlebt hatte.

Dann war es soweit, ich wurde wieder vorgeladen zu einer weiteren Musterung, die aber diesmal in Bonn stattfand. Dort war räumlich gesehen, alles etwas kleiner. Trotzdem war mir sehr unbehaglich zumute. Wieder das gleiche "Spiel". Nur diesmal war der Hörtest professioneller und es war kein Arzt der mich untersuchte, sondern gleich zwei junge Ärztinnen.

Aber ich will ehrlich sein, ich kann mich an die dortigen Untersuchungen kaum, vor allem an die Untersuchung durch diese jungen Ärztinnen überhaupt nicht erinnern. Irgendetwas blockiert mein Gedächtnis. Vor einem Jahr erst schaute ich mir meine Musterungsbescheide noch einmal an und war bestürzt, denn ich war bis dahin wirklich davon ausgegangen, nur zweimal bei einer Musterung gewesen zu sein. Dann kam die Erinnerung an die zwei Ärztinnen und diese Musterung teilweise zurück. Nur die Einzelheiten zu den Untersuchungen, wollen mir einfach nicht mehr einfallen. War alles so peinlich, so beschämend für mich dabei gewesen, dass ich alles verdrängt habe? Ich glaube ja, und dieses Nichtwissen ist eigentlich noch viel schlimmer für mich.

Wieder musste ich also damals für vorübergehend nicht verwendungsfähig erklärt worden sein. An die letzte Musterung kann ich mich nämlich seltsamerweise wieder sehr genau erinnern. Ich weiß auch noch, wie sehr ich mich die ganze Zeit davor gefürchtet habe, mich wieder nackt auszuziehen und meine Genitalien ungewollt fremden Menschen vorzeigen zu müssen. Da ich mit niemand über das Erlebte sprechen wollte, konnten mir andere auch keinen Rat dazu geben. So ging ich wieder in die Behörde mit der Ansicht, dass ich den Ärzten dort in allem zu gehorchen hatte.

Zwischenzeitlich hatte ich meine Einwilligung gegeben und mein Hausarzt hatte damit begonnen, mich gegen die Hausstaubmilbe zu desensibilisieren. Dies nun doch zu versuchen war nötig geworden, weil immer öfter schwere Atembeschwerden bei mir auftraten. Diese hatte ich zwar schon seit meiner frühesten Kindheit, aber in letzter Zeit mehrten sich nicht nur die Anfälle wieder, sie waren zum Teil auch sehr heftig. Kurz vor der Desensibilisierung war es einmal so schlimm, dass ich kaum noch Luft bekam und mir Kortison gespritzt werden musste.

Meine besonders starke Allergie gegen die Hausstaubmilbe wurde zu jener Zeit bei einem erneuten Allergietest festgestellt. Hierbei wurden mir kleine Einschnitte am Unterarm mittels eines Skalpells beigebracht, was sich jedoch schlimmer und schmerzhafter anhört als es war. Durch die vielen Behandlungen mit Spritzen war ich aber auch schon sehr an kleinere körperliche Schmerzen gewöhnt. Keine Luft zu bekommen, gehört für mich aber zu den schlimmsten Schmerzen die ich kenne.

Zur dritten Musterung nahm ich dann ein aktuelles Röntgenbild von mir mit und ich ging nur mit zwei Gedanken im Kopf dorthin. Dass ich diesmal um jeden Preis ausgemustert werden wollte und wieder nackt dort stehen müsste. Alles lief wieder so ähnlich ab, wie bei den letzten beiden Musterungen - was die zweite betrifft, so denke ich das jedenfalls. Es gelang mir zuerst nicht eine Urin Probe abzugeben. Mir wurde aber gesagt, dies könnte ich später noch erledigen. Dann kam die Hauptuntersuchung, die diesmal eine ca. vierzigjährige Ärztin durchführte, die einen Adelstitel trug. Gräfin steht auf dem Musterungsbescheid. Die Untersuchung wurde in einem kleineren Raum durchgeführt, wo wiederum eine Assistentin anwesend war die Notizen machte. Diese saß rechts neben der Tür an einem kleinen Tisch, wodurch sie das ganze Zimmer gut überblicken konnte.

Zuerst hieß es Schuhe und Strümpfe ausziehen und auf die Pritsche legen. Meine Turnhose hatte ich wieder an, die ich auch bei den anderen Musterungen getragen hatte. Die Ärztin tastete meinen Körper ab, schaute sich dabei einen Leberfleck am Arm genauer an. Maß dann meine Beinlängen, zog dazu meine Hose erst rechts ein wenig, dann links etwas über den Hüftknochen. "Sie wird doch wohl nicht...." dachte ich. Ich hätte unterschiedliche Beinlängen, sagte sie und irgendwie erschien sie mir deswegen aufgeregt. Wohl deshalb, warum das nicht schon bei den anderen beiden Musterungen aufgefallen war. Mir fiel schon auf, diese Ärztin kontrollierte viel genauer als der junge Arzt in Köln. Sie untersuchte einfach alles an mir, nichts wurde ausgelassen. Sie klopfte meinen Rücken ab. Dann sollte ich mich ganz gerade hinstellen, Füße zusammen, Hände seitlich an die Hüften. Ich glaube man sagt dazu in der Militärsprache "strammstehen". Bei der darauf folgenden Übung hatte ich mit meinen Fingerspitzen meine Zehen zu berühren.

Dann sollte ich Kniebeugen machen, wobei ich mich zuerst ungeschickt anstellte und Gefahr lief mich zu stoßen. Das fand die Dame im weißen Kittel anscheinend etwas komisch, sagte grinsend etwas dazu und zog mich auf eine Stelle, die für diese Übung mehr Platz bot. Die Helferin hob kurz ihren Blick von den vor ihr liegenden Akten und sah in unsere Richtung. Ich weiß nicht, ob es ihr gefiel was da gerade vor ihren Augen ablief oder auch nicht. Jedenfalls schaute sie sehr interessiert zu. Ich fand diese Situation überhaupt nicht komisch, sondern eher sehr beschämend. Aus dem Grund auch, weil ich kurz vorher meine Fachhochschulreife erlangt hatte, immerhin schon 21 Jahre alt war, gerade mein Selbstbewusstsein wieder soweit gefestigt hatte und hier nun wie ein kleiner, dummer Junge behandelt wurde. Mir kam es nämlich eher so vor, als müsste ich Turnübungen zur Belustigung weiblicher Zuschauer verrichten.

Dann begann ich die Kniebeugen erneut. Als ich wie mir gesagt worden war zwanzig gemacht hatte, sollte ich mich hinsetzen. Die Ärztin maß meinen Puls. "200" sagte sie, "viel zu viel". Ich wäre sehr aufgeregt erwiderte ich, was mich nicht wunderte. Damit wollte ich der Dame so nebenbei andeuten, dass sie mir doch die Intimuntersuchung ersparen möge. Denn ich wusste diesmal natürlich, was noch auf mich zu kommen würde. Gleich würde ich mich vor den zwei Frauen nackt ausziehen müssen. Auch die Ärztin war sich dessen voll bewusst und hätte somit den Grund für meine Aufregung erahnen können. Wahrscheinlich wusste sie es auch, aber genau nach Dienstanweisung zu handeln war ihr natürlich wichtiger, als sich um das Seelenleben ihres Patienten Sorgen zu machen. Mir schien es sogar eher so zu sein, als würde es ihr Freude bereiten über mich bestimmen zu können. Sie hatte so eine gewisse dominante Art an sich, die sie hier voll ausspielen konnte. Meine Befürchtungen sollten sich dann auch schnell bestätigen. Mir war es auch diesmal mehr als unangenehm, dass noch eine zweite, ebenfalls weibliche Person anwesend war.

Ich wurde von der Ärztin dazu aufgefordert, meine Turnhose die ich bis dahin noch an hatte auszuziehen und auf einen Stuhl zu legen, der rechts vor einem schmalen Paravent stand. Was mich dabei wunderte war, welchen Zweck dieser Sichtschutz überhaupt zu erfüllen hatte, da das Ausziehen und die nachfolgende Intimuntersuchung ohne dessen Benutzung erfolgte. Ich traute mich schon wieder nicht zu sagen, dass ich mich nicht ausziehen wollte, noch dass ich der Intimuntersuchung völlig ablehnend gegenüber stand. Das einzige an was ich die ganze Zeit denken musste war, ich wollte unter allen Umständen ausgemustert werden und das hieß ja auch schön brav zu sein.

Um anscheinend meine Bewegungsmotorik zu prüfen, sollte ich dann einmal von dem Platz auf dem ich stand durch den Raum bis zur Tür und wieder zurück gehen. Dasselbe dann noch einmal. Dann ging es direkt an die Intimzonen. Von diesem "weißen Engel" wurde ich aber nicht vorher gefragt, ob sie mich im Intimbereich anfassen dürfe, so wie es wenigstens der junge Arzt in Köln gemacht hatte. Sie tat es einfach. Die Ärztin tastete aber nur kurz meine Leisten ab, als ich dann vor ihr mitten in diesem Zimmer stand, wodurch ich mich schon ein wenig verloren vorkam. Aber dann verlangte sie noch etwas von mir, womit ich nun überhaupt nicht gerechnet hatte. Denn ich sollte noch meine Vorhaut vor ihren prüfenden Augen zurückziehen. Stimmt, das hatte ich vorher noch nicht machen müssen, soweit ich mich erinnern kann. Als ich das dann etwas zögerlich tat, sagte sie mit deutlicher Stimme: "Ganz zurück bitte." Obwohl innerlich äußerst widerwillig, folgte ich ihr dennoch aufs

Wort. Ihrem noch freundlichen Befehlston hatte ich einfach nichts entgegen zu setzen. Damit gab sie sich dann endlich zu Frieden. Dies war also so gesehen, mein erster sexueller Kontakt mit einer Frau. Den hatte ich mir wirklich anders vorgestellt.

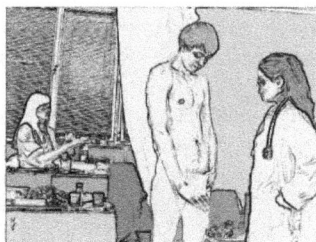

Ich ertrug alle Erniedrigungen, ohne zu meutern auch deshalb, weil ich immer noch meinen Hausarzt schon vor meiner ersten Musterung zu meiner Mutter sagen hörte: "Sie werden ihn nicht nehmen." Ganz sicher bin ich mir heute nicht mehr, aber die Analkontrolle blieb mir glaube ich zum Glück dann doch erspart. Zwar meine ich mich daran erinnern zu können, dass ich mich einmal kurz bücken musste, während die Dame im weißen Kittel hinter mir stand, aber mein Gedächtnis lässt mich hier im Stich. Es könnte aber auch sein, dass ich diese Teiluntersuchung irgendwie verdrängt habe, weil es mir doch zu peinlich gewesen ist, mir von dieser Frau in den Hintern schauen zu lassen. Schließlich durfte ich meine Shorts wieder anziehen und sollte der Ärztin in den Raum nebenan folgen. Warum ich das alles im Gegensatz zu meiner vorhergehenden zweiten Musterung immer noch alles so genau weiß, finde ich schon irgendwie seltsam.

In dem anderen viel größeren Raum, musste ich dann noch einmal vor mehreren Ärzten stehen. Ob ich mich auch dort wieder völlig zu entkleiden hatte, kann ich nicht mehr mit Sicherheit sagen. Ich fühlte mich jedenfalls so, als wenn ich immer noch nackt wäre und mir war sehr unwohl zumute. Besonders weil ich von diesen Ärzten, drei Männern und ihrer Kollegin, regelrecht umringt war. Es kam mir so vor, als würde ich noch einmal so richtig in die Mangel genommen was meinen Gesundheitszustand anbetraf. Mein Körper wurde noch einmal von allen Seiten begutachtet. Ich hatte das Gefühl, den Ärzten völlig ausgeliefert zu sein. Außerdem war da noch eine Schreibkraft und ich weiß auch noch, dass eine andere Helferin kurz mit einem Stoß Akten den Raum betrat und dann wieder hinaus ging.

Die Ärztin verließ dann für kurze Zeit das Zimmer. Einer der anderen Ärzte las währenddessen meine Akten und die von mir mitgebrachten Atteste noch einmal durch und ging dabei durch den Raum hin und her. Die beiden anderen unterhielten sich. Die meiste Zeit stand ich auf einem mir dafür zugewiesenen Platz, diesmal vor einer Tür und kam mir dabei vor wie bei Gericht. Ich musste auch noch mal so etwas wie strammstehen, wobei mich einer der Herren in weiß von hinten sehr genau zu mustern schien.

Ich erinnere mich noch genau daran, dass die Ärztin dann durch die Tür vor mir (dieser etwas größere Raum hatte zwei Türen) wieder das Zimmer betrat und mit der von mir mitgebrachten Röntgenaufnahme in ihrer Hand direkt vor mir stand. Zwangsläufig wanderten meine Gedanken zurück in den anderen Raum, wo ich nackt vor ihr und ihrer Assistentin gestanden hatte. Schon vorher hatte ich begonnen, gegen diese Frau eine große Abneigung zu entwickeln. Ja, ich glaube, man kann es fast Hass nennen was ich zu dieser Zeit für sie empfand und noch lange Zeit danach wäre es mir eine Genugtuung gewesen, wenn man sie dafür bestraft hätte, wie respektlos sie mit mir umgegangen ist. Außerdem gönnte ich es ihr nicht, dass sie auch alle anderen jungen Männer - unnötigerweise wie ich heute weiß - nackt zu Gesicht bekam, die mit mir im Wartezimmer gesessen hatten. Ich stellte mir das damals sogar bildlich vor und dabei gingen mir Gedanken wie der folgende durch den Kopf.

Früher hatten die Männer beim Militär nur Männern zu gehorchen, aber jetzt verlangt man von uns als Untergebene auch das zu machen was Frauen befehlen, obwohl diese das selbst so nie mitmachen mussten. Sollte es normalerweise nicht vor allem darum gehen, bei einer nationalen Bedrohung vor allem jene zu beschützen, von denen mich jetzt eine so erniedrigend behandelt hatte?

Als sie so vor mir stand und ich ihr wieder in die Augen blicken konnte, empfand ich das als sehr unangenehm und fühlte mich in diesem Moment, als stünde ich wieder völlig entblößt da. Dennoch ergab sich in diesem Augenblick für mich die Möglichkeit, ihr meine Abneigung auch persönlich zu zeigen. Ich schaute ihr dafür sehr tief und sehr lange in die Augen. Ob sie das vielleicht noch weiß? Wider Erwarten konnte sie meinem Blick nicht stand halten. War diese Frau doch nicht so stark wie sie vorgab? Meinen Blick er-

Musterung

widerte sie dann nur mit den Worten: "Ihre Lunge ist doch wieder soweit in Ordnung." Anscheinend wollte sie mich immer noch unbedingt zum Kriegsdienst abkommandieren. Sie hätte mal zu mir nach Hause kommen sollen und mich mit aufgestützten Armen nach Luft ringen sehen. Ob sie mich dann immer noch für verwendungsfähig gehalten hätte?

Ich war wirklich stinksauer auf diese Frau, sowie auch auf alle anderen die dabei waren und ich bin es zum Teil sogar heute noch. Dennoch begreife ich immer mehr, dass auch sie nur Opfer eines menschenverachtenden, militaristischen Systems sind, welches dringend einer totalen Erneuerung bedarf oder besser ganz abgeschafft werden sollte. In einem System, das nur auf Geld, Macht und Unterwerfung aufgebaut ist, kann es letztendlich nur Verlierer geben. Aber solange es viele gut funktionierende Rädchen in diesem Gefüge gibt, die sich mit Vorliebe der Macht als willige Instrumente zur Verfügung stellen und die sich meines Erachtens z.B. gerne weiße Kittel anziehen, nur um selbst ein wenig Macht ausüben zu können, wird das alles immer so weiter gehen. Dazu kann man nur noch sagen: Nichts hat man dazu gelernt! Überhaupt nichts!

"Das Erlebnis hat sich in unwiderruflicher Form in das Bewusstsein eingebrannt. Bei mir ist es jedenfalls so. Ich sehe mich heute noch mit heruntergezogener Hose vor dem Musterungsarzt in Dortmund stehen, hinter mir die Schreibkraft, mich von ihr beobachtet wissend. Gerne würde ich diese Frau wiedersehen und ihr sagen, wie sehr sie und das erniedrigende Erlebnis damals in meinem Gedächtnis haften geblieben ist. Ob sie sich jemals darüber Gedanken gemacht hat, wie das alles damals auf die einzelnen jungen Männer gewirkt haben könnte. Ich glaube es eher nicht. Es war ja einfach nur ihre Arbeit und die hat sie nach bestem Wissen und Gewissen erledigt. Sowie die Musterungsärzte und -ärztinnen natürlich auch.

Die Menschen, die damals im KZ die Juden beaufsichtigten, diese in die Todesduschen schickten und deren Körper verbrannten, taten auch nur ihre Pflicht. Die Männer, die früher als Soldaten die Frauen der Gegner vergewaltigten, taten auch nur ihre Pflicht. Henker tun auch nur ihre Pflicht. Und so weiter und so weiter. Was ist das bloß für eine Welt. Die Musterung ist eine tolle Einrichtung des Staates, um an sich ganz vernünftigen jungen Männern das Hassen beizubringen. Ich bin kein junger Mann mehr, aber seit der Musterung hasse ich diesen Staat als solchen."   Sascha O.

Einer der anderen Ärzte fragte mich dann - er schien mir übrigens der freundlichste zu sein - ob ich wegen meiner Allergie in Behandlung wäre. Es wunderte mich, warum das nicht aus den Attesten ersichtlich war. Ich sagte ihm, ich müsse mir wöchentlich eine Spritze geben lassen. Das war wohl der entscheidende Punkt. Die Dame in weiß verstummte. Der freundliche Doktor meinte dann zu den anderen Ärzten, dies wäre mit dem Aufenthalt in einer Kaserne nicht zu vereinbaren. Die Ärztin war aber wie ich kurz darauf hören konnte, mit dieser Entscheidung doch nicht so ganz einverstanden.

Bevor ich später das Ergebnis der Untersuchung schriftlich ausgehändigt bekam, sollte ich zu guter Letzt noch die Urin Probe abgeben, die von mir noch immer fehlte. Das hieß also ein weiteres Mal nur in Shorts durch das kühle Treppenhaus hinunter in den WC Bereich zu laufen. Dabei fiel mir auf, dass ich der letzte Wehrpflichtige war, der an diesem Tag noch dort im Haus war. Aber es muss schließlich alles seine Ordnung haben. Unter dem Vorbehalt ihre Entscheidung bei einer Verbesserung meiner allergischen Reaktionen wieder zurücknehmen zu können, wurde ich dann ausgemustert. Aber das mussten sie mir unbedingt noch mit auf den Weg geben. So ist es auch im Musterungsbescheid nachlesbar. Natürlich freute ich mich zuerst. Eigentlich war ich jetzt frei. Kein Militärdienst, kein Zivildienst. Aber das Gefühl bei den Musterungen, vor allem durch die von mir ungewollten Intimuntersuchungen erniedrigt worden zu sein, sollte für mich bis heute eine sehr belastende Erinnerung bleiben. Außerdem habe ich bis heute das Gefühl, gesundheitsmäßig als Mensch zweiter Klasse abgestempelt worden zu sein.

Ich verließ das Kreiswehrersatzamt so schnell ich konnte und unten auf der Straße atmete ich einmal tief durch. Mir war so, als wäre ich eben aus einem Gefängnis entlassen worden. Mit einigen nicht sehr freundlichen Gedanken an die da drinnen, versuchte ich dann das Kapitel Wehrpflicht für mich abzuschließen.

Als ich damals richtig verstanden hatte was es bedeutete, ich könne zu jeder Zeit wieder zu einer Musterung vorgeladen werden, nahm ich das den Ärzten sehr übel. Vielleicht können sich manche die Angst vorstellen, die ich die nächsten Jahre noch auszustehen hatte.

"Zum Grinsen ist es sicher nicht, eher noch zum Lachen und bei einigen auch zum Heulen, und wenn einmal tatsächlich so ein Teil ein Eigenleben zeigen sollte, ist das weniger amüsant als faszinierend. Den Jungs sollte so etwas nicht peinlich sein, sie müssten stolz darauf sein, und eins kann ich bestätigen: Es ist definitiv geil zuzusehen, wie so ein junger Herr vor einem an sein Ding greift und das Köpfchen seines kleinen Freundes zeigt."

Ilse K. Arzthelferin

Wieder zu Hause und sogar eine lange Zeit danach, wurden mir dann die Unannehmlichkeiten auch der letzten Musterung noch einmal richtig bewusst. Vor allem, dass auch diesmal wieder eine, dazu sogar noch differenziertere Intimuntersuchung bei mir gemacht worden war, bedrückte mich sehr. Ich fragte mich nach dieser, wie auch schon nach den anderen Musterungen und sogar bis heute: Was geht die Bundeswehr eigentlich meine Genitalien an? Ich fühle mich immer noch in meiner Intimsphäre sehr verletzt. Besonders deshalb, weil ich es überhaupt nicht einsehe, mich nackt vor fremden Menschen zeigen und mich missbräuchlich untersuchen lassen zu müssen.

Am nächsten Tag wollte auch meine Mutter wissen, das weiß ich noch ganz genau, ob ich mich da hätte ganz ausziehen müssen. Mit einem langgezogenen, betroffenen "Ja", antwortete ich ihr. Alles Weitere verschwieg ich ihr aber. Ich schämte mich zu sehr, ihr weitere Einzelheiten zu erzählen. Was wollte die Bundeswehr eigentlich mit mir anfangen? Wenn schon bei meiner ersten Musterung eine auf meine Person und meine Krankheitsvorgeschichte zugeschnittene nützliche Untersuchung wie ein Lungenfunktionstest gemacht worden wäre, dann hätten die Ärzte schnell gemerkt, dass ich für größere Strapazen viel zu wenig Atemluft zur Verfügung habe. Das betrifft nun meine andere Erkrankung, die keinesfalls von meiner Psyche beeinflusst werden kann. Aber nein, sie mussten mich unbedingt dreimal vorladen. Den Damen und Herren in weiß dreimal meine Genitalien vorzeigen zu müssen, war ihnen wichtiger als alles andere. Mag schon sein, dass die Musterungsärzte/-innen die ganze Sache nicht so sehen, aber aus meiner Sicht hatten sie unbegrenzte Macht über mich und sie konnten mit mir umgehen wie sie wollten.

Auch heute sind ihren Kollegen/-innen die behördlichen Vorschriften meiner Meinung nach wichtiger, als sich vordringlich um das - seelische - Wohl ihrer Patienten Sorgen zu machen, Denn sie wollen es einfach nicht einsehen, dass man nie einen Menschen zu einer Untersuchung zwingen darf, schon überhaupt nicht wenn der Intimbereich dabei mitkontrolliert wird. Wenn man darüber hinaus einmal bedenkt, zu welchem Zweck überhaupt untersucht wird - nämlich um ihre Mitbürger unnötigerweise in Zwangsdienst zu schicken - dann möchte ich hiermit einmal die Damen und Herren Ärzte fragen, ob sie es jetzt nach dem Lesen meiner Aufzeichnungen wirklich immer noch für völlig in Ordnung ansehen, wenn sie dabei mitmachen. Denn sie dienen damit in erster Linie dem Militarismus, ihrer Karriere und ihrem Geldbeutel, doch keinesfalls dem Individualwesen Mensch. Außerdem können sie mit solchen erniedrigenden Behandlungsmethoden, sogar das ganze spätere Leben des Betroffenen in negativer Hinsicht beeinflussen.

Was meinen Fall betrifft, so haben sie jedenfalls hervorragende Arbeit geleistet. Denn ich habe heute noch oft so ein erdrückendes Gefühl, als würde mein Körper jemand anders gehören. Ich bin der festen Überzeugung, dies widerspricht völlig dem von ihnen abgelegten hippokratischen Eid. Wie kann die Ärzteschaft und ihr Assistenzpersonal es mit ihrem Gewissen vereinbaren, auch heute ihren Mitmenschen so etwas immer noch anzutun?

"In einem freien Land dürfte es so etwas nicht geben. Die Nazizeit ist schließlich Geschichte. Oder doch nicht? Für die Bundeswehr habe ich jedenfalls nichts mehr übrig. Ich könnte noch mehr schreiben, zu meiner Ansicht über das Grundgesetz, zu Gleichberechtigung, dass niemand wegen seines Geschlechts usw. benachteiligt werden darf, aber dies würde den Rahmen sprengen. In meiner Intimsphäre fühle ich mich jedenfalls durch die Musterung bis heute verletzt und sie wird mir immer in schlechter Erinnerung bleiben. Danke dafür an die Verantwortlichen."

Fabian Ü.

Ganze 28 Jahre hat es dann gedauert, bis ich den Mut fasste meiner Schwester - zu der ich viel Vertrauen habe - meine Musterungserlebnisse mitzuteilen, und auch dann ging es nur, weil ich ihr das alles zunächst als Bericht zum Lesen aufschrieb. Über meine Erlebnisse dann aber mit meiner Schwester direkt zu sprechen, kostete mich zuerst abermals große Überwindung. Aber dann war der Bann endlich gebrochen. Heute erzähle ich jedem der es wissen will, wie man bei uns in Deutschland mit jungen Männern umgeht. Ich empfand und empfinde es immer noch als Erniedrigung, dass ich im Alter von 19 bis 21 Jahren bei den Musterungen nackt bzw. mit auf den Knien hängenden Hosen als junger Erwachsener vor fremden

Musterung

Menschen gestanden habe und peinliche intime Untersuchungen an mir vornehmen lassen musste, unter für mich nicht sehr würdigen Bedingungen, auch durch Frauen und im Beisein von weiblichen Assistentinnen, die genau genommen nur als Betrachter fungieren und als Krönung des Ganzen ohne Sichtschutz sogar vor deren Augen.

Jetzt, nach so vielen Jahren, bedrückt mich das alles noch gewaltig. Zum Teil hatte und habe ich seitdem nächtliche Alpträume, in denen ich nackt vor weiß gekleideten Gestalten stehe. Davon wachte ich schon oftmals nass geschwitzt auf. Nicht selten habe ich dabei ein Druckgefühl auf der Brust und dann fällt mir auch das Atmen schwer.

Kindheit und Jugendzeit

Für Michael aber begann alles schon viel früher. Als er ein Jahr alt war erkrankte er an der Lunge. "Wenn ich mit anderen Kindern draußen spielen wollte, blieb mir oft einfach die Luft weg. Vielleicht auch weil ich etwas kränklich aussah, wurde ich oft von anderen Kindern gehänselt, was sich durch die gesamte Schulzeit hindurch nicht ändern sollte. Deshalb blieb ich in der Regel immer in der Wohnung und hatte so gut wie keine Freunde. Wer will schon jemand als Freund haben, der immer krank ist? Zuhause saß ich oft mit aufgestützten Armen da, denn beim Liegen fiel mir das Atmen noch schwerer. Solche Asthmaanfälle traten bei mir sehr oft auf.

"Ich wurde jetzt schon 3 x gemustert, das erste Mal im Kreiswehrersatzamt, das 2. Mal in der Kaserne, weil die Musterung da schon länger als 2 Jahre her war und beim 3. Mal für die Verpflichtung zum Zeitsoldaten. Und genau beim dritten Mal saßen da auch 2 Frauen. Mir hat das nicht sonderlich viel ausgemacht, denn es waren ja Ärztinnen und auch nicht attraktiv, eher das Gegenteil. Und was sagt die da zu mir? "Sie haben ganz schön kleine Hoden, damit müssen Sie zum Urologen und einen umfangreicheren Check machen." Ich also zum Urologen und der meinte zu mir, dass die Ärztin wohl keine Ahnung hatte, weil die Hoden ausgeprägt und ganz normale Größe haben."

Werner D.

Als sich meine Erkrankung um keinen Deut verbesserte, wurde ich zu zwei Kuren geschickt. Erst schien es, als würden die Kuren helfen. Die Luft war an den Kurorten natürlich um einiges besser, als an unserem Wohnort. Aber bei meiner Rückkehr wurden die Asthmaattacken dann sogar noch schlimmer und traten wieder häufiger auf. Außerdem hatte mir die Trennung von meiner gewohnten Umgebung und die völlig andersartigen Bedingungen in den Kurheimen schon während des ersten Aufenthalts dort einen kleinen Schock versetzt.

Ich weigerte mich schon nach der ersten Kur strikt, wieder zu einer Kur fahren zu müssen und deutete dies als einen Liebesentzug von meiner Mutter. Vor jeder Kur war ich im Gesundheitsamt untersucht worden. Hatte mich da auch vor dem Arzt im Beisein meines Vaters nackt ausziehen müssen. Auch im Heim herrschten ganz andere

Musterung

Sitten als bei uns Zuhause. Zuhause war Nacktheit ein Tabu, so wurde uns große Schamhaftigkeit anerzogen. In den Kurheimen nahm man darauf keinerlei Rücksicht.

"Bei meiner Musterung waren drei Frauen (eine Ärztin und zwei Arzthelferinnen) anwesend, während ich nackt im Raum stand und Kniebeugen gemacht habe bzw. mein Gesäß spreizen musste. Außerdem musste ich meine Vorhaut zurückschieben und die Ärztin hat an meine Hoden gefasst."

Udo C.

Jedenfalls prägten alle diese Erlebnisse mit Menschen in weißen Kitteln allgemein meinen Widerwillen gegen Ärzte mit. Aber ich hatte auch gelernt, ihnen gehorchen zu müssen. Meine Mutter ging mit mir zu verschiedenen Kinderärzten. Bei einer Ärztin, das weiß ich noch, musste ich mich auch nackt ausziehen, aber eine manuelle Intimuntersuchung wurde bei mir im Kindes- und Jugendalter nie gemacht.

Dass ich zweimal zur Kur geschickt worden bin, hatte ich schon erzählt. Da war ich jeweils sieben und neun Jahre alt. Bei den dortigen Eingangsuntersuchungen mussten sich die Kinder alle ausziehen, sich in einer Reihe hintereinander aufstellen und man wurde dort im Beisein von allen kurz untersucht. Ich kann mich noch daran erinnern, dass mir das damals schon nicht gefiel. Soweit ich mich noch zu erinnern vermag, wurden Mädchen und Jungs aber getrennt untersucht. Das Betreuungspersonal setzte sich bei beiden Kuren aus weiblichen Personen zusammen.

Einmal in der Woche war Badetag, Mädchen und Jungs getrennt. Dabei hatten sich alle Jungs auszuziehen. Da es zu wenig Badewannen gab, musste jeder warten bis er an der Reihe war - natürlich nackt. Während ich dann in der Badewanne saß, standen einige Jungs um mich herum und schauten mir zu, wie ich mich wusch. Sie grinsten mich alle an und besonderer Anziehungspunkt ihrer Blicke war mein Glied.

Bei meiner zweiten Kur gingen wir einmal pro Woche ins Salzschwimmbad in Bad Reichenhall. Alle Badehosen der Jungs wurden in der Klappe einer Sitzbank im Heim aufbewahrt. Einmal war meine Badehose nicht auffindbar, worauf eine Betreuerin nur sagte, dann müsse ich eben ohne Badehose zum Schwimmen gehen.

Da ich im Schwimmbad der einzige war, der dort nackt ins große Wasserbecken ging, war mir das damals als neunjährigem Jungen schon ziemlich peinlich. Ich lief also schnell zum Wasserbecken, weil ich mir meiner Blöße schon sehr bewusst war. Auf dem Weg dorthin kam mir aber ein junges Mädchen entgegen, was sich anscheinend über meine Nacktheit zu wundern schien. Ich habe die Situation und den Blick dieses Mädchens bis heute nicht vergessen. Zum nächsten Badetag war meine Badehose aber plötzlich wieder da, was ich als große Erleichterung empfand.

"Momentan hat meine Psyche sich ein wenig beruhigt, vielleicht funktioniert auch nur meine Verdrängung wieder besser. Ich habe viel weniger Beklemmungen und die Alpträume scheinen auch weg zu sein. Hoffentlich bleibt es so. Ich will mir auch nicht immer Gedanken über mich machen müssen und mir damit mein Leben sauer machen."

Dirk V.

Einmal in der Woche war im Heim Fiebermessen angesagt. Eine Betreuerin ging dann mit ein paar Jungs in deren Schlafraum. Da mussten wir uns dann die Hosen ausziehen und uns mit dem Po nach oben auf die Betten legen. Die Betreuerin steckte dann jedem von uns ein Fieberthermometer in den Po. So mussten wir dann eine Weile dort liegen bis sie zurückkam und die Temperatur nachprüfte. Es sah schon komisch aus, die anderen Jungs so da liegen zu sehen mit einem Fieberthermometer im Po. Und peinlich war es mir auch, so da liegen zu müssen. Ich habe auch nie verstanden, warum es nicht genügt hat, das Thermometer unter einen Arm oder in den Mund zu stecken.

Diese Peinlichkeit hätte man uns wirklich ersparen können. An den Abenden mussten wir uns in den Schlafräumen auch immer nackt ausziehen und dann die Schlafanzüge anziehen. Unterwäsche war nicht erlaubt. Da ich das aber von Zuhause anders kannte, versuchte ich zu Anfang einmal, doch eine Unterhose anzuziehen. Ich schaffte das auch, aber das Bett quietschte dabei sehr laut und eine Betreuerin kam hinein und wollte wissen, wer da so einen Krach gemacht hatte. Die anderen Jungs zeigten natürlich alle auf mich. Zur Strafe musste ich dann eine Weile draußen auf der Treppe sitzen. Ich tat dann nach einer Zeit so, als würde ich weinen. Die Betreuerin hatte deswegen anscheinend Mitleid und ich durfte in den Schlafraum zurückkehren.

Zwar verschwieg ich alle diese unangenehmen Sachen zu Hause, aber ich sagte meiner Mutter schon nach der ersten Kur, ich wolle nicht mehr dorthin. Es wurde ein lautes Gespräch daraus. Als meine Mutter mir nicht entgegenkam, begann ich zu weinen und ich schlug auch in meiner Verzweiflung nach ihr. Trotzdem wurde ich zu dieser zweiten Kur geschickt. Dies muss ich damals als großen Vertrauensbruch zwischen meiner Mutter und mir empfunden haben.

Jedenfalls nach dieser zweiten Kur war mein Widerstand gegen eine weitere so groß, dass man davon abließ, mich erneut zu einer Kur zu schicken. Meine Eltern hatten den Ärzten von meinem Widerstand erzählt, worauf auch diese meinten es wäre besser mir keine weitere Kur zuzumuten. Durch die ganze Aufregung und meine Ängste erneut in so ein Heim fahren zu müssen, hatte sich mein Asthma zu dieser Zeit wieder verschlimmert. Demnach hatten die Kuren, die psychisch für mich eine Quälerei darstellten, doch nichts genutzt. Weitere Klinikaufenthalte in Bonn folgten."

So gingen die Jahre und mit 18 Jahren bekam Michael dann Bescheid von dem zuständigen Kreiswehrersatzamt in Köln.

"Ich sollte mich dann von der Schreibkraft wegdrehen und mal bitte die Unterhose ausziehen. Da fasste ich allen Mut zusammen und sagte, dass ich diese Untersuchung nicht wolle. Das wäre aber eine sehr wichtige Untersuchung meinte die Ärztin daraufhin zu mir und wenn ich sie nicht machen ließe, wäre das eine Ordnungswidrigkeit und ich hätte mit einer Geldstrafe zu rechnen.

Unter dieser Drohung habe ich dann die Untersuchung doch machen lassen. Ich zog also die Unterhose aus und stand dann nackt vor diesen beiden Frauen. Die Ärztin setzte sich auf ihren Stuhl, der dafür schon bereit stand und untersuchte meine Hoden. Ich merkte, wie mir das Blut in den Kopf stieg und wie ich errötete. Eine Erektion bekam ich aber zum Glück nicht. "So und nun ziehen sie bitte mal die Vorhaut ganz zurück." Ich erschrak, was verlangte die Ärztin denn da vor mir? Auch das tat ich dann noch. "Und nun bitte einmal umdrehen, die Beine auseinander machen und bücken bitte." Das ging mir jetzt aber doch zu weit. "Nein, das möchte ich nicht," sagte ich. "Gut, dann können sie sich jetzt wieder anziehen und gehen. Sie werden dann wieder aufgerufen."

Nun wusste ich auch, es war alles wahr was man über die Intimuntersuchung erzählte. Eine zeitlang später wurde mir dann das Ergebnis mitgeteilt. Meinem Antrag wurde stattgegeben und ich wurde für ein Jahr zurückgestellt!"

Andreas I.

Bereits ab dem Kindesalter ...

Drei Musterungen später und Michaels Leben war zerstört. Es ist doch klar, dieser Mann ist ein Opfer deutscher Besessenheit was Nacktheit angeht und einem im selben Land herrschenden irrsinnigen Untersuchungs- und Kontrollwahn.

Im zivilen Bereich werden heutzutage Kontrolluntersuchungen im Intimbereich in der Regel mit mehr Rücksichtnahme durchgeführt, inzwischen auch bei Kindern und Jugendlichen, z. B. bei den J1- und J2 –Untersuchungen. Darauf werde ich noch in einem anderen Kapitel (Das "forensische Prinzip") kurz eingehen. Das war aber nicht immer so und auch heute mag es noch unrühmliche Abweichungen geben. Und so ziehen sich traumatisch erlebte Schamverletzungen bei medizinischen Untersuchungen bei manch einem wie ein roter Faden durch das ganze frühe Leben - auch jenseits von Musterung und Bundeswehr.

Insbesondere bei Jungen wurde hier oft besonders wenig Rücksicht genommen, während das Schamgefühl der Mädchen schon sehr früh geschützt wurde. Beispielsweise bei Schuluntersuchungen, wie sie zum Teil noch in den 50er, 60er und frühen 70er Jahren des letzten Jahrhunderts durchgeführt wurden, wurde gerade den Jungen oft ein schutzwürdiges Schamgefühl abgesprochen. Mit den damals üblichen autoritären Erziehungsmethoden wurde die Nacktheit zur Untersuchung in vielen Fällen einfach erzwungen, häufig auch in Anwesenheit von weiblichen Personen, die mit der Untersuchung gar nichts zu tun hatten. Im schlimmsten Fall waren gar gleichaltrige Mädchen, selbstverständlich bekleidet, dabei. Eine Vorgehensweise, die umgekehrt völlig undenkbar gewesen wäre.

Wie viele tiefgreifende seelische Verletzungen hier passiert sind, lässt sich zur Zeit kaum ermessen, da es sich auch hier, wie bei der Musterung, um ein Tabuthema handelt. Auch hier schweigen die Betroffenen bis auf den heutigen Tag. Erst in den letzten Jahren entwickelt sich ein gesellschaftliches Bewusstsein dafür, dass auch Jungen Opfer sexueller Übergriffe und Nötigung sein können, und zwar nicht nur durch Männer sondern auch durch Frauen als Täterinnen. Es sollen an dieser Stelle nicht Dinge gegeneinander aufgerechnet werden. Es geht mir hier darum, auf ein Phänomen aufmerksam zu machen, das bisher kaum auf der gesellschaftlichen Ebene wahrgenommen wurde, welches aber aus meiner Sicht im Interesse der Betroffenen und der Menschen, die mit ihnen zu tun haben, dringend thematisiert werden muss.

Musterung

Dieses Phänomen hat auch ganz sicher ganz viel damit zu tun, dass es heute solche von staatlichen Stellen inszenierten sexuell gefärbten Erniedrigungen, wie die erzwungene Intimuntersuchung bei Männern durch Frauen überhaupt gibt und dass sie trotz Anschreiben und Nachfragen immer noch Bestand haben können.

Das Standartprogramm lief in diesen Fällen häufig schon während der Kindheit beim Kinderarzt ab: Hoden, Vorhaut usw.. Ein ehemaliges Kind (wir alle waren mal so eines, aber viele scheinen es vergessen zu haben) nimmt das so auf: "Ich musste mich immer ganz ausziehen, wurde immer am Penis und Hoden untersucht. Das tat manchmal auch weh. Ich wusste nicht, was das zu bedeuten hatte." Ein anderer beschreibt es so: "Ich kam in den Untersuchungsraum und da standen dann noch zwei Klassenkameraden. Beide hatten einen Mega-Ständer und ich sollte mich auch bis auf die Socken ausziehen. Dann auf die Wage, danach ans Maßband, dann auf die Liege. Die Ärztin meinte dann irgendwann, die Vorhaut sei noch arg verklebt und hat sie dann etwas gewaltsam gelöst. Und das alles vor meinen Klassenkameraden. Megapeinlich. War auch stinksauer auf die Ärzte, solche Idioten!"

Ein Junge aus der 9. Klasse hat eine Untersuchung so erlebt: "Mit allen Jungs meiner Klasse war ich in einem Klassenraum, mussten uns bis auf die Unterhose ausziehen. Dann wurden wir von einer Arzthelferin gemessen, gewogen, Sehtest und so weiter. Die eigentliche Untersuchung fand im Klassenraum nebenan statt. Dazu mussten wir so in der Unterhose über den Flur, war schon peinlich. Im Untersuchungsraum waren immer zwei Jungs, einer der untersucht wurde und einer der kam oder ging. Zu meinem Entsetzen war bei der Untersuchung auch unsere Klassenlehrerin dabei, sie saß neben dem Doc und konnte alles genau sehen was an mir untersucht wurde. Zur Untersuchung selber war ich dann ganz nackt. Der Doc schaute mir in den Po und auch vorne untersuchte er sehr gründlich. Wie die meisten anderen bekam auch ich einen Steifen."

In den obigen Beispielen lässt sich schon von sexuellem Missbrauch sprechen. Was kann man dazu sonst sagen? Da müssen jetzt doch jedem gewaltige Parallelen auffallen. Wer schon als Kind an solche Untersuchungen gewöhnt ist, lässt sich diese auch später viel eher gefallen, ohne sie zu hinterfragen. Der uniformierte Kinderarzt, verwandelt sich nur in den uniformierten Musterungsarzt und selbst der bereits Erwachsene lässt alles wieder mit sich machen. Man hat vergessen oder eher nie gelernt seinen eigenen Körper zu beschützen, oder sogar zu verteidigen.

Früher wie heute haben wir es mit den verschiedensten Formen des sexuellen Missbrauchs zu tun. Immer wieder hört man in den Medien davon. Einmal sind es die Betreuer in Heimen, die sich an Kindern und Jugendlichen vergehen. Ein anderes Mal sind es die Priester, die deswegen ins Licht der Öffentlichkeit rücken. In letzter Zeit spricht man vermehrt von der Verbreitung von Kinderpornografie im Internet.

Ja, Missbrauch findet überall statt, aber es muss vor allem eine scharfe Grenze gezogen werden. Der Staat selbst muss sich von dieser sexuellen Gewaltwelt klar und eindeutig distanzieren und es darf unter seiner Machtausübung nie der Fall sein, dass sich die Grenzen verwischen. Der Staat hat unter keinen Umständen bei der Grundlegung oder Verbreitung von sexuellen Perversionen mitwirken. Aber, obwohl so etwas wie selbstverständlich klingt, ist es so eben nicht. Mit Hilfe des Wehrpflichtgesetzes und den dazu gehörenden Untersuchungsvorschriften ist der Staat in vorderster Linie mit dabei.

Den Staat als Gegner habend, fällt es unerfahrenen jungen Männern und aus Gründen ihrer Individualität empfindsameren Gemütern sehr schwer sich zu behaupten. Es gelingt solchen Personen einfach nicht, sich gegen diese Übermacht zu wehren. Würden sie widerwillig sein, dann sehen sie sich eher der Gefahr der Einberufung ausgesetzt, anstatt die ersehnte Ausmusterung zu erhalten. Sie gehen unweigerlich von der Annahme aus, ein Jahr Zwangsdienst könne der Preis dafür sein.

Viele fürchten sich vor rechtlichen Konsequenzen, die ja mit unter auch vom Personal der KWEAs trotz fehlender amtlicher Kompetenz immer noch angedroht werden, falls sie ihre privatesten Teile nicht "freiwillig" herzeigen. Aber was hätten sie damit auch gewonnen? Bei der Bundeswehr (oder den Zivildienstbehörden) wird dann alles auf jeden Fall wiederholt. Wenn man sich dort auch weiter verweigert, dann heißt es plötzlich Befehlsverweigerung, ist noch ernsthafter und wird als eine militärische Straftat angesehen. Auch Zivildienstleistende unterliegen einer Disziplinarordnung. Nein, dann lieber fünf Minuten Erniedrigung im nackten Zustand, als ein ganzes Jahr im Dienst der Bundeswehr, wo die Hosen auch wiederholt heruntergelassen werden müssen.

Manche bereuen aber so eine Entscheidung. Viele von ihnen können für den Rest ihres Lebens psychische und sexuelle Störungen davontragen, als Folge veralteter und diskriminierender Gesetze und Regelvorschriften. Unter Druck haben sie alles mit sich machen lassen. Unter dem Zwang staatlicher Behörden haben sie sich sexuellen Doktorspielchen aussetzen müssen und niemand kommt auf die Idee, dass so etwas eine gesunde menschliche und speziell sexuelle Entwicklung beeinträchtigen könnte. Die Opfer aber, die dürfen sich ein ganzes Leben mit den daraus für sie resultierenden Folgen herumschlagen und oft genug haben sie niemanden mit denen sie darüber sprechen können. Über so etwas Peinliches spricht man eben nicht. Man "vergisst" es, selbst dann, wenn es unmöglich vergessen werden kann. Nein, die meisten machen eben alles mit und protestieren nicht. Vielleicht ist es auch am besten so, jedenfalls wenn eine Frau Hölle, wie unten, schon erwartet hat.

"Jedem so wie er es verdient! Wer meint, er müsse den Ablauf stören und die Arbeit erschweren, indem er freche oder besonders gewitzte Antworten gibt oder Sprüche klopft, trägt dafür selbst die Konsequenz. Wer den Schlauen spielt oder eine Milbenallergie vortäuscht und sich dann schnäuzt oder bei der Urin Probe den Becher zu voll macht oder sich zu anderem erdreistet - solche werden sich dann wundern!.
Besonders jene die anfangs lachen, quieken dann bei der Untersuchung. Dann heißt es nämlich Hose runter. Und wer sich weigert, wird nach Hause geschickt, kann darüber nachdenken und wird nochmals vorgeladen, und dann vielleicht noch mal, bis er zur Besinnung kommt. Unten wird dann auch mal etwas länger untersucht und wenn sich dann vorgebeugt werden muss, kann das nur 5 Sekunden dauern oder auch mal 50. Es macht auch einen Unterschied, ob zuerst hinten und dann erst vorne gemustert wird. Ob das Häutchen selbst zurückgezogen werden darf oder die Ärztin selbst Hand anlegt. Wie viele dabei zuschauen dürfen, bestimmt auch nur der Arzt oder die Ärztin. Jeder entscheidet selbst, ob er nur mit einem rotem Kopf oder als wandelnde Tomate aus dem Zimmer kommt."

"Heute morgen bin ich aufgewacht, hatte ein Druckgefühl auf der Brust und mal wieder einen Verfolgungstraum gehabt. Ich musste an damals denken. So wie fast jeden Morgen in den letzten drei Jahren. Die das verursacht haben, bekommen davon überhaupt nichts mit. Aber denen ist das wahrscheinlich auch egal."

Pascal T.

Lars G Petersson

Das Kreiswehrersatzamt als Napoleons Erbe

Im Mittelalter gab es ständig irgendwelche kriegerischen Auseinandersetzungen. Man brauchte also einen militärischen Schutz und dazu griffen zu jener Zeit die Regenten einfach auf ihre bereits zur Feldarbeit verpflichteten Untergebenen zurück. Diese wurden bei Bedarf gesammelt und in den Kampf geschickt. Also in der Regel immer erst dann, wenn Not am Mann war und das jeweilige Reich einen Angriff abwehren musste.

In den nachfolgenden Jahrhunderten kamen die Regierungen dann auf die fundamentale Idee, ihre Länder müssten jederzeit eine Armee für die Verteidigung zur Verfügung haben und nicht erst kurz bevor diese wirklich gebraucht würde. Also kam man in allen europäischen Staaten zu dem Schluss, auch in Friedenszeiten ein wehrbereites Heer aufzustellen. Trotzdem wurde z.B. in Frankreich noch lange Zeit darüber debattiert und Pro und Contra abgewogen. Denn zwangsrekrutierte Soldaten könnten als Arbeitskräfte auf den Feldern fehlen und neue Probleme wie Desertierung würden damit geschaffen werden. Es ging schließlich auch darum, sehr tief in das Selbstbestimmungsrecht des einzelnen männlichen Bürgers einzugreifen, und das machte den Apologeten einer Volksarmee nicht nur Kopfzerbrechen, sondern bedeutete auch einen großen Widerspruch zum berühmten Slogan "liberté, egalité, fraternité" der französischen Revolution.

Ein wichtiger Anstoß für die spätere Einführung der Wehrpflicht für Männer, kam dann auch vom jakobinischen Militärtheoretiker Dubois Crancé. Dieser Mann war in militärischer Hinsicht und was die Verteidigung der Werte der Revolution betraf seiner Zeit voraus. 1789 verkündete er in der Nationalversammlung das Weg bereiten-

Musterung

de Diktum, dass in der postrevolutionären Gesellschaft jeder Bürger zugleich Soldat und jeder Soldat zugleich Bürger sein müsse.

Der Haken bei der ganzen Sache war jedoch, dass die Wehrpflicht nicht automatisch mit einer demokratischen Regierungsform verbunden werden konnte, und dass vor allem viele männlichen Bürger von dieser Idee nicht unbedingt begeistert waren. Es sollte schließlich ihr Los sein, diese Bürde zu tragen. Durch selbiges wurde damals unter den tauglich Gemusterten die erforderliche Anzahl von Rekruten bestimmt. Der Ausgeloste konnte aber einen Ersatzmann (Einsteher) stellen, weshalb in der Armee eher Männer aus ärmeren Schichten dienten. Demgegenüber konnten sich Angehörige der "gebildeten Stände" als sogenannte "Einjährig-Freiwillige" melden, sofern sie das überhaupt wollten. Im Weiteren machte man sich nun Gedanken darum, was die Attitüde der Wehrpflichtigen anbetraf. Deshalb ging man dazu über, ihnen das militärische Konzept gleich zu Beginn ihrer Rekrutierung, also schon während der Musterung beizubringen.

Denn worum es im eigentlichen Sinn beim Militär geht, ist ebenso banal wie auch die Grundvoraussetzung für die ganze Sache. Es geht um die Anerkennung der Autorität der Befehlshaber. Dieses Schema muss den Wehrpflichtigen gleich am Anfang deutlich klar gemacht werden, um überhaupt eine gehorsame Truppe aus den einzelnen Mitgliedern machen zu können. Wie man das am besten bewerkstelligt, darüber wurde sich schon sehr früh Gedanken gemacht. Schon damals schienen die Machthaber erkannt zu haben, dass besonders entwürdigte Menschen gehorsame Untergebene und damit gute Soldaten sind. Napoleon höchstpersönlich ordnete deshalb per Dekret an, dass seine Rekruten sich ihm und seinen Offizieren nackt vorzustellen hätten.

In Frankreich wurden diese Methoden dann bis in die 60er Jahre hinein weiter angewendet. De Gaulle war schließlich das erste Staatsoberhaupt, das öffentlich Bedenken an dieser Praktik äußerte. Für ihn war es nicht schwer einzusehen, dass die Musterung in komplett nacktem Zustand entwürdigend ist und so wurde sie in dieser Form von ihm verboten. In Frankreich wurden Wehrpflichtige seitdem zwar weiterhin bis zur Aussetzung der Wehrpflicht ab Ende 2001 gemustert, aber ihre Unterhosen durften sie nun dabei anbehalten.

Auf deutschem Gebiet tauchte der Begriff "Musterung" ab der zweiten Hälfte des 15. Jahrhunderts zum ersten Mal auf. Vermutlich vom lateinischen Wort "monstrare" abgeleitet, bedeutet es auch soviel wie "zeigen". Dies hatte aber zu jener Zeit noch eine ganz andere Bedeutung als z.B. heute. Zwar wurden schon damals auf deutschen Gebieten von den Landesherren und Ständen Musterungen durchgeführt, bei denen ging es aber zunächst nur darum, die zum Dienst verpflichteten Adeligen, Bürger und Bauern zu zählen - nichts weiter. Es sollte sich ganz einfach ein Überblick darüber verschafft werden, wie viele Soldaten in einer Krise zur Verfügung stehen würden und wie gut sie ausgerüstet waren.

Von allen Männern die sich vorstellen mussten, wurde dann ein Drittel für die momentane Kampftruppe ausgewählt. Dazu ging man nach den Kriterien vor, wer zu den "geradesten, stärksten, tugendhaftesten und frömmsten" gehörte. Von Nacktheit und Erniedrigung konnte also so gesehen, noch keine Rede sein. Doch dies sollte sich so wie in Frankreich alsbald auch auf deutschem Gebiet ändern. Vor allem die Preußen wussten, wie man Untergebenen Gehorsamkeit beibringt.

Im Kaiserreich setzten sich deshalb das preußische gegen alle anderen deutschsprachigen Rekrutierungssysteme durch und die Praktik der Nacktmusterung wurde zur allgemeinen Regel erklärt. Man war sich also auch im deutsch sprachlichen Raum schon damals der psychologischen Wirkung dieses Vorgehens von Seiten der Befehlshaber sehr bewusst und dessen Effizienz war schließlich im Deutsch-Französischen Krieg 1870/71 bewiesen worden.

In den damaligen Dienstvorschriften, die sich bis heute nicht grundlegend geändert haben, hieß es: "Der Wehrpflichtige habe sich unter Wahrung des Schamgefühls in völlig entblößtem Zustand den Musterungsärzten vorzustellen." Dies bedeutet aber für die jungen Männer nichts anderes, dass es als ihre Pflicht angesehen wird, sich bei ihrer Musterung völlig zu entkleiden. Die Dienstvorschriften sagten jedoch zu keiner Zeit etwas darüber aus, wie dabei auf das individuelle Schamgefühl Rücksicht genommen werden sollte. So wurden sie früher eben so ausgelegt, dass es den Betroffenen zuzumuten wäre, sich in großen Gruppen vor den Augen mehrerer Ärzte, Militärangehörigen und Zivilpersonen untersuchen zu lassen. Ihre Intimsphäre wurde sogar noch dahingehend eingeschränkt, dass die Nachfolgenden die Untersuchung der Vorhergehenden mit ansehen konnten.

In der Weimarer Republik war die Wehrpflicht aufgrund der Bestimmungen des Versailler Vertrags 1919 abgeschafft worden, die

Musterung

Reichswehr war eine auf 100.000 Mann begrenzte Berufsarmee. Diese Armee entzog sich mit der Zeit dem Einfluss der Regierung und wurde zu einem "Staat im Staate", in dem sich republikfeindliche Kräfte, besonders des konservativ-nationalistischen und antisemitischen Milieus, sammelten.

Im Nationalsozialismus wurde die Wehrpflicht am 16. März 1935 wiedereingeführt und die obligatorische Musterung als Folge des Kriegsdienstes wurde ebenfalls in der die Intimsphäre verletzenden Form weiter praktiziert. Alles erfolgte im Einvernehmen mit den gleichgestellten Kreispolizeibehörden in sogenannten Wehrbezirken.

Für die Bundesrepublik Deutschland gesehen, sollten wir in Bezug auf die Wehrpflicht von einer Besonderheit sprechen. Aus den Erfahrungen des Nationalsozialismus mit allen seinen schrecklichen Auswüchsen wollte man die Konsequenzen ziehen.

Um die Menschenwürde für die Zukunft zu sichern, sah man die Demokratie als die einzige mögliche Form des staatlichen Zusammenlebens an. Außerdem sollte der Möglichkeit, Kriege zu führen, gänzlich ein Riegel vorgeschoben werden. Aus diesen Überlegungen heraus wurde dann der Rechtsstaat errichtet und mit dem Grundgesetz ein sogenannter Meilenstein deutscher Geschichte geschaffen. Das Grundgesetz in seiner ursprünglichen Fassung ist deshalb so erinnerungswürdig, weil es absolut war. Die totale Freiheit des einzelnen, sofern er sich nicht eines kriminellen Vergehens schuldig machen sollte, und die totale Entmilitarisierung sollten damit für alle Zeiten sichergestellt werden.

Dann hieß es aber doch nach nicht allzu langer Zeit: "Eine Demokratie braucht eine Armee, um ihre Freiheit bewahren zu können." 1956 wurde dann im Bundestag durch eine Zwei-Drittel Mehrheit das Grundgesetz durch die sogenannten Wehrartikel geändert. Vornehmlich ältere Männer entschieden damit über das Schicksal von Millionen junger männlicher Nachkommen und nahmen so direkt Einfluss auf ihr Leben. Dies sollte für alle zukünftigen Männer in der Bundesrepublik Deutschland aber nichts anderes bedeuten, dass mit der damit verbundenen allgemeinen Wehrpflicht wieder ihre Freiheit maßgeblich eingeschränkt werden konnte.

Für die ersten 100.000 jungen Männer, die nach dem 1. Juli 1937 geboren waren, begann daraufhin am 21. Januar 1957 die Musterung in den noch provisorisch dafür eingerichteten Kreiswehrersatzämtern. Besonders eilig hatte es die Wehrverwaltung in Baden-Württemberg, die schon drei Tage vorher in Herrenberg, im zum Kreiswehrersatzamt Leonberg umfunktionierten Gasthaus "Zur Sonne" die ersten Wehrpflichtigen zur Begutachtung vorlud. Aber das hatte natürlich auch einen Grund, denn durch diese Vorverlegung sollte den Leitern und Musterungsärzten der anderen Kreiswehrersatzämter im Wehrbereich V Gelegenheit gegeben werden, die Praxis des Musterungsverfahrens kennen zu lernen.

Wenig später am 1. April 1957 erhielten rund 10.000 der gemusterten jungen Männer schon ihren Einberufungsbescheid und mussten in verschiedene Kasernen einrücken. Mit der schön klingenden Umschreibung "Weiße Jahrgänge" versah man etwa zehn Geburts-jahrgänge, die weder erfasst noch gemustert wurden.

Musterung

"Eine gewisse Demütigung ist sicher auch dabei."

Bis zum heutigen Tag werden die Vorschriften der Zwangsrekrutierung und der Musterung, wie schon aus der Kaiserzeit bekannt, mit Abänderungen einfach übernommen. Die Untersuchungen für den Militärdienst finden in den sogenannten Kreiswehrersatzämtern, kurz KWEÄ genannt statt und sind heute durchweg Individualuntersuchungen. Ein bis heute beibehaltenes und nach den internen militärischen Dienstvorschriften sogar als von den Wehrpflichtigen zu duldendes grundlegendes Konzept bei den Musterungen besteht immer noch darin, sich zumindest einmal dabei völlig nackt vor anderen Menschen zeigen zu müssen,
Heutzutage widerfährt das den Männern nicht länger alleine unter ihren Geschlechtsgenossen, die das so auch einmal erlebt haben und weshalb es deshalb noch als eine Art Männerritual verstanden werden konnte, sondern jetzt werden sie Frauen als Inspektionsobjekte vorgeführt, mit allen daraus entstehenden Folgen für den einzelnen.

"Meine dritte und letzte Musterung war für mich auch überaus peinlich, da hier bei mir (wieder) sogar die Vorhaut und der Analbereich von einer Frau kontrolliert wurde. Dies ist für mich nichts anderes als sexueller Missbrauch, da diese Untersuchung staatlich gefordert wird, also eine Pflichtuntersuchung ist, der sich kein junger Mann entziehen kann und sie allein deshalb schon Zwangscharakter hat. Natürlich meint man dann als junger Mann, die Intimuntersuchung gehöre auch zu diesem Pflichtprogramm und traut sich deshalb nicht dagegen zu protestieren."

Serkan Ö.

So hat die Musterungspraxis unter dem Deckmantel einer einseitig verstandenen Ideologie der Gleichberechtigung der Frau, ohne auf die Einhaltung der Würde auch für Männer in Bezug auf den Schutz der Intimsphäre zu achten, zu perversen Folgen geführt. Denn für solche Menschen, die gewisse Ambitionen haben sich in ihrem Tätigkeitsbereich sadistischen Neigungen hinzugeben, ergeben sich durch diese Neuregelungen unendlich viele Möglichkeiten für straffreien Missbrauch. Es gibt immer Menschen, die so etwas gern für sich ausnutzen.

"Als ich als Arzthelferin im KWEA meine Tätigkeit aufnahm, war ich mir eigentlich nicht im Klaren darüber, was bei der Musterung

vor sich geht. Die ersten drei Jahre war ich einem Arzt zugeteilt-
und es passierte nichts! Das einzig aufregende ist, wenn ein junger
Mann in das Zimmer kommt und er nicht genau weiß, wie das
Ganze abläuft. Bei einigen kann man ihre Verunsicherung an ihren
Augen ablesen, wenn sie hereinkommen. Sie sehen mich und den-
ken oh je, da sitzt ja noch eine Frau. Andere überspielen ihre Un-
sicherheit, indem sie besonders cool auftreten möchten. Aber was
soll ich euch sagen, der Junge wurde immer hinter eine spanische
Wand geführt und ich bekam nur zu hören "Ziehen sie bitte ihre
Turnhose runter, husten sie mal und haben sie irgendwelche
Probleme"..., danach kam der Arzt mit dem Jungen wieder vor. Es
gab nichts zu sehen! Das einzig aufregende war höchstens meine
Phantasie.

Vor einem Jahr wechselte der Arzt und eine Ärztin (42) war nun mit
der Musterung beauftragt. Die Ärztin machte die Untersuchung in
meinem Blickfeld, so dass ich komplett alles sehen konnte. Aber das
war für mich nicht aufregend, sondern eher etwas peinlich. In der
ersten Zeit habe ich höchstens ab und zu mal hingeschaut, wenn der
Junge mich dann zufällig mal beim Hinschauen gesehen hat, habe
ich noch schnell weg geschaut. Heute schau ich bei der Untersuchung schon hin. Wenn der Junge gut gebaut ist, hat das auch einen gewissen Reiz.

Oft hatte es allerdings den Anschein, als hätte die Ärztin wohl den
gleichen Geschmack wie ich. Normalerweise ist die intime Untersuchung eine Sache von einer halben Minute. Es kann aber auch mal
2-5 Minuten dauern. Dabei kommt es bei mir manchmal schon zu
einem gewissen Machtgefühl. Die Jungs werden immerhin gesetz-

lich gezwungen, sich nackt zu zeigen. Ganz wenige verweigern diese Untersuchung.

"Ich frage mich auch, warum denen gerade die Geschlechtsorgane so wichtig sind. Bei der Einstellungsuntersuchung zum Zivi hat der Arzt noch einmal die Hoden abgetastet. Einen Sinn sehe ich darin nämlich überhaupt nicht. Um die Geschlechtsorgane sind die schon sehr besorgt."

Marcus Z.

Schon wenn der Junge in den Raum kommt wird er angeguckt, und man stellt sich schon manchmal vor, was da wohl so zum Vorschein kommt. Heute schau ich auch bewusst hin und denke manchmal bei den 17-22jährigen wie sie in der Schule und bei ihren Kumpels erzählen, was sie für tolle Männer sind und bei uns stehen die meisten durch ihre Nacktheit völlig verunsichert im Raum, und in den Gesichtern ist meistens die Hoffnung abzulesen, dass das Ganze doch bald vorbei sein möge. Durch die große Anzahl von Jungs mit großem und mit kleinem Penis, unterschiedlichster Formen der Hoden oder Polöcher (einige sind behaart, andere weniger), die man dann täglich zu Gesicht bekommt, verliert die Nacktheit jedoch etwas an Reiz. Der Reiz verlagert sich vielmehr auf die Demütigung der jungen Männer. Also, dass er sieht wie ich zusehe, wenn er die Hose hinunter lassen und sich dann bücken muss.

Am spannendsten finde ich immer den Augenblick, wenn die Ärztin sagt: "Drehen sie sich jetzt um, spreizen sie die Beine und ziehen mit beiden Händen die Pobacken ganz weit auseinander." Viele schauen erst einmal ungläubig und sind verdutzt. Der eine oder andere schaut auch schon mal zu mir herüber, als wollte er fragen "was, und die schaut dabei zu?" Und wenn der Penis sich dann versteift wenn der After untersucht wird und die Ärztin ausgiebig den Analbereich abtastet, wird der eine oder andere dann auch mal rot. Manchmal bekomme ich dann auch ein wenig Mitleid. Eine gewisse Demütigung ist sicher auch dabei. Aber die Vorschriften sind nun mal so."

Jeanette ist eine von denen, der es trotzdem ein bisschen unangenehm war, daran teilzunehmen. "Ich war Arztschreiberin im San-Bereich" schrieb sie in einem Internetforum. "Dort werden die Neuankömmlinge in ihrer ersten Woche nochmals untersucht wie bei der Musterung, darum passt es vielleicht zum Thread. Sie warteten

Zugweise (~50) auf dem Flur im Trainingsanzug. Zur ärztlichen Untersuchung mussten sie dann einzeln bis auf die Socken strippen, so dass man an manchen Tagen mehr als hundert Nackedeis vor Augen hatte. Die Ärztin hat sie dann da unten abgetastet und wollte bei so etwa jedem vierten sehen, ob die Vorhaut zurückgeht.

"War es wirklich nötig, mich mehreren demütigenden Nacktunter-suchungen sogar im Beisein weiblicher Schreibkräfte auszusetzen? Mir dadurch noch mehr die Freude am Leben zu nehmen, die ich als offensichtlich nicht gesunder Mensch vom Kleinkindalter an ohne-hin schon schwerer aufzubringen vermag."

Niclas E.

Die Ärztin war 32 und privat eigentlich eine ganz liebe, darum hat es mich immer gewundert, wie relativ unsensibel sie sich bei der Untersuchung verhielt. Ich empfand es jedenfalls immer als ziem-lich anstößige Situation, wenn bei einem erwachsenen Mann, der sicher schon mit seiner Freundin im Bett war, das Geschlechtsteil auf Funktion geprüft wird und er es sich quasi selber vor einer Frau dran machen musste. Es war immer ziemlich krass und irgendwo cracy, wenn sie so einen halben Meter vor einem standen und sich vor einem ihr Ding zwischen die Finger nahmen und sie dann ihr Lustorgan hervor pulen mussten und man es die ganze Zeit voll sehen konnte, während die Ärztin so 5 Sek. lang von links und rechts drauf schaute. Irgendwie hatte sie eine andere Vorstellung von Intimsphäre, sie untersuchte einfach strikt von oben nach unten und erst ganz zum Schluss Zehen und Fußsohlen.

Erst Jahre später wurde mir klar, dass diese Untersuchungen aus Sicht der Betroffenen ein wahrer Alptraum sein mussten, besonders bei der Vorhautkontrolle und für die mit etwas zierlicherer Ausstat-tung oder die Beschnittenen, bei denen man immer gleich alles zu sehen kriegte. Wirklich leid taten sie mir damals aber nicht, dafür ging alles einfach zu selbstverständlich und routiniert über die Bühne, dass man sich darüber gar keine größeren Gedanken machte. Das ist jetzt über 5 Jahre her. Dass so eine gründliche Untersuchung den allermeisten ziemlich unangenehm war, konnte man ihnen aber schon ansehen und ich versteh den Ärger oder die Ängste einiger."

Lust- und Machtgefühle für einige wenige, kann lebenslängliche Folgen für andere Menschen mit sich bringen. Der Staat nimmt das

Musterung

aber in Kauf. Wie wir später noch sehen werden, kümmert sich darum aber niemand. Eine Arzthelferin formulierte es einmal so: "Die Wehrpflicht für Männer steht doch in der Verfassung. Ich kann mir nicht vorstellen, dass es erlaubt ist sie so einfach fallen zu lassen. Das wäre doch verfassungsfeindlich und die Musterung ist vorgeschrieben und damit rechtens. Was soll daran falsch sein? Da werden die Leute ja nicht einfach so und ohne Grund hingebracht und zu irgendwas gezwungen. Vor der Ausbildung musste ich auch zum Arzt und konnte das nicht verweigern: sonst wäre ich jetzt arbeitslos. Und ohne Zwang wäre ich da auch nicht hingegangen. Alles ein bisschen arg viel wind hier..."

Hat diese Frau vergessen, dass es vor nicht allzu langer Zeit noch kein Wahlrecht für Frauen gab? So waren ja auch damals die Gesetze, könnte man sagen. Warum sollten sie damals verändert werden? Nun, weil die Welt sich verändert hat? Weil alle Menschen heute ein Recht auf die Beachtung ihrer Würde haben sollten? Weil heute alle vor dem Gesetz gleich sein sollten?

...Leider sehen sich Musterungsärztinnen und -ärzte bei ihrer verantwortungsvollen Untersuchungstätigkeit immer wieder mit ungerechtfertigten Anschuldigungen und Unterstellungen konfrontiert, die Ihnen sicherlich aus entsprechenden Internet-Foren bekannt sind. (Kursiv von mir)
  Sie werden daher Verständnis dafür haben, dass die Verwendung eines Sichtschutzes mit Blick darauf, Musterungsärztinnen und -ärzte vor ungerechtfertigten, zum Teil auch diffamierenden Anschuldigungen zu schützen, in jeder Hinsicht kontraproduktiv ist.
  ...
Von einer "Zurschaustellung" oder einer erniedrigenden Weise der im Rahmen der Musterungsuntersuchung dazu gehörigen Intimuntersuchung kann keinesfalls die Rede sein.

Aus der Antwort von Dr. Franz Josef Jung vom 14.08.2009
www.abgeordnetenwatch.de/dr_franz_josef_jung-650-
6066.html#questions

Lars G Petersson

Von besonderem Interesse

Worum geht es bei alledem eigentlich? Auch wenn es heute in Deutschland zumindest im zivilen Bereich tatsächlich zivilisierter zugeht, stellt sich mir doch die Frage, ob es sich hier nicht um etwas viel tiefer Gehendes handelt, als nur um ein Überbleibsel aus Kaiser Wilhelms Zeiten. Ein krankhaftes Interesse zur Entblößung der Genitalien unter Zwang, unter welchen Vorwänden auch immer.

Ich habe in meinem Leben bisher in fünf verschiedenen europäischen Ländern gelebt und gearbeitet. Fast immer war ich im Gesundheitswesen tätig, unter anderem auch in Deutschland. Wenn ich vergleiche, stoße ich hier jedes Mal auf diesen Punkt. Trotz aller Besserungen in der Vergangenheit, die ich aufgrund meiner Recherchen feststellen konnte; in Deutschland ist mir immer ein besonders ausgeprägtes Interesse am Genitalbereich bei medizinischen Untersuchungen aufgefallen, welches hierzu selbstverständlich auf Anordnung hin entblößt werden muss. "Sachliche" Gründe finden sich immer. Die Genitalien "müssen" regelmäßig kontrolliert werden (im zivilen Bereich wahrscheinlich mit Schwerpunkt auf den weiblichen Genitalbereich, wenn auch hier ohne gesetzlichen Zwang). Dabei wird auf das Schamgefühl des einzelnen Menschen in vielen Fällen wenig Rücksicht genommen. Ob es für alle diese Untersuchungen und die Art wie sie durchgeführt tatsächlich ausreichende sachliche und wissenschaftlich fundierte Gründe gibt oder auch nicht, scheint bisweilen nur eine untergeordnete Rolle zu spielen.

In diesem Prozess ist es ein Skandal, dass es unter dem medizinischen Personal Leute gibt, die sich über ihre Arbeit einen Auslauf zu schaffen, um ihren sexuellen Neigungen und/oder Bedürfnis nach Macht (z. B. nach Macht über das andere Geschlecht durch den Zugriff auf den Intimbereich) nach zu gehen.

Glücklicherweise gibt es aber auch einige, die mit der Situation, so wie sie ist überhaupt nicht zufrieden sind und etwas dagegen unternehmen. Es handelt sich dabei um eine größere medizinische Gesellschaft. Wir müssen uns ins Ausland begeben um sie zu finden, aber immerhin gibt es sie.

Das Problem Intimsphärenverletzung bei medizinischen Untersuchungen wurde vor ein paar Jahren in der Schweiz, genauer gesagt von der medizinischen Gesellschaft in Basel erkannt. Unter dem Aufruf "Keine Frau muss nackt vor dem Arzt stehen" wurde

Musterung

festgestellt, so wörtlich: "Das Ausmaß der sexuellen Übergriffe in Arztpraxen und Spitälern sei erschreckend." "Ziehen Sie auch BH und Slip aus", heißt es immer wieder beim Arzt. Dabei muss festgehalten werden, dass beides zugleich auszuziehen praktisch nie nötig ist."

"Was die Kontrolle meines Intimbereichs angeht, habe ich dabei die Befürchtung, dass ich dabei vielleicht eine Erektion bekommen könnte. Damit dann als erwachsener Mann vor einem Arzt, vielleicht sogar einer Ärztin zu stehen, stelle ich mir sehr peinlich vor."
.   Sven F.

Aus diesem Grund ruft die Gesellschaft dazu auf, unter den schwarzen Schafen, also unter den Ärzten in ihren eigenen Reihen aufzuräumen und diesen Übeltätern einen Riegel vorzuschieben. Man spricht sogar von "einer alarmierenden Situation."

Nein, natürlich muss keine Frau nackt vor einem Arzt stehen. Jetzt wird gesagt was bei einer Untersuchung angebracht ist. Es ist auch höchste Zeit. Denn glaubt man den Zahlen aus anonymen Umfragungen unter Ärzten, sind Übergriffe an der Tagesordnung, so die Gesellschaft. Manchmal wird die Nähe zu Patientinnen fast unmerklich ausgenutzt. Etwa dann, wenn sich eine Patientin für eine Untersuchung ausziehen soll - wie Claudia M. aus Bern.

"Wir waren allein im Sprechzimmer. Der Arzt sagte, ich solle mich entkleiden, also zog ich den Pullover aus," erinnert sie sich. Bis dahin habe für sie alles gestimmt. Dann aber habe der Arzt sie aufgefordert, auch den BH abzulegen. "Das irritierte mich, denn ich wollte ja eigentlich nur eine Erkältung abklären lassen." Frau M. zog den BH trotzdem aus. Der Arzt habe darauf ihre Lunge abgehört. "Zuerst saß ich ihm gegenüber, dann musste ich mich hinlegen." Sie habe sich unbehaglich gefühlt und darauf den Arzt gefragt, ob es überhaupt nötig sei, den BH abzulegen. Dieser habe geantwortet "es gehe nicht anders."

Nein so muss es nicht sein. In Arztpraxen und Kliniken sollen Patienten untersucht und behandelt werden, ohne sich so fühlen zu müssen, als ob sie die Rolle in einem sexuellen Doktorspielchen eingenommen hätten. Die Ärzte und Ärztinnen mit solchen Neigungen sollten besser irgendwo anders hingehen, um sich bestimmte Wünsche zu erfüllen. Es ist ja wirklich so und die Gesellschaft unterstreicht, dass man sehr wohl Herz und Lunge abhören kann, ohne dass der BH dabei als störend empfunden wird. "Nur bei Verdacht auf eine ernsthafte Herzkrankheit müssen Patientinnen dabei den BH ausziehen", sagen diese kritischen Ärzte übereinstimmend.

Aber dieser ärztliche Aufruf muss leider als Einzelfall betrachtet werden. Ärzte lernen ansonsten wenig was Feingefühl bedeutet. Es gibt vieles was darauf hinweist. Z.B. ist es bemerkenswert, dass es wegen dieser Probleme sogar eine Anlaufstelle für sexuell belästigte Patienten (Pabs) gibt. Es ist tatsächlich so und sie wird von dem Psychiater Werner Tschan geleitet. Er sagt: "Es ist wichtig, dass Patientinnen genau darüber aufgeklärt werden, wann BH und Slip ausgezogen werden müssen." Um diese Botschaft an die Bevölkerung und ihre Mediziner heranzutragen, hat die medizinische Gesellschaft in Basel Empfehlungen ausgearbeitet. Hoffentlich werden sie auch von jemand gelesen. Dabei kann man aber nicht von etwas Selbstverständlichem ausgehen. Es sieht ja leider so aus, als ob das Interesse nicht gerade überwältigend ist.

Und das, obwohl die Berufsordnung der Ärztinnen und Ärzte durchaus Gesetze zum Schutz der Intimsphäre und Menschenwürde der Patientinnen und Patienten kennt und sogar ein entsprechendes Gelöbnis dem Regelwerk vorangestellt hat. Trotzdem bestimmt jeder Arzt selbst wie, wann und wo sich Patienten ausziehen haben. Normalerweise sollte da ja auch kein Problem bestehen und der gesunde Menschenverstand ausreichen, um eine Intimuntersuchung mit Anstand und Würde durchzuführen. Dennoch scheint es in der täglichen Praxis oftmals eine unterschiedliche Sichtweise und Wahrnehmung zwischen Arzt und Patient darüber zu geben. Missverständnisse, oftmals unausgesprochen, sind so vorprogrammiert.

Die Ärzte müssen nicht lernen, was Patienten als sexuelle Belästigung oder als Übergriff interpretieren könnten. Die Ärzteberufsorganisation FMH "hat nie angeregt, dieses Thema in die berufliche Weiterbildung zu integrieren", räumt darüber hinaus deren Sprecher Reto Steiner deutlich ein. Die Teilnahme an entsprechenden Seminaren erfolgt freiwillig und kostet Zeit und Geld. Hier ist zur Zeit eine gute Portion Idealismus Angehöriger dieser Berufsgruppen gefragt.

Die Haltung des Arztes oder der Ärztin überträgt sich oft auch auf den Umgang des ärztlichen Assistenzpersonals mit den Patienten. Es ist klar, richtiges Verhalten beginnt schon vor der Behandlung. "Oft wünscht das Praxispersonal, dass man ausgezogen auf den Arzt wartet. Dies sollte man ablehnen", rät der Allgemeinmediziner Pierre Périat aus Riehen BS. "Im Sprechzimmer sitzt man dem Arzt zuerst immer vollständig bekleidet gegenüber. 90 Prozent der Diagnose lassen sich durch die Krankheitsgeschichte und das Gespräch mit dem Hausarzt stellen." Für eine Patientin sei zudem nie erforderlich ganz nackt sein zu müssen, auch nicht auf dem gynäkologischen Stuhl. "Sie ist immer entweder oben oder unten angezogen. Alles andere ist unkorrekt." Gleiches gilt beim Urologen. Werner Tschan rät, anzügliche Bemerkungen sofort zurückzuweisen. "Vorsätzlich handelnde Ärzte picken sich vornehmlich Patientinnen heraus, die sich gegen lüsterne Blicke nicht wehren, unsicher reagieren oder sich manipulieren lassen." Wichtig sei deshalb, dass man eine Untersuchung stoppe, wenn man sich nicht wohl fühle oder die Stimmung anzüglich werde.

Diese Problematik ist offenbar viel größer, als gemeinhin angenommen. Um hier klare Verhältnisse zu schaffen, haben Ärzte der medizinischen Gesellschaft Basel genau festgelegt, bei welcher Untersuchung die Patientin was auszuziehen hat. Wichtig: "bei einer Routineuntersuchung sollte der Arzt Sie immer vorher fragen, ob er die Genitalien untersuchen soll."

Dies klingt auch alles gut, aber man sorgt sich wie es den Anschein hat nur um die Frauen. Selbstverständlich dürfen junge Männer auch weiterhin entwürdigt werden, oder so scheint es zu sein. Natürlich alles im Namen der "Vorsorge". Natürlich auch unter Zwang. Was denken Sie, werden die Männer in den nachfolgenden Beispielen je wieder freiwillig zu einem Arzt gehen?

"Meine Musterung liegt auch schon 20 Jahre zurück. Auch ich musste mir an die Eier fassen lassen. Ein Jahr darauf erhielt ich die Vorladung zu einer Nachmusterung, und dann lief es folgendermaßen ab: Ich musste mich bis auf die Unterhose ausziehen, weil der Arzt mich ansehen wollte. Er hat nur geschaut, mich aber nicht berührt. Schließlich forderte er mich dazu auf die Hose fallen zu lassen und mein Glied anzuheben. So musste ich mich dann begutachten lassen. Ich glaube, der Arzt war wirklich nur daran interessiert mich anzusehen und mich zu erniedrigen. Denn was sollte das sonst? Mit einer professionellen ärztlichen Untersuchung, hatte das doch wirklich nichts mehr zu tun, oder?"

Oliver M.

Musterungserlebnisse von Jürgen

"Als Soldat soll man die Freiheit des Landes und seiner Bewohner sichern" sagte Jürgen sofort nachdem wir uns gegenzeitig vorgestellt hatten. "Selbst ist man ja auch ein Mitglied dieser Gesellschaft und man sollte seine Freiheit genießen können, so wie man es selbst auch möchte. So ist es aber nicht. Sofort wenn jemand erwachsen wird, egal ob Krieg oder Frieden, ist er ja überhaupt nicht mehr frei. Er wird unter Zwang gestellt und benutzt. Missbraucht will ich es lieber nennen.

Ich möchte hier von meinen Erfahrungen berichten, so wie sie sich mir eingeprägt haben. Im Jahr 1999 wurde bei mir schon mit siebzehn Jahren die Musterung durchgeführt. Von anderen hörte ich darüber schon so manche schlimme Geschichten. Dort müsse man sich ganz nackt ausziehen und es würden einem dann die Geschlechtsorgane genau untersucht. Man müsse sich auch nackt vorbeugen und der Arzt würde einem dann den Hintern antasten. Auch aus Büchern aus früherer Zeit konnte ich sehen, dass an diesen Geschichten etwas dran sein musste. Aber ich wollte das nicht so recht glauben. Trotzdem fuhr ich dann mit einer gehörigen Portion Angst im Bauch zur Musterung.

Die Anmeldung und die anderen Untersuchungen wie Hörtest, Sehtest, überspringe ich jetzt mal und komme direkt zur ersten ärztlichen Untersuchung. Von einer Ärztin wurde ich zunächst in einen ersten Untersuchungsraum gerufen. Ich wurde von ihr aufgefordert mich bis auf die Unterhose auszuziehen. In dem Raum saßen auch zwei weibliche Schreibkräfte. Deshalb war es mir schon etwas peinlich, mich vor diesen Frauen ausziehen zu müssen. Um meine Sachen abzulegen, stand dort lediglich ein Stuhl bereit. Die Ärztin prüfte dann meinen Rücken auf Haltungsschäden. Danach wurden

Musterung

Arme und Beine von ihr genau angeschaut. Das Ganze dauerte aber nicht lange und ich durfte mich dann wieder anziehen.

Dann musste ich in einem anderen Zimmer eine Urin Probe abgeben. Danach hieß es erst einmal warten. Ich hatte schon Bammel davor, was noch kommen könnte. Jetzt würde es sich herausstellen, ob die Geschichten die ich gehört hatte der Wahrheit entsprachen.

Wieder von einer anderen Ärztin wurde ich ins letzte Untersuchungszimmer gerufen. Dabei wäre mir ein männlicher Arzt schon lieber gewesen. Drinnen saßen nun aber keine zwei weiblichen Schreibkräfte, sondern nur eine. Ich konnte jetzt nur noch an die mir wohl noch bevorstehende Genitaluntersuchung denken. Im anderen Zimmer hatte es keinen Sichtschutz gegeben, deshalb blickte ich umher, ob denn wenigstens in diesem Zimmer einer da wäre. Oder sollte uns etwa die Schreibkraft bei der Untersuchung zuschauen dürfen. In einer Ecke des Zimmers konnte ich einen Sichtschutz entdecken und war etwas erleichtert.

Die Ärztin stellte mir dann ein paar Fragen bezüglich meiner Gesundheit, nach Kinderkrankheiten, Familienkrankheiten und ähnlichem. Mit dem Finger zeigte sie dann in die Richtung wo der Sichtschutz stand. Hinter dem sollte ich mich dann ganz ausziehen und dann wieder hervorkommen und mich auf die Waage stellen. Jetzt war es also so weit. Gleich musste ich mich nackt vor diesen zwei Frauen zeigen, wovon die eine höchstens Mitte zwanzig war. Ich kann mir schon vorstellen, dass dies zumindest der jüngeren Frau Vergnügen bereitete, wenn sie den ganzen Tag nackte junge Männer ansehen durfte. Noch peinlicher war mir dabei, dass sich bei mir allein schon durch die Vorstellung hier gleich ohne Kleidung zu stehen etwas in meiner Hose regte.

Als ich dann hinter dem Sichtschutz stand und mich auszog, konnte ich eine leichte Erektion nicht unterdrücken. Ich begann sehr nervös zu werden. Die beiden Frauen würden bestimmt gleich auf mein Ding schauen, wenn ich jetzt vor ihnen herlaufe, dachte ich bei mir. "Kommen Sie bitte", sagte die Ärztin. Ich muss einen hochroten Kopf gehabt haben, als ich schnell zur Waage lief. Ich konnte sehen, wie die Schreibkraft genau auf mein Ding blickte und sich ein Grinsen nicht verkneifen konnte. Noch peinlicher hätte es für mich nicht sein können. Am liebsten wäre ich im Erdboden versunken. Die Ärztin beachtete die Größenzunahme meines Glieds aber nicht weiter und tat so, als ob nichts wäre. Ich wurde gewogen und musste mich dann mit dem Rücken an eine Messlatte stellen. Die Schreibkraft notierte jeweils, was die Ärztin ihr sagte und schaute dann wieder zu uns herüber.

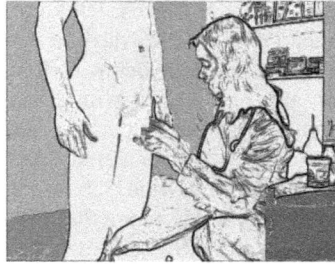

Dann musste ich mich gerade hinstellen und die Ärztin ging dann vor mir in die Hocke. Sie sagte zu mir so etwas wie "ich muss nun ihre Genitalien untersuchen". An den genauen Wortlaut kann ich mich nicht mehr erinnern. Aber das uns die Schreibkraft dabei fast die ganze Zeit beobachtete, das wird mir nie mehr aus dem Kopf gehen. Zwar starrte die Schreibkraft mich nicht direkt an, aber sie schaute mehrmals interessiert in unsere Richtung. Ich fand das regelrecht demütigend. Überhaupt das da noch eine Schreibkraft mit im Raum ist, dazu noch eine weibliche, die bei solch wirklichen intimen Untersuchungen zuschauen darf.

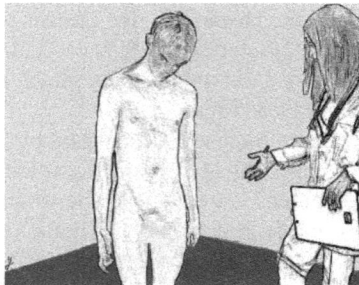

Auf meine Intimsphäre wurde keinerlei Rücksicht genommen. Warum dazu nicht der Sichtschutz benutzt worden ist, ist mir auch schleierhaft. Außerdem fand ich die Blicke der Schreibkraft auch so ziemlich dreist. Sie versuchte erst gar nicht, mir meine Intimsphäre zu lassen. Ebenso wenig wie die Ärztin selbst, die mir sehr gefühllos erschien. Sie war durch die vielen ähnlichen Untersuchungen an

anderen Männern anscheinend schon abgestumpft. Demgegenüber
schien der Schreibkraft ihre Arbeit sichtlich Freude zu machen.
Besonders ihre Blicke fand ich zutiefst erniedrigend.

Ich war so auf die Schreibkraft fixiert, dass ich die Untersuchung
der Ärztin kaum noch mitbekam. Bis zu dem Moment wo sie dann
sagte, ich solle mich nun umdrehen, mich bücken und die Pobacken
mit den Händen spreizen. Zwar merkte ich wie mir das Blut in den
Kopf schoss, aber ich traute mich nicht dagegen zu protestieren.
Also drehte ich mich mit dem Rücken zu der Ärztin und bückte
mich. Nun brauchte ich wenigstens nicht mehr in die Gesichter der
Frauen zu blicken. Das war schon fast eine Erleichterung.

Dann hörte ich am Schluss die Ärztin nur sagen, "Sie können sich
wieder anziehen und dann bitte draußen warten". Schnell ver-
schwand ich wieder hinter dem Sichtschutz, zog mich schnell an,
ging aus dem Zimmer hinaus und war froh als die Tür hinter mir
zufiel. Die Geschichten die ich gehört und gelesen hatte, waren also
alle war. Richtig krass fand ich das. Wenn ich daran denke, schäme
ich mich noch heute dafür, ganz nackt vor diesen Frauen gestanden
zu haben.

Andere junge Leute, habe ich zwar schon mal über die Musterung
sprechen hören, aber eigentlich nie über die Intimuntersuchung dabei. Daraus glaube ich zu ersehen, dass es für viele heute noch ein
Problem ist sich dort nackt zeigen und untersuchen lassen zu müssen. Der Staat und die Gesellschaft heute will den Menschen nur
einreden, dass Nacktheit und Intimuntersuchungen heutzutage bei
Ärzten etwas ganz normales sind. So sollen sie bestimmt auch die
Scheu vor den vielen Vorsorgeuntersuchungen verlieren. Aber
Menschen sind keine Holzstücke oder nur Körper und die Psyche ist
sehr leicht verletzbar. Ich bin jetzt noch jung und ich glaube, das
alles gut verkraftet zu haben. Aber ganz sicher bin ich mir nicht, ob
ich damit immer zurecht kommen werde.

So ungefähr wusste ich schon was bei der Musterung auf mich
zukam. Ich kann nicht sagen, dass ich überrumpelt worden bin. Ich
hatte auch ein wenig Angst. Angst für tauglich befunden zu werden.
So wird es auch bestimmt vielen anderen dort gehen. Viele Jugendlichen heute haben eigentlich ein sehr großes Mundwerk. Viele tun
so, als wären sie sehr dreist und frech. Aber ich glaube, wenn sie
dann nackt vor den Ärzten und dem Begleitpersonal stehen müssen,
werden sie ganz kleinlaut.

Bei meiner Musterung waren auch ein paar sehr stattliche, kräftige junge Männer darunter, als wir im Wartezimmer saßen. Auch die haben bestimmt alles mit sich machen lassen. Was mich heute noch wundert. Wahrscheinlich hatten sie wie ich auch Angst vor den Beamten, den Ärzten im Kreiswehrersatzamt. Dadurch lastete ein großer Druck auf den jungen Männern und vielleicht lässt man deshalb alles mit sich machen. Aber viele Männer wollen bestimmt auch nicht als Waschlappen angesehen werden und verschweigen die persönlichen Gefühle dabei. So ein wenig denke ich auch so.

Diesen Bericht hier habe ich Ihnen mehr oder weniger anonym gegeben." endete Jürgen seine Erzählung. "Wir werden uns ja bestimmt nie wiedersehen. Deshalb, und nur deshalb, konnte ich so über meine Gefühle öffentlich sprechen. Man schämt sich ja selbst, obwohl man nichts Schlimmes gemacht hat. Wenn ich nun offen meine Meinung sage, so wie hier, dann hoffe ich damit vielleicht anderen jungen Männern eine Hilfe sein zu können. Sie sollen sich mehr zutrauen als ich und den Mund aufmachen, wenn sie etwas mit sich machen lassen sollen, was sie gar nicht wollen."

"Bestimmte Organe vor den Damen freizulegen ist schon peinlich. Das Peinlichste ist aber immer noch, wenn sich die untersuchten Teile dann langsam und allmählich unkontrolliert verselbständigen. Das ist jedoch nur für einen peinlich und für die anderen eher amüsant."

Guido Q.

Musterung

Peter bricht sein Schweigen

Ich traf mich letztes Jahr mit Peter B. eines späten Nachmittags in einer Gaststätte in der Nähe des Hamburger Hauptbahnhofs. Wir hatten uns über das Internet kennen gelernt und jetzt wollte er persönlich mit mir sprechen.

Obwohl ihm dieser Schritt aus der Anonymität etwas Unbehagen bereitete, hatte er trotzdem nach wochenlangen Überlegungen endlich den Mut aufgebracht, seine Erlebnisse nun endlich auch in Worte zu fassen. Lange Zeit hatten ihn seine Erlebnisse geplagt. Warum hatte man, sein eigenes Land, ihm so etwas angetan? Jetzt wollte er mir seine Geschichte erzählen. Vielleicht so dachte er, könnte er dadurch anderen jungen Menschen helfen.

"Von meiner Musterung ist mir am meisten die Intimuntersuchung im Gedächtnis geblieben", begann Peter zögerlich. "Sie fand aber hinter einem Paravent statt. Am Schreibtisch bei seiner Helferin hatte der Arzt sich schon eingehend nach meiner Krankheitsgeschichte erkundigt. Hierbei ist mir die Frage nach etwaigen Geschlechtskrankheiten noch gut in Erinnerung, weil ich auf eine solche Frage nicht gefasst war. Mit Mädchen hatte ich bis dahin noch nichts gehabt und schaute deshalb den Arzt bestimmt etwas verblüfft an. Meine Antwort war deshalb ein ausdrückliches Nein. Ob ich Beschwerden beim Wasserlassen hätte oder Probleme mit Hämorrhoiden hätte, wollte er auch wissen. Seine Frage, ob sich meine Vorhaut zurückziehen lässt, fand ich sehr beschämend in der Gegenwart seiner Helferin. Aber ich sagte ihm, dass ich damit keine Schwierigkeiten hätte. Die Fragerei wurde dann beendet mit Auskünften über Erbkrankheiten in meiner Familie und ob ich sonstige Beschwerden hätte.

Dann meinte er: "So, jetzt wollen wir mal sehen", und mit diesen Worten führte er mich hinter den Schirm. Dort sollte ich dann meine Hose bis zu den Knien hinunter ziehen. Er schaute aber zunächst nur und hielt dann seine Hand unter meine Hoden. Nachdem er mich aufgefordert hatte zweimal zu Husten, konnte ich meine Hose wieder hochziehen. Das Ganze hat höchstens 30 Sekunden gedauert. Dass seine Helferin nicht dabei zusehen konnte, war mir schon ganz angenehm. Es hätte mich deshalb gestört, weil sie gar nicht schlecht aussah. Womöglich hätte ich dann sogar bei der Untersuchung einen Steifen bekommen.

Ich habe mich dann für den Zivildienst entschieden. Die Einstellungsuntersuchung dafür fand im Gesundheitsamt statt. Hier war es ein wenig anders. Die Fragen nach Krankheiten wurden gestellt und die Blutabnahme wurde gemacht, als ich noch ganz angezogen war. Erst zur anschließenden Untersuchung musste ich mich hier aber ganz nackt ausziehen. Damit hatte ich nun überhaupt nicht gerechnet. Mir war das sehr peinlich, weil hier neben der Ärztin auch noch eine junge Arzthelferin anwesend war. Von der Ärztin wurde ich dann wie bei der Musterung untersucht. Ziemlich lange hat sie meinen Rücken abgeklopft und meine Füße untersucht. Ohne Ankündigung hat sie mir dann, während ich vor ihr stand, meine Vorhaut zurückgezogen.

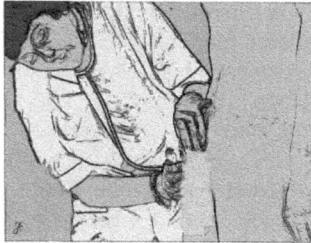

Dabei fasste sie fest zu und es spannte ein wenig. Es war mir damals schon sehr unangenehm, so vor diesen beiden Frauen zu stehen. Schließlich hat sie noch meine Hoden gründlich abgetastet, bestimmt gut eine halbe Minute lang. Am Schluss musste ich mich dann noch einmal mit dem Rücken zu ihnen hinstellen und mich nach vorne tief hinunterbeugen. Dann hat sie noch meine Pofalte auseinander gezogen. Das war mir auch sehr peinlich, denn das hatte vorher noch nie jemand mit mir gemacht. Ich konnte richtig fühlen, wie mir das Blut in den Kopf schoss und ich im Gesicht bestimmt ganz rot anlief. Dann durfte ich mich wieder anziehen."

Als ich Peters Geschichte vernahm, fiel mir auf wie ähnlich sie inhaltlich war im Vergleich zu allen anderen die ich bisher gehört hatte. Einen Tag zuvor hatte mir jemand anders seinen Bericht am Telefon erzählt. Horst, so war sein Name, lehnte es aber ab sich mit mir persönlich zu treffen. Die Scham über das was er hatte durchmachen müssen, war einfach zu groß. Aber am Telefon erklärte er sich schließlich nach gutem Zureden doch dazu bereit von seinen Erlebnissen zu erzählen.

Musterung

"Meine Musterung habe ich in sehr schlechter Erinnerung", war sein erster Satz in diesem Gespräch. Aber damit war das Eis dann gebrochen und es sprudelte nur so aus ihm hervor. Somit war schnell klar, dass dieser Mann lange darauf gewartet hatte jemand zu finden, der sich seine Geschichte anhören wollte und bei dem er sich auch sicher sein konnte, einen ernsthaften Zuhörer gefunden zu haben.

So reiht sich ein Erlebnisbericht an den nächsten. Über Email schrieb mir jemand mit Namen Hermann folgendes. "Wir waren dort zu zehnt in einem Umkleideraum, wo uns gesagt wurde, dass wir uns ganz ausziehen sollen auch unsere Unterwäsche und nur eine Badehose und Schuhe anziehen. Wir sind dann einzeln zu den Untersuchungen rein. Im Untersuchungsraum waren zwei Tische gegeneinander gestellt, links saß eine Gehilfin am Computer, rechts setzte sich später der Arzt. Anfangs verlief die Untersuchung wie erwartet, er hat einen halt abgehört und sonst noch den ganzen Kram, dann hat er sich wieder hingesetzt und ich hab schon gedacht toll schon fertig. Der Arzt hat dann aber gesagt ich soll die Hose bis zum Knie runterziehen und sich Handschuhe übergezogen und ist wieder aufgestanden. Er stand dann zwischen mir und der Helferin, als ich die Hose runtergezogen hab so quasi als Sichtschutz. Mir war klar was nun kommen würde und war drum nicht so geschockt als er anfing an den Klöten rumzufühlen.

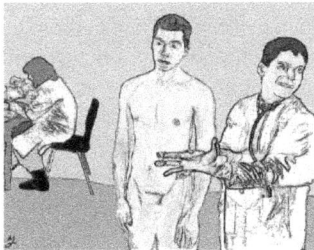

Als er fertig war, wollte ich mich wieder anziehen aber er hat dann gemeint drehen sie sich mal um und beugen sie sich nach vorn. Ich habe es dann gemacht und so nach ein zwei Sekunden hat er dann gemeint, dass ich mich jetzt wieder umdrehen soll. Da erst hab ich gemerkt, dass er schon wieder auf seinem Stuhl saß und somit die Helferin von hinten rüberschauen konnte. Mir wurde richtig schwindlig. Ich wollte mir die Hose gleich wieder hochziehen, er hat aber gesagt noch unten lassen und ich hab mich dann so schräg vor ihn hingestellt dass mich die Helferin nur so von hinten sehen sollte. Dann die Sache mit der ich überhaupt nicht gerechnet hätte und die mich wie ein Blitz getroffen hat und heut noch ärgert, als er gefragt hat ob ich die vorhaut ganz nach hinten schieben könne und das sehen wollte, da wäre ich am liebsten aus dem Zimmer gerannt.

Es ist kaum zu beschreiben wie es ist und wie man sich da fühlt dafür gibt es echt keine Worte, wenn man da so dasteht und vor Leuten, die man vor 10 min noch nicht mal kannte sich so zeigen muss und sich dazu überwinden muss so was vor denen dran zu machen. Die Aktion hat zwar nur so 3 Sekunden gedauert aber das sind da echt Ewigkeiten. Man kann ja meinen selber schuld, alles freiwillig mitgemacht. Aber die Situation ist einem ja völlig ungewohnt und man weiß nicht wie man reagieren soll und was man mit sich machen lassen muss und ist deswegen auch irgendwie überfordert und verpasst leicht die Möglichkeit oder vergisst oder ist nicht schlagfertig genug wie auch immer, dass man auch nein sagen könnte ohne sich komplett lächerlich zu machen.

Dass da so untersucht wird, finde ich nicht richtig. Denen muss doch klar sein, wie peinlich das einem ist. Ich meine bei solchen Untersuchungen, sollte niemand anderes im Raum sein dürfen, vor allem wenn so etwas eine Pflichtveranstaltung ist. Und wer das vorher weiß und den Mumm dazu hat, der sollte das alles am besten gar nicht erst mitmachen."

"Als mein Bruder mir eines Tages davon erzählte, war ich schockiert. Ich hatte ja keine Ahnung, was dort gemacht wird. Dachte immer nur, die jungen Männer würden medizinisch daraufhin überprüft, ob sie für den Dienst auch körperlich fit genug sind. Aber doch nicht so etwas. Das ist ja pervers. Wenn mein Bruder nicht so viel Vertrauen zu mir haben würde, dann glaube ich, hätte er es nie jemandem erzählt. Jetzt verstehe ich ihn, was bestimmte Sachen anbetrifft, um einiges besser."

Martina N.

Boris M. erging es ähnlich. Seltsam fand er allerdings, wie so viele andere auch, dass dabei außer dem Arzt noch zwei Helferinnen im Raum anwesend waren.

"Das verstehe ich eigentlich bis heute nicht, warum ich da vor weiblichen Zuschauern intim untersucht worden bin. Sind eben alles Perverse beim Bund, denke ich noch heute bei mir. Zunächst sollte

Musterung

ich mich auch nur bis auf die Unterhose ausziehen und jeweils zehn Liegestütze und zwanzig Kniebeugen machen. Danach wurde dann der Puls gemessen. Kurz darauf musste ich mich dann gerade hinstellen, wobei dann der Arzt eine Wirbelsäulenfehlstellung erkannte. Und jetzt kam es: Ich sollte mich auf ein Kreuz am Boden stellen, mit dem Rücken zu den Frauen. Wofür ich dazu extra auf diesem besonderen Platz stehen musste, fragte ich mich zwar, aber ich kam nicht weiter dazu mir darüber Gedanken zu machen.

Nun meinte der Arzt, der sich inzwischen einen Gummihandschuh angezogen hatte: "Ziehen sie die Unterhose aus und heben sie ihr Glied." Es war mir schon ein wenig komisch zumute, da sich immerhin noch zwei Frauen im Raum befanden, die mich jetzt nur von hinten sehen konnten, aber immerhin bestimmt ihr Vergnügen dabei gehabt haben. Zumal sie nicht viel älter als so bis Mitte zwanzig waren. Ich überlegte kurz und sagte dem Arzt, dass ich die Hodenuntersuchung verweigern wolle. Worauf er ein wenig böse wurde und mir mit dem Gesetz drohte und das dies sogar finanzielle Folgen für mich haben könne. Reich war ich ja nicht gerade und meine Eltern meckern auch immer, wenn ich sie mal um Geld frage. Aber soweit dachte ich in diesem Moment eigentlich überhaupt nicht, sah nur den Arzt vor mir stehen, der mich eindringlich ansah. Durch seine Drohung eingeschüchtert, habe ich dann doch die Unterhose ausgezogen. Ich dachte nur bei mir, dieser Arsch.

Jetzt wurde es ganz peinlich für mich. Denn ich hatte die Sache mit dem Glied nicht richtig verstanden und der Arzt hätte gemeint, ich solle mein Knie heben. Da stand ich also dann nackt auf einem Bein und der Arzt hat erst mal laut gelacht mit seinen Mädels. So wurde ich also dort sogar noch zum Clown gemacht. Was für eine Demütigung. Dann schaute sich der Arzt meinen Sack an und fühlte auch mal genauer hin und das war es dann. Erst im Nachhinein wurde mir dann richtig bewusst, wie das vor den zwei Frauen gewirkt haben musste. Und was der Zweck dabei sein soll, weiß ich nicht. Na jedenfalls was mir immer am eindringlichsten in Erinnerung bleiben wird, war sich dort vor den zwei Frauen nackt ausziehen zu müssen und sich an den Sack greifen zu lassen. Und natürlich noch die Drohung des Arztes."

Lars G Petersson

Musterung von Achim

"Weil ich beim ersten Mal auf Antrag zurückgestellt wurde, musste
ich zu zwei Musterungen erscheinen. Ich möchte kurz davon berichten, wie es mir dabei ergangen ist. Erstes Mal: Nach der üblichen
Feststellung der Personalien, sollten wir uns in einem Umkleideraum bis auf die Sport- oder Badehosen und unsere mitgebrachten
Turnschuhe ausziehen. Es gab da Schließfächer zum Aufbewahren
unserer Kleidung. Zehn junge Kerle fingen also an, sich in dem
kleinen Raum umzuziehen. Davon hatten gut die Hälfte ihre Sport-
hosen bereits an. Die anderen zogen ihre erst hier an. Dabei wurdne
die ersten Blicke getauscht und manches schüchternes Grinsen war
zu sehen.

Einen Teil der Musterung hatte ich schon hinter mir und ich saß
dann mit den anderen in einer Art Wartezimmer. Manchmal lief jemand über den Flur. Fast jeder der vorbei ging, warf einen kurzen
Blick zu uns hinüber. Da wir alle so gut wie nackt im Zimmer saßen, war das schon ein komisches Gefühl. Die Zeit verging unheimlich langsam.

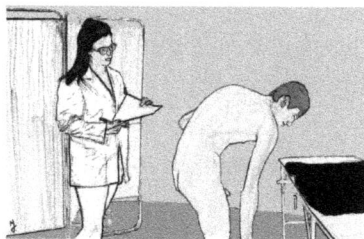

Beim Aufrufen der anderen hatte ich schon gesehen, dass es eine
Ärztin war, die uns untersuchte. Irgendwann wurde ich dann von der
Ärztin aufgerufen. Ich folgte ihr in das Untersuchungszimmer.
Schätzungsweise 20 qm maß der Raum, war damit also relativ groß.
In der Ecke gegenüber der Tür stand ein Schreibtisch, an dem eine
Arzthelferin saß. Gleich links neben der Tür war eine Trennwand
und wiederum in einer anderen Ecke rechts von mir gab es eine
Liege.

Von der Arzthelferin am Schreibtisch hörte ich die ganze Zeit kein
Wort. Sie hat nur mitgeschrieben und notiert, was die Ärztin ihr
sagte. Sie war ziemlich jung wie ich sehen konnte. Aber im weiteren
Verlauf der Untersuchung habe ich dann kaum auf sie geachtet. Die

152

Musterung

Ärztin selbst war auch sehr jung, ich schätze mal so Anfang dreißig. Dabei sah sie noch relativ gut aus und ich hatte Sorge gleich einen Ständer zu bekommen. Namentlich vorgestellt hat sie sich bei mir aber nicht.

"...Natürlich ist es einigen peinlich, wenn sie die Hose runterlassen müssen, und es Kursieren immer noch wilde Gerüchte über die Untersuchung. Aber die meisten jungen Männer nehmen es wohl oder übel gelassen. *Ich habe sogar die Erfahrung gemacht, dass Einige froh darüber sind, von einer Ärztin und nicht von einem Arzt untersucht zu werden.*"

www.karriere.de/beruf/ arbeiten-bei-der-bundeswehr-8315/5 - *67k* - <u>Cached</u>

Ohne Umschweife forderte sie mich dann auf hinter die Trennwand zu gehen und mich auszuziehen. Dies tat ich dann auch und trat dann wieder hinter der schützenden Wand hervor. Völlig verschämt und nackt stand ich dann da und hoffte insgeheim, dass alles ganz schnell ginge. Auf einer anderen Station war ich schon nackt gewogen worden. Ich kannte das Vorgehen also schon. Nun sollte ich ein paar Mal im Raum auf und ab gehen, wobei die Ärztin wohl meine Körperhaltung beobachtete. Natürlich hätte sie dabei auch mehr an mir beobachten können. Ich vermied es aber, sie dabei anzusehen. Dann stellte sie sich hinter mich und tastete meine Wirbelsäule ab. Dann das ganze von vorne. Dabei sagte sie, ich hätte eine Trichterbrust. Am Oberkörper fiel ihr auch eine Hautreizung auf und bat ihre Helferin das zu notieren.

Kurz darauf hockte sie sich vor mich hin und griff mir direkt an meine Hoden. Schon während der ganzen Zeit hatte sie einen Gummihandschuh getragen. Sie forderte mich dann auf, zweimal zu husten. Dann sollte ich meine Vorhaut zurück ziehen. Als ich das ein wenig zögerlich machte, meinte sie zu mir: "So weit zurück wie es geht." Als sie dann kurz auf meine Eichel schaute, bin ich bestimmt ganz rot im Gesicht geworden, denn mir wurde ganz heiß. Aber zum Glück bekam ich keinen Ständer. Das lag bestimmt an der Aufregung. Dann sollte ich mich umdrehen, mich bücken und meine Pobacken mit den Händen spreizen. Sie hat dann bestimmt 30 Sekunden mit einer kleinen Lampe herumgeleuchtet und meinte dann nur, es wäre alles in Ordnung.

Dann musste ich mich auf die Liege in der Ecke legen. Da hat sie mir dann Puls und Blutdruck gemessen. Nach 20 Kniebeugen musste ich mich dann wieder auf die Liege legen und wiederum wurde mein Puls und mein Blutdruck gemessen. Warum ich dann hierbei auch noch die ganze Zeit nackt sein musste, habe ich nie verstanden. Dann hat sie ungefähr eine Minute gewartet. Diese Wartezeit kam mir unendlich lang vor. Mein Blutdruck wäre ziemlich hoch sagte sie und wollte anscheinend warten bis er sich regeneriert hätte. Schließlich maß sie noch einmal die Werte und meinte zu mir, ob ich aufgeregt wäre. Ein wenig schon, sagte ich ihr. Dann durfte ich mich wieder anziehen und zur nächsten Station gehen. Wie erwartet wurde ich dann für ein Jahr zurückgestellt.

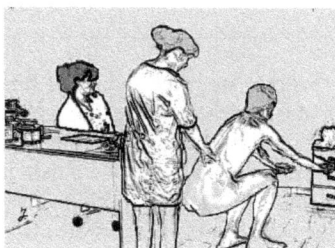

Was diese zweite Musterung angeht, möchte ich nur noch ganz kurz auf die Intimuntersuchung eingehen. Bei der Hauptuntersuchung waren drei Frauen anwesend, eine Ärztin und zwei Arzthelferinnen. Ich kannte das nun schon von meiner ersten Musterung. Auch hier musste ich nackt vor den Frauen im Raum stehen und Kniebeugen machen. Meine Vorhaut habe ich nicht zurück ziehen müssen, aber die Hoden wurden wieder untersucht und mich bücken und meine Hinterbacken spreizen musste ich auch dieses Mal. Es war kein angenehmes Gefühl, das vor gleich drei Frauen machen zu müssen."

Musterung

"Als ich in der Nacht nach der Geburt meines ersten Sohnes, mit ihm im Arm, im Krankenhaus lag, überfielen mich unglaubliche Ängste um mein Kind. Was, wenn mein Sohn Soldat werden muss? Was machen die mit ihm? Was wird passieren? Der liebe Gott schenkte mir noch drei weitere Söhne, die Angst blieb. Damals gab es noch die Gewissensprüfung, ein letztes Mittel der Staatsgewalt, Soldaten zu rekrutieren, dann, wenn andere Mittel versagten, z.B. die Demütigungen durch das Procedere der ärztlichen Untersuchungen.

Ich habe meinen Bruder darunter leidend erlebt, bis ihm Untauglichkeit bestätigt wurde. Ich habe meinen damaligen Freund leidend erlebt. Lange Zeit war er nicht fähig, eine harmonische und entspannte körperliche Liebe zu erleben. Die Schatten seiner Demütigung bei der Eingangsuntersuchung waren lange Zeit präsent. Wie krank muss ein Staat sein, welcher Menschen, die aus ethischen Gründen den Dienst an der Waffe verweigern, einer Gewissensprüfung unterzieht? Hätten nicht vielmehr diejenigen einer solchen Prüfung unterzogen werden müssen, die den Dienst an der Waffe leisten wollten?

Lassen Sie mich nun Albert Einstein zitieren: "Jeder Staat beruht auf Macht, jede Macht auf Gewalt und Gewalt zieht stets moralisch Minderwertige an." Ist es das, was auch unseren Staat ausmacht? Werden wir von moralisch Minderwertigen beherrscht? Ich denke ja, denn nur so lässt sich erklären, was bei uns an Machtmissbrauch und Menschenverachtung möglich ist!

Dulce et decorum est, pro patria mori, süß und ehrenvoll ist es, für's Vaterland zu sterben. So einen Dreck kann man nur verkaufen, wenn man junge Menschen bricht. Dies tut man am besten, indem man sie entmannt, erniedrigt und bloßstellt. Nur dann bekommt man die gewünschten und willfährigen Zeitgenossen, welche man in jeder Hinsicht benutzen kann, so z.B. jetzt für den Krieg in Afghanistan."

Anette G.

Ibrahims Musterung

Bisher war ausschließlich von Betroffenen mit typisch deutschen Sozialisationsbiografien die Rede. Wie sieht es eigentlich bei Männern mit Migrationshintergrund aus, speziell bei denen, deren Familien aus der Türkei oder anderen Ländern mit überwiegend muslimischer Bevölkerung stammen?

Bei wachsender Anzahl derer unter den Zuwanderern, die die deutsche Staatsbürgerschaft annehmen, sind auch sie immer öfter der Wehrpflicht und damit auch den Musterungspraktiken deutscher Behörden unterworfen. Fällt es schon Männern deutscher Herkunft schwer, über das Erlebte zu sprechen, liegt die Hürde, die Betroffene mit diesem kulturellen oder religiösen Hintergrund zu nehmen haben, in der Regel noch höher, wenn sie sich jemandem öffnen wollen. Mit wem sollten sie auch darüber sprechen? Innerhalb der Familie sind im Gespräch mit Respektspersonen wie den eigenen Eltern, generell alle Themen, die Geschlechtliches zum Inhalt haben, mit einem ausgeprägten Tabu belegt. Damit fehlen aber in der Regel auch genau die Autoritätspersonen, welche sich gemeinsam mit ihren Söhnen gegenüber den Behörden für deren Rechte wirkungsvoll einsetzen könnten. Auch Vertrauenspersonen des anderen Geschlechts kommen bei diesem Thema nicht in Frage. Es geht schließlich nicht um eine zwar unangenehme, aber an sich normale medizinische Behandlung, bei der auch Schamgefühle entstehen können. Diese wird aber allein aus diesem Grund nicht als sexueller Übergriff empfunden.

Es geht hier um eine Situation, die durch Nötigung und Unterlegenheit gekennzeichnet ist, in der Nacktheit und das Zulassen von intimen Berührungen erzwungen wurde, welcher sich der Betreffende hilf- und wehrlos ausgeliefert sah.

Auch hier gilt, dass ein Austausch nur mit denen möglich ist, denen dasselbe widerfahren ist. Immerhin ist man sich diesem Kulturkreis sehr schnell über die Bewertung solcher Untersuchungspraktiken einig. Der junge Wehrpflichtige muss bei einem entsprechenden Gesprächspartner in der Regel, im Gegensatz zu seinen deutschen Kameraden, nicht fürchten, wegen seiner Schamhaftigkeit ausgelacht und verspottet zu werden. Diese ist ein fester und allgemein akzeptierter Bestandteil dieser Kultur, und zwar auch bei Männern. Aber genau dieses Schamgefühl, welches hier als einigendes Band wirkt, ist gleichzeitig genau mit jenem Tabu belegt, welches dafür sorgt, dass dieser Skandal in der muslimischen Com-

Musterung

munity bisher nicht offen angesprochen wird. So bleiben diese
Übergriffe auch hier weiterhin ein "gemeinsames Geheimnis" der
"Eingeweihten dieses Demütigungsrituals", also derer, die diese Intimuntersuchungen durchführen und derer, die sie zu erdulden haben. Es war daher nicht ganz einfach, einen Mann aus dieser Per-
sonengruppe zu finden, der bereit war, über seine Erlebnisse zu
sprechen.

Nennen wir ihn Ibrahim. Mit ihm treffe ich mich in einem Bistro in
der Nähe des Düsseldorfer Hauptbahnhofs. Mir gegenüber sitzt ein
sympathischer junger Mann türkischer Herkunft, ca. Mitte 20. wir
kommen ins Gespräch und er erzählt mir unter anderem, dass er zur
Zeit eine Abendschule besucht und später studieren möchte. Als wir
auf seine Musterung im KWEA zu sprechen kommen, berichtet er:
"Die Untersuchung wurde von einem Arzt durchgeführt. Die Arzthelferin saß zu Beginn der Untersuchung am Schreibtisch. Ich war
während der ganzen Zeit nur mit einer Unterhose bekleidet.
    Es wurden viele Fragen zu früheren Erkrankungen und aktuellen
Beschwerden gestellt. Vor und nach den Kniebeugen wurde der
Kreislauf kontrolliert, also Blutdruck und Puls gemessen. Zur Intimuntersuchung sollte ich mich dann hinstellen. Ein Sichtschutz war
zwar im Raum vorhanden, aber der wurde merkwürdigerweise nicht
genutzt. Der Arzt stand jetzt in direkter Linie zwischen dem
Schreibtisch, an dem die Arzthelferin saß und mir. Die Assistentin
kannte wohl schon den Ablauf und wusste, was jetzt auf dem
Untersuchungsplan stand. Als die Anordnung kam: "Ziehen sie die
Hose herunter", war sie bereits aufgestanden stand schon mit einem
Schreibblock neben dem Arzt und seitlich von mir. Während die
Hoden abgetastet wurden schaute sie die ganze Zeit auf meinen
Genitalbereich. Zu welchem Zweck das für ihre Arbeit notwendig
gewesen war, ist mir nicht klar. Schließlich wird sich der Arzt nicht
ohne Grund zwischen den Tisch und mir gestellt haben.
    Die Intimuntersuchung dauerte aber nur sehr kurz, wofür ich dem
Arzt sehr dankbar war. Warum der seine Assistentin nicht angewiesen hat, sitzen zu bleiben, verstehe ich aber auch nicht. Schließlich wäre ich so vor den eindeutigen Blicken von ihr geschützt gewesen. Ich fühlte mich sehr beschämt und war froh, als alles vor-
über war.
    Später wurde ich dann noch mal bei der Bundeswehr gemustert.
Ich war im Westerwald stationiert. Dort wurden bei uns die Untersuchungen ebenfalls von einem Arzt durchgeführt. Während der

Intimuntersuchung ging die Truppenarztschreiberin in den Nebenraum. Manchmal war unser Truppenarzt aber auch auf Auslandseinsätzen. Dann wurden die Untersuchungen von einer Ärztin durchgeführt. Wie die das gemacht hat, weiß ich nicht."

Als ich Ibrahim erzähle, dass aufgrund unserer Nachforschungen der BASTA-Kampagne wir den Eindruck haben, dass gerade Ärztinnen trotz Anwesenheit der Assistentinnen auffällig oft ohne Sichtschutz und in deren Sichtfeld arbeiten, bemerkte ich eine gewisse Erleichterung in seinem Gesicht.

An sich hat Ibrahim ein sehr enges und vertrautes Verhältnis zu seiner älteren Schwester. Aber wie bereits oben beschrieben, hat auch er mit ihr nie über diese Erlebnisse gesprochen. "Ich habe mich mal mit meinem Schwager darüber unterhalten, als wir unter uns waren. Der wurde auch in Deutschland gemustert. Wir wollten eben wissen, wie es jeweils beim anderen war. Klar war, dass es für uns beide beschämend war, so in einer deutschen Behörde behandelt zu werden. Wir haben dann anschließend darüber unsere Witze gemacht."

So kann unter Gleichen natürlich auch versucht werden, das Erlebte zu kompensieren; aber ein wirklicher seelischer Schutz ist es selbstverständlich nicht.

Dabei identifiziert sich Ibrahim durchaus mit seiner deutschen Gesellschaft, in der er lebt: "Mir hat der Wehrdienst gut getan. Ich war weg von meiner Familie und in einer anderen Umgebung auf mich gestellt. Dadurch habe ich mich persönlich weiterentwickelt. Wenn der Wehrdienst sich so auswirkt, würde ich auch anderen empfehlen, zur Bundeswehr zu gehen. Aber Sie müssen dort mit erhobenen Kopf hingehen und auch wieder zurückkommen können und dürfen nicht auf eine solche Art ihre Würde verlieren."

Bislang schweigen Migrantenorganisationen und islamische Verbände sowie Moscheevereine noch zu den Musterungsuntersuchungen ihrer Leute, wahrscheinlich, weil ihnen diese Situation noch gar nicht zur Kenntnis gelangt ist. Denn ihre Jugendlichen und jungen Männer schweigen genauso zu den Vorgängen wie ihre deutschen Kameraden auch.

Aber wird dies immer so bleiben? Auch hier regt sich inzwischen unter vielen Betroffenen der Unmut. Wie werden sich diese Organisationen in Zukunft positionieren? Zumal gerade muslimische Mitbürger oder solche türkischer Herkunft sich immer wieder mit dem Vorwurf ausgesetzt sehen, nicht auf dem Boden unserer Verfassung zu stehen und die Menschenrechte, insbesondere die Frauenrechte nicht zu achten. Vielleicht werden sich in Zukunft die Verantwortlichen der zuständigen Institutionen umgekehrt in der Situation sehen, auch diesen Menschen unangenehme Fragen zu den Themen Gleichberechtigung und Schutz der Menschenwürde beantworten zu müssen ... .

Lars G Petersson

"Selbst zum Wiegen darf eine Hose anbehalten werden"

Eine Assistentin namens Britt erzählt: "Die Untersuchung des Intimbereichs dauert im Regelfall insgesamt nicht länger als eine Minute.
Hier mal in aller Kürze, wie so eine Überprüfung in der Regel
abläuft und warum sie sinnvoll und auch im Sinne der Betroffenen
ist: Die Ärzte lassen sich die jungen Männer, um ihr Schamgefühl
möglichst lange zu wahren, erst am Ende der Untersuchung ganz
ausziehen. Die Vorhaut kann gewöhnlich im Stehen selber zurückgeschoben werden. Niemand muss befürchten, dass irgendjemand
ungefragt an das Geschlechtsteil greift und dies vielleicht zu
unsensibel machen könnte.

Bei diesem Untersuchungsteil lassen sich Verengungen der Vorhaut
(sie lässt sich nicht ganz oder nur schwer nach hinten ziehen) und
Verkürzungen des Frenulums (beim vollständigen Zurückstreifen
werden Penisspitze samt Öffnung der Harnröhre nach unten gebog-
en) feststellen. Diese Anomalien sind Ursache für Entzündungen
und Fissuren und behindern Urinieren und Geschlechtsverkehr. Des
Weiteren wird auf Geschlechtskrankheiten geachtet. Darauf werden
die Hoden abgetastet, um Krampfadern und Hodenkrebs auszu-
schließen.

Gerade Krampfadern im Hodensack werden häufig schon bei jungen Männern festgestellt und können, wenn sie unentdeckt und un-
behandelt bleiben, zu Unfruchtbarkeit führen. Hodenkrebs ist zwar
eine seltene Tumorart, tritt jedoch gerade meist bei jüngeren Männern auf. Gehustet wird, um Leisten- oder Hodenbrüche zu erkennen. Abschließend erfolgt die Kontrolle des Anus insbesondere auf
Hämorrhoiden, die relativ verbreitet sind. Nach der Untersuchung
des Intimbereichs kann umgehend wieder die Hose angezogen werden.

Musterung

Die Aufgerufenen betreten zur Untersuchung generell einzeln den Raum. Ihre Intimsphäre bleibt geschützt, weil die anderen Vorgeladenen weder zusehen dürfen noch erfahren, was bei ihnen festgestellt wird. Ihre Geschlechts- und Ausscheidungsorgane werden nur von den anwesenden Ärzte/-innen und dem medizinischen Assistenzpersonal gesehen.

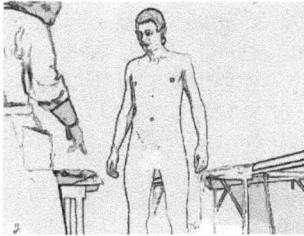

Selbst zum Wiegen darf eine Hose anbehalten werden. Der Zustand der Nacktheit ist auf das absolut erforderliche Maß begrenzt, das Schamgefühl wird selbstverständlich respektiert. Die im Bereich der Hauptuntersuchung Beschäftigten habe jahrelange Berufserfahrung. Praktikanten oder Azubis werden dort nicht eingesetzt. Die Vorgeladenen, die sich diesen Untersuchungen zu unterziehen haben, können sich ganz sicher sein, dass die Personen, denen sie sich nackt zu zeigen haben, psychologisch geschult und erfahren sind und bereits mehrere Dutzend und oftmals Hunderte vollständig entkleidete Männer und deren Genitalorgane gesehen haben, weswegen niemandem etwas peinlich sein muss."

"Außerdem regt mich das ganze Thema immer unheimlich auf, weil dadurch böse Erinnerungen werden wach. Ich bin ein Mensch und habe Grundrechte. Wäre mir vieles früher bekannt gewesen, hätten die an mir nicht so viel Freude gehabt. Ich hätte nämlich dann den Mund aufgemacht, mich gewehrt und mir somit vieles selbst ersparen können. So muss ich versuchen mit dem zu leben was geschehen ist, da ich es ja nicht mehr ändern kann."

Klaus R.

Brief an Dr. Jung

Nachforschungen für mein Buch zum Thema Musterung in der Bundesrepublik Deutschland

Sehr geehrter Herr Dr. Jung,

Ich schreibe Ihnen im Rahmen meiner Nachforschungen für mein neues Buch. Der Schwerpunkt dieser Arbeit wird die Verletzung der Würde von jungen Menschen in der Bundesrepublik Deutschland sein. Es geht hierbei in erster Linie um die Intimuntersuchung bei der Musterung, die von einem Großteil der Männer als Erniedrigung empfunden wird.

Seit einigen Monaten trage ich nun schon für dieses Projekt Material zusammen und habe dazu betroffene Personen befragt. Leider habe ich dabei feststellen müssen, dass diese Angelegenheit wirklich ein Problem darstellt und viel schlimmer und ernsthafter ist, als ich mir zu Anfang vorgestellt habe. Eine große Anzahl persönlicher Berichte von Männern die ich zu ihrer Musterung befragt habe, hat mich inzwischen von der Wichtigkeit meines Projektes überzeugt. Dabei wurde mir klar, es muss etwas unternommen werden, um die Jugend in Zukunft zu beschützen. Viele der betroffenen Personen leiden noch jahrelang psychisch darunter. Die meisten dieser Männer schämen sich und sprechen deshalb über ihre Erfahrungen nur sehr ungern. Manche schweigen dazu für immer. Häufig war das Gespräch über die Musterung mit mir das Erste überhaupt. Oft kam dieses Gespräch dann auch nur unter meinem vorherigen Versprechen zu Stande, die Anonymität der betroffenen Person zu wahren. Hieran lässt sich für mich auch gut erkennen wie peinlich es den Männern ist, sich anderen in Bezug auf dieses Thema zu öffnen.

Dank moderner Technik hat sich nun ein Weg aufgetan, trotzdem an die Gedanken der Betroffenen in großem Umfang heran zu kommen. Wenn jemand nicht den Mut besitzt über seine Probleme zu sprechen und sich noch nicht einmal den Menschen in seiner unmittelbaren Umgebung anvertrauen möchte, so fällt dies leichter über die Anonymität des Internets. Nur dort trauen sich viele leidende Menschen über das für sie schwierige Thema zu sprechen, Entwürdigung erfahren zu haben. Nur dort trauen sich auch Jugendliche ihre Angst vor der künftigen Musterung zu äußern. Für viele von Ihnen überschattet diese Angst eine ansonsten glückliche Kindheit und Jugendzeit.

Musterung

Mit meinem Buch möchte ich an der jetzigen, unhaltbaren Situation etwas verändern. Ich bin mir sicher, wenn Sie meinen Brief gelesen haben, werden Sie meine Sorgen zu diesem Thema teilen und mit mir in Einklang kommen, dass in Bezug auf dieses doch sehr offensichtliche Problem schnelle Abhilfe von Nöten ist. Es kann und darf einfach nicht länger gewartet werden. Wir können an der Vergangenheit nichts ändern. Aber ich möchte dazu beitragen, dass junge Leute in der modernen Bundesrepublik Deutschland in Zukunft mit Respekt und Würde behandelt werden. Nicht mehr und nicht weniger. In der heutigen Zeit, viele Jahre nach dem Ende der nationalsozialistischen Herrschaft und der Auflösung kommunistischer Diktaturen, darf niemand mehr von einem Staat in irgendeiner Weise entwürdigt werden.

Lassen Sie mich Ihnen bitte kurz meine Gedanken mitteilen. In England werden junge Männer nicht mehr unter Zwang gemustert, weil wir seit Jahrzehnten keine Wehrpflicht mehr haben. In Großbritannien wurde eine allgemeine Wehrpflicht nur im Jahr 1916 aus guten Gründen eingeführt und nach dem Krieg wieder abgeschafft. Eine erneute Einführung der allgemeinen Wehrpflicht war wegen der Bedrohung durch Hitler unausweichlich und wurde jedoch auch danach wieder abgeschafft. Man sieht in England verständlicherweise keinen Grund dazu junge Menschen zum Dienst an der Waffe zu zwingen, da keine akute äußere Bedrohung vorhanden ist. Ebenso wie die Bundesrepublik Deutschland haben wir freundschaftliche Beziehungen zu allen Nachbarstaaten.

Wir haben jedoch andere Probleme. Unter anderem müssen wir uns mit der Problematik der Pädophilie beschäftigen. Viele Fälle sexuellen Missbrauchs, zum Beispiel sogar durch geistliche Würdenträger, die ihre berufliche Machtstellung dazu benutzt haben, um sich an hilflosen Kindern und Jugendlichen zu vergehen, machten in den Medien die Runde. Aber nicht nur Priester haben ein Problem damit, Sexualität und Berufsleben zu trennen. Auch Ärzte und medizinisches Hilfspersonal haben durchaus die Möglichkeit, unter dem Deckmantel ihrer beruflichen Qualifikation Menschen sexuell zu belästigen. Vor allem wenn es sich um Personen mit geringem Selbstbewusstsein handelt. In diese Kategorie fallen vor allem Kinder und Jugendliche, aber auch noch junge Erwachsene.

Glücklicherweise scheinen sexuelle Übergriffe von medizinischem Personal in Großbritannien ein eher selten vorkommendes Problem darzustellen. Meiner Ansicht nach muss es dafür aber einen ganz besonderen Grund geben und hier gelange ich zum Kern meines Briefes. Nacktheit im Verlauf von medizinischen Untersuchungen wird hier zu Lande nie gefordert. Wäre es so, dann würde es als eine Perversität betrachtet werden.

In der Bundesrepublik Deutschland und der Schweiz scheint es jedoch anders zu sein. Aus diesen Ländern ist eine große Anzahl an Fällen hinsichtlich einer Verletzung der Intimsphäre der Patienten bekannt geworden und es wird sogar von einer Vielzahl an direkten sexuellen Übergriffen ausgegangen. Deshalb können wir hier von Tatsachen ausgehen. Fast jede Person mit der ich gesprochen habe, kennt von sich selbst und/oder von anderen solche Beispiele. Dieses Problem wurde auch vor ein paar Jahren von der medizinischen Gesellschaft in Basel erkannt. Unter dem Aufruf "Keine Frau muss nackt vor dem Arzt stehen" wurde festgestellt, dass das Ausmaß der sexuellen Übergriffe in Arztpraxen und Spitälern "erschreckend" hoch sei. "Ziehen Sie auch BH und Slip aus, wird oftmals bei einem ganz alltäglichen Arztbesuch gesagt", heißt es im Bericht dieser Gesellschaft. Die Häufigkeit dieser Vorkommnisse wurde durch Umfragen der Gesellschaft festgestellt und es wird durch sie bemängelt, weil beides auszuziehen eigentlich nie notwendig ist. Niemand muss vor einem Arzt oder einer Ärztin nackt sein. Wird es trotzdem ohne sehr triftigen Grund praktiziert, spricht man von einem Übergriff. Aus diesem Grund hat die Gesellschaft dazu aufgerufen, unter den schwarzen Schafen (Ärzten und Ärztinnen in ihren eigenen Reihen) aufzuräumen und diesen Übeltätern einen Riegel vorzuschieben. Es wird sogar von "einer alarmierenden Situation" gesprochen. So etwas darf einfach nicht sein.

Leider ist das Problem auch heute in der Bundesrepublik Deutschland sehr aktuell. Aber nicht nur Frauen werden sexuell missbraucht und erniedrigt, es betrifft auch das andere Geschlecht. Es kommt nur nicht so ans Tageslicht, weil sich niemand traut öffentlich darüber zu sprechen. Die Betroffenen, hier sprechen wir von der Hälfte der Bevölkerung, sprechen noch nicht einmal mit engsten Freunden, der Familie oder Ehepartnern über ihre Erlebnisse. Ihr Schamgefühl hindert sie daran. Sehr viele unter ihnen leiden darunter und schweigen.

So ist es in der Tat oft und es kommt noch hinzu, dass dieses psychische Leiden für viele sehr früh schon beginnt. So können die an vielen Männern in ihrer Kindheit und im späteren Jugendalter oft an ihnen vorgenommenen Nackt- bzw. Hodenuntersuchungen und Vorhautkontrollen nur die ersten Schritte auf diesem langen Leidensweg bedeuten. Nicht wenige empfinden derartige Untersuchungen in nacktem Zustand als Eingriff in ihre Intimsphäre. Auch wenn man ihnen diese Untersuchungen schon in jungen Jahren als etwas ganz normales einzureden versucht. Jedoch sind alle diese Untersuchungen nur eine Art "Vorbereitung" auf etwas schlimmeres, nämlich die alle Männer in der Bundesrepublik Deutschland betreffende Musterung. Bei dieser Zwangsuntersuchung und bei den darauf folgenden Einstellungsuntersuchungen bei der Bundeswehr und in den Zivildienstbehörden geht es dann weiter.

Die jungen Menschen trauten sich einfach nicht, gegen diesen offensichtlichen Missbrauch zu protestieren. Dazu kommt, dass die Unwissenheit und die Hilflosigkeit der jungen Menschen schamlos ausgenutzt wird und sie deshalb alles über sich ergehen lassen, was die Erwachsenen (Ärzte und andere Persönlichkeiten) angeblich zu ihrem Nutzen beschlossen haben. Sehr viele Menschen verbringen danach Jahre damit, genug Selbstvertrauen aufzubauen, um auch einmal "nein" zu Ausbeutung und Übergriffen zu sagen. Vielen gelingt es nie. Sogar für einen jungen Erwachsenen ist es schon fast eine Seltenheit bestimmte Untersuchungen abzulehnen, die für ihn eigentlich als unzumutbar gelten und die er/sie deshalb nicht über sich ergehen lassen möchte. Vielen fehlt aber ganz einfach der Mut dazu, sich zu wehren. Wenn wir hier nun die Musterung in Betracht ziehen, dann sprechen wir darüber hinaus noch von einem gesetzlichen Zwang, was den Widerstand noch schwieriger macht. Der junge Mann ist jetzt gesetzlich gezwungen sich untersuchen zu lassen. Oftmals ist es für ihn zwar keine Überraschung, aber noch einmal scheint es für den Betroffenen so zu sein, als ob der Schwerpunkt dieser Untersuchung auch auf dem Intimbereich liegt. Möglich, dass es so nicht ist, aber so wird es empfunden.

Das Problem der Intimbereichsverletzung ist nichts Neues. Erschreckende Berichte gibt es dazu nicht nur aus der Kaiserzeit und nicht zu vergessen aus der Zeit der nationalsozialistischen Herrschaft, sondern auch aus der Zeit davor und sogar bis heute. Im Verlauf der ganzen Militärgeschichte hat die Musterung für die Rekruten als erstes immer Nacktheit und Entwürdigung bedeutet. Dafür muss es einen Grund geben. Die erzwungene Nacktheit ist eine sehr effektive Methode um Menschen einzuschüchtern. Es ist der erste Schritt den Widerstand eines Menschen zu brechen. So wandelt man junge Männer in gehorsame Soldaten um. Ihnen soll damit gezeigt werden: "Dein Körper gehört dem Staat." Es gibt über die ganze Welt verstreut militärische Systeme, in denen es so und nicht anders erwünscht ist. Es ist noch nicht lange her, da galt dies auch für das nationalsozialistische Deutschland. Leider sieht es so aus, als ob diese Einschüchterungsmethoden bis in die moderne Zeit überlebt haben.

Man macht diese Tatsache nicht dadurch besser, dass die Musterungsdurchführung geringfügig geändert wurde. Wenn auch die ehemaligen Reihenuntersuchungen in nackten Zustand durch Einzeluntersuchungen ersetzt worden sind, so kann man nicht unbedingt von einer Verbesserung sprechen. Für viele Jungen kann es sogar umgekehrt der Fall sein. In der Regel werden die jungen Männer auch nackt von Frauen und vor Frauen begutachtet und bewertet, also von Ärztinnen und gewöhnlich immer weiblichen Schreibkräften. Da diese selber diesem Zwang nie ausgesetzt waren, kann sich eine mögliche gefühlte Entwürdigung dadurch noch erheblich verstärken.

Um die Bevölkerung eines gegnerischen Landes einzuschüchtern gibt es viele "anerkannte" Methoden. Eine davon, wahrscheinlich sogar die Effektivste, ist die Massenvergewaltigung. Um einen zwangsrekrutierten vormals friedlichen Mann zu solch furchtbaren Taten zu bewegen, braucht man eine besondere "Ausbildung". Hier treffen wir wieder auf das Verfahren der Erniedrigung. Die selbsterlebte Erniedrigung kann der erste Schritt auf dem Weg dorthin sein. Erniedrigt man einen Menschen, hat man Macht über ihn und er lässt fast alles mit sich und aus sich machen. Jüngere Menschen sind noch formbar und mit den richtigen Methoden lässt sich der Mehrzahl von Ihnen Gewaltbereitschaft im allgemeinen und sogar auch Männern die Bereitschaft Frauen zu vergewaltigen beibringen.

Dass so etwas zu der Grundausbildung eines Soldaten in vielen Ländern gehört ist allgemein bekannt. Was mit der Entwürdigung des Rekruten beginnt, endet oft in Wut und Rachegelüsten. Nicht selten bahnen sich die negativen aufgestauten Gefühle und die Verletzung der eigenen Seele einen Ausweg in Richtung einer Gewalttat und das Ziel ist erreicht. Wirft man einen Blick auf die neuere deutsche Geschichte, kennt man das Ergebnis solch einer "Ausbildung" von dem Einmarsch russischer Truppen in Berlin gegen Kriegsende. Vergewaltigung war aber auch eine Methode, die gerne

Musterung

von der deutschen Wehrmacht benutzt wurde, um ein gegnerisches Volk einzuschüchtern.

Entwürdigung und Nacktheit bei der Musterung war immer der erste Schritt, den Zivilist in einen "geeigneten" Soldaten umzuwandeln. Der Platz hier reicht leider nicht aus, um dieses Thema weiter zu beleuchten und es ist auch nicht die Absicht dieses Briefes, aber ich möchte trotzdem aus der neueren europäischen Geschichte ein "gutes" Beispiel anführen: Griechenland während der Militärdiktatur Ende der 60er bis Anfang der 70er Jahre. Was dort praktiziert wurde war nichts außergewöhnliches, aber was es zu etwas besonderem macht ist, dass es im nach hinein wissenschaftlich untersucht wurde. Und zwar waren Erniedrigung, erzwungene Nacktheit und Unterwerfung wichtige Bestandteile während der Ausbildung zu Folterknechten in diesem Land. Mit der "richtigen" Ausbildung war auch der "Sohn des Nachbarn", wie es nachher hieß, zu allem bereit.

Hierbei tritt die Methodik noch einmal deutlich hervor. Zunächst werden Menschen während solch einer "Ausbildung" erniedrigt und dadurch umgeformt, wodurch sie dann später bereit sind, anderen Menschen das Gleiche anzutun. Der sexuelle Aspekt spielt hierbei eine tragende Rolle. Somit konnte bei den künftigen Tätern, also bei den eigentlichen Opfern, die Grundlage für eine sexuelle Perversion geschaffen werden. Was nun eine Militärdiktatur, ein nationalsozialistisches Regime oder die griechische Junta betrifft, ihnen allen ist eins gemeinsam. Das Resultat solch einer Ausbildung wird klar zu ihrem Vorteil genutzt.

Für ein friedliches Land und seine Bürger aber, muss das Festhalten an dieser Art von Ausbildungsmethodik eher als Katastrophe bewertet werden. Es muss doch inzwischen die Einsicht vorhanden sein, dass wir heute in einem ganz anderen Zeitalter leben. In einem vereinten Europa moderner Zeit. "Wir" brauchen keine gewaltbereiten Vergewaltiger mehr. Sie sind viel mehr unerwünscht. Bestimmt sogar in einer modernen Armee wie der Bundeswehr sind sie nicht willkommen. Doch leider hat man etwas vergessen. Es wurde vergessen, dass die Nacktmusterung, sowie andere entwürdigende Methoden während der Ausbildung eines Soldaten ihre Berechtigung verloren haben. Es wurde vergessen sie abzuschaffen. In der friedlichen Zeit in der wir heute leben, kann dies für den einzelnen Menschen vielmehr ein großes Problem darstellen.

Das Resultat der Entwürdigung bleibt nämlich das Gleiche, obwohl es überhaupt nicht mehr gewünscht wird. Die erlebte Erniedrigung führt immer noch zu Wut und Gewaltbereitschaft. Aber die Bundeswehr braucht so etwas nicht mehr. Ein moderner Soldat kann mit dieser "Ausbildung" nichts mehr anfangen und für den zukünftigen Zivilist und sein Umfeld in dem er lebt, kann es sogar schädlich sein. Es kann unter Umständen sein Leben zerstören.

Was sind sonst noch die Gefahren, die aus der Nacktmusterung, der Erniedrigung während der Ausbildung eines Wehrpflichtigen erwachsen können? Einige Menschen reagieren auf solche Erlebnisse mit Gewalttaten und Wutäußerungen, andere wiederum mit Depressionen, Angst, Furcht vor Behörden und der Obrigkeit im Allgemeinen und was auch manchmal vorkommt, mit Selbstmord oder zumindest den Gedanken an Selbstmord.

Die ganze Angelegenheit ist an sich betrachtet nicht weniger als ein Skandal. Junge Menschen systematisch zu entwürdigen, was mit der Musterung beginnt, ist eine Schande für die Bundesrepublik Deutschland. Es ist eine Schande für die Demokratie. Letztendlich ist es auch eine Schande für das ganze deutsche Volk, weil es so lange alles gewusst hat ohne etwas dagegen zu unternehmen. Ich finde, wir haben es hier mit einem sehr ernst zu nehmenden Problem zu tun. Wie viele junge Menschen haben sich schon umgebracht, weil ihre Schamgefühle zu groß waren und weil sie sich niemand anvertrauen konnten oder mochten? Wir können es nicht feststellen. Aber eines ist gewiss, zu der Gruppe die sich am häufigsten umbringen, zählen junge Männer. In wie vielen solcher Fälle hat die Bundeswehr oder das KWEA eine Rolle gespielt? Wir wissen es nicht. Aber man sollte sich einmal darüber Gedanken machen.

- Können Sie jungen Menschen im Jahr 2008 wirklich noch so etwas antun? Das ist die Frage die ich Ihnen hiermit stelle. Noch mehr:

- Können Sie verantworten, dass sich das Sexualverhalten junger Menschen verändert, nur weil sie es bei der Musterung und bei der militärischen Ausbildung für nötig befinden, die jungen Menschen sexuell zu erniedrigen?

Für mein Buch möchte ich ihre Meinung dazu hören.

Musterung

Hodenkrebs kann lebensgefährlich sein. Deshalb ist es wichtig, junge Menschen in dieser Hinsicht zu unterrichten. Sie sollten aufgefordert werden, sich selbst zu untersuchen. Ihnen sollte gezeigt werden, wenn sie es wollen, wie man es macht. So ein Vorgang könnte allen jungen Männern zu Gute kommen, gerade weil diese Krankheit zu jeder Zeit ausbrechen kann. Es ist doch nicht so, dass eine oft einmalige Zwangsuntersuchung an 17 – 21jährigen das Problem beseitigt. Es wird vielmehr so sein und selbstverständlich wird das auf die große Mehrheit zutreffen, dass zum Zeitpunkt der Musterung keine Symptome erkennbar sind. Doch es kann natürlich Monate oder Jahre nach dieser Zwangsuntersuchung ganz anders aussehen.

Jemand der sich aber durch die erzwungene Intimuntersuchung erniedrigt fühlt, könnte mit großer Wahrscheinlichkeit genau aus diesem Grund eine freiwillige, unter Umständen lebensrettende ärztliche Untersuchung vermeiden. Möglicherweise hat solch ein junger Mann inzwischen so einen Widerwillen gegen Hodenuntersuchungen aufgebaut, dass er den Arztgang immer weiter aufschiebt, bis es schließlich zu spät ist. Vielleicht vermeidet ein solcher Mann es auch sich selbst zu untersuchen, weil ein positiver Befund auch einen Arztbesuch herbeiführen könnte. In dieser Hinsicht ist eine unter Zwang herbeigeführte Intimuntersuchung nicht nur ein unberechtigter Eingriff in die Intimsphäre des einzelnen jungen Menschen, sie kann sogar seine zukünftige Gesundheit und damit im schlimmsten Fall sein Leben gefährden.

- Sind die Behörden sich dieser Verantwortung eigentlich bewusst?

Man muss sich einmal folgende Situation vorstellen: Ein während der Musterung nackter junger Mann bekommt in Gegenwart von zwei, vielleicht sogar drei Frauen die Mitteilung gemacht, bei ihm läge ein Verdacht auf Hodenkrebs vor. Dann befindet er sich doch in einer Situation, für die man ihm nur sein Bedauern aussprechen kann. Diese Kombination von Entwürdigung und Krebsdiagnose finde ich außerordentlich demütigend - schockierend.

- Wie können Sie so etwas nur zulassen? Wie kämen Sie mit solch einer Situation psychisch zurecht, in der sich dieser junge Mann dann befindet?

Nachsorgeuntersuchungen für Patienten, die an Hodenkrebs gelitten haben, sind ebenfalls von äußerster Wichtigkeit. Leider können solche Nachsorgeuntersuchungen durch eine vorher durchgeführte, als Demütigung empfundene Intimuntersuchung ebenfalls einen Hinderungsgrund erfahren. Die gesundheitliche Zukunft dieser Patienten kann damit auch in dieser Hinsicht als gefährdet angesehen werden.

• Was ist Ihre Ansicht zu dieser Problematik?

Es ist für mich von großem Interesse, ihre Meinung auch zu meinen folgenden Fragen zu erfahren.

• Was hat die Untersuchung der Vorhaut einzelner junger Männer mit ihrem Einsatz bei der Bundeswehr zu tun? Ich kann das medizinische Interesse der Bundeswehr an der Vorhaut Beweglichkeit der Männer nicht verstehen.

• Können Sie mir bitte erklären, wenn man schon aus vielleicht gesundheitsbewusster Sicht in dieser Richtung seine Hilfe anbietet, warum fragt man dann nicht nur einfach, ob der einzelne ein Problem damit hat und wenn, ob er ein Hilfsangebot der Bundeswehr entgegen nehmen möchte?

• Können Sie mir bitte erklären, wie sich die oft wiederholenden, erzwungenen, den Intimbereich verletzenden Untersuchungen mit dem Grundgesetz Artikel 1, GG vereinbaren lassen? Die Würde des Menschen hat laut dem Gesetz für jeden einzelnen Menschen und zu jeder Zeit Vorrang und ist von staatlicher Seite her sogar zu beschützen. In diesem an erster Stelle stehenden Gesetz wird die Würde des Menschen als "unantastbar" bezeichnet. Das Gesetz sieht keine Ausnahmen zu diesem absolut wichtigsten Grundrecht vor. Wie erklären Sie mir das?

• Warum müssen sich die jungen Männer bei der Musterung nackt ausziehen? In der Regel auch vor weiblichem ärztlichen und oft sogar im Sichtfeld vor deren assistierendem weiblichen Personal ihre Genitalien präsentieren und sich intim untersuchen lassen? Wie passt das mit der Erklärung der medizinischen Gesellschaft von Basel zusammen? Haben Männer weniger Recht auf ein Schamgefühl als Frauen?

• Warum muss die Intimuntersuchung, wie es eigentlich immer vorkommt, überhaupt im Beisein weiblicher Schreibkräfte im gleichen Raum geschehen? Es wäre unmöglich, sich eine solche Situation mit einer umgekehrten Rollenverteilung vorzustellen. Haben junge Männer in dieser Hinsicht weniger Rechte als Frauen?

• Warum werden diese Intimuntersuchungen oft, wie zum Beispiel in dem beigelegten Bericht beschrieben mehrmals wiederholt - auch dann, wenn wie in diesem Fall der Hauptgrund für weitere Musterungen ein ganz anderer sein müsste? Lässt sich nicht mindestens ab diesem Zeitpunkt von Schikane sprechen?

• Warum wird der ganze Untersuchungsvorgang - auch Hoden, Vorhaut und After betreffend - beim Dienstantritt eines Wehrpflichtigen oder eines Zivildienstleistenden nochmals wiederholt? Können wir nicht mindestens jetzt von reiner Schikane sprechen?

Für die Analbereichsuntersuchung bei der Musterung ist es meiner Ansicht nach noch schwieriger einen wissenschaftlich fundierten bzw. medizinischen Grund zu finden.

• Was soll dabei festgestellt werden? Krebs? Hämorrhoiden?

• Vorbeugen, Pobacken spreizen, hinschauen... In welcher medizinischen Literatur findet man für so eine Untersuchungsmethode was Krebs anbetrifft, eine wissenschaftliche Grundlage? Können Sie mir bitte auch nur einen Literaturnachweis als Beweis für die Korrektheit dieser Untersuchungsmethode nennen?

• Warum sucht man gerade hier nach Krebs, wo es doch eine Menge an anderen Körperbereichen gibt die nicht zum

Intimbereich gehören, in denen sich auch Krebszellen an-
siedeln können?

Bitte bemerken Sie folgendes: Hämorrhoiden sind bei jungen Männern sehr selten. Ich möchte auch behaupten, jemand der an solcher-
lei Beschwerden leidet wird selbst einen Arzt aufsuchen bei dem er
sich wohlfühlt. Ich kann es mir schwerlich vorzustellen, dass die
eher sehr selten vorkommenden Hämorrhoiden bei 18 jährigen einen
wissenschaftlich fundierten Grund bieten, eine Untersuchung des
Analbereichs im Rahmen der Musterung durchzuführen oder gar zu
rechtfertigen.

- Wenn sich die Bundeswehr dafür interessiert, warum fragt
  man dann nicht einfach den einzelnen, ob er Probleme in
  dieser Hinsicht hat? Wenn gefragt wird, auf was für eine
  Forschung stützt man sich, wenn dann trotzdem der
  Analbereich einer Kontrolle unterzogen wird?

- Wieso geht dies eigentlich die Bundeswehr etwas an?

Heutzutage muss alles was man als medizinische Kraft an Untersuchungen und Behandlungen vornimmt, wissenschaftlich begründet werden können. Das heißt, ein Arzt oder eine Krankenschwester
muss belegen können, dass er oder sie sich bei der Arbeit auf eine
anerkannte Forschung in dem jeweiligen Bereich stützen kann.

- Gibt es Beweise die belegen, dass Soldaten mit Hämorrhoiden eine Gefahr für die Verteidigung des Landes darstellen?

- Ich möchte Sie darum bitten mir die wissenschaftlichen
  Gründe aufzuzeigen, die eine zwangsmäßige Untersuchung
  des Analbereichs im Rahmen der Musterung rechtfertigen.
  Was ist der eigentliche Grund dafür, diesen Körperbereich
  zu inspizieren? Ich kann mir nur Schikane als Grund
  vorstellen. Haben Sie dazu eine andere Meinung?

Musterung

Ich denke der Gewissheit nahe zu sein, dass sich die Bundeswehr weit von den Methoden entfernt hat, die zur Kaiserzeit und zur Zeit des Nationalsozialismus gegolten haben. Ich denke auch nicht, dass die Bundeswehr ihre heutigen Rekruten zu Vergewaltigern ausbildet. Eher glaube ich mir sicher sein zu können, das man es nach der Grundausbildung lieber mit gut trainierten, moralisch gefestigten, verantwortungsbewussten Soldaten zu tun haben möchte. Aber gerade aus diesen Überlegungen heraus ist es mir unverständlich, dass man bei der Bundeswehr weiterhin an demütigenden Methoden festhält, die an alte diktatorische Zeiten erinnern. Dieses Festhalten an veralteten Methoden ist meiner Meinung nach ein Irrtum, der begangen wird.

Wenn man dort nackt vor fremden Personen steht, deren Befehle zu befolgen hat, dann verliert man unter Umständen seine Selbstachtung. Fast niemand wehrt sich gegen diese Behandlung. Auf die Möglichkeit die Intimbereichsuntersuchung zu verweigern wird vorher von behördlicher Seite nicht hingewiesen. Sogar diejenigen, die von dieser Möglichkeit wissen, trauen sich infolge der Einschüchterung durch die schon vorangegangen Untersuchungsvorgänge und den staatlichen Zwang der damit verbunden ist in der Regel dann auch nicht, in der Situation in der die Intimuntersuchung stattfindet nein zu sagen.

Hierzu habe ich noch folgenden Einwand zu machen: Eine Verweigerung der Intimuntersuchung sollte überhaupt nicht nötig sein müssen. Doktorspiele gehören vielleicht mit dem gegenseitigem Einverständnis von Kindern oder Jugendlichen zum Bereich der Entwicklungspsychologie, oder höchstens noch in die privaten Schlafzimmer des einzelnen Bürgers. Aber unter überhaupt keinen Umständen in den Arbeitsbereich staatlich angestellter Mediziner. Noch nicht einmal mit Einverständnis der zu untersuchenden Person.

Viele, das haben mir meine eigenen Studien belegt, können die Gedanken an ihre Musterung und die damit verbundenen Erniedrigungen noch Jahre danach nicht vergessen oder leiden sogar ihr ganzes Leben darunter. Herr Michael Müller (Name geändert), den ich aufgefordert habe mir seine Erlebnisse bei der Musterung in einem Bericht mitzuteilen, ist nur einer von ihnen. Er hat den Mut aufgebracht sein Stillschweigen endlich zu brechen. Er tat dies nicht um eine Entschuldigung zu bekommen, sondern um eine Beendigung der erniedrigenden Intimuntersuchungen zu fordern.

Durch seinen Bericht, aber auch durch Berichte von anderen Männern habe ich erfahren, wie weitreichend die individuellen Konsequenzen durch die Musterung in bezug auf das Leben der Betroffenen sein können. Es ist mir klar geworden, Intimuntersuchungen unter Zwang können sich sehr negativ auf das Sexualleben junger Menschen auswirken. Der junge Mensch befindet sich zu der Zeit, wenn die Musterung stattfindet, an einem sehr empfindlichen Zeitpunkt seiner Entwicklung. Das Erlebnis kann deswegen sehr ernsthafte Auswirkungen haben. Die daraus entstehenden Konsequenzen können sich auf das ganze Leben eines Menschen negativ auswirken.

Zum Schluss: Ärzte/Ärztinnen die für die einzelnen KWEA tätig sind, haben wie alle anderen Ärzte auch den hippokratischen Eid geleistet.

- Wie lässt sich dieser Eid mit den zwangsmäßigen Intimuntersuchungen an jungen Wehrpflichtigen vereinen und mit den Folgen, die daraus für diese Menschen entstehen können?

Ich freue mich darauf, ihre Meinung zu meinen Fragen zu erfahren. Ich bedanke mich für ihre Hilfe bei meinen Nachforschungen für mein Buch.

Mit freundlichen Grüßen

London, den 20.01.2009   Lars G. Petersson

Musterung

Das Problem mit dem Gelöbnis

Möglicherweise bedeutet Medizin zu praktizieren für einige Menschen, so ganz nebenbei Sexspiele zu betreiben und über andere Macht ausüben zu können. Aber wenn es so ist, dann wurde mit Sicherheit etwas missverstanden. Anstatt in seinem/ihrem Berufsalltag einen Spielraum für das Ausüben der eigenen Perversionen zu sehen, sollte ein Arzt oder eine Ärztin es nicht vielmehr als einzigste Aufgabe ansehen Gesundheit zu fördern, Krankheiten zu behandeln und dazu beizutragen Schmerzen zu lindern?

Doch leider sieht es auch in der täglichen Arbeit und im direkten Umgang mit der Klientel bei einigen von ihnen ganz anders aus, als berufsethisch und moralisch korrekt. Plötzlich scheinen hier diese Grundwerte und die vorher noch von der gesamten Ärzteschaft als fundamental wichtig angesehenen und von ihnen im höchsten Maße gepriesenen Gelöbnisse völlig ohne Bedeutung zu sein. Keine Spur mehr davon, ganz so, als ob die verpflichtenden Eide nie geleistet worden wären. Stimmt, es sieht so aus, als ob etliche Berufspraktiker nie geschworen hätten ihr "Leben in den Dienst der Menschlichkeit zu stellen", die "ärztliche Kunst nicht in Widerspruch zu den Geboten der Menschlichkeit anzuwenden", "mit allen meinen Kräften die Ehre und die edle Überlieferung des ärztlichen Berufes aufrechtzuerhalten" oder den "Beruf mit Gewissenhaftigkeit und Würde auszuüben", was nämlich so und nicht anders von ihnen erwartet wird. Wie sonst ist es überhaupt erklärbar sich so zu verhalten, als gäbe es derartig wichtige Gelöbnisse überhaupt nicht? Es kann doch nicht der Sinn sein nur einfach die gehaltvollen Worte nachzuplappern und danach alles wieder zu vergessen.

Bedeuten solche Sätze überhaupt nichts? Wie kann man als Mediziner alleine schon den Inhalt des folgenden Schwures so einfach vergessen? "Ich werde jedem Menschenleben von der Empfängnis an Ehrfurcht entgegenbringen und selbst unter Bedrohung meine ärztliche Kunst nicht in Widerspruch zu den Geboten der Menschlichkeit anwenden". Es muss doch jedem vollkommen klar sein, dass alle diese ehrenvollen Versprechungen in völligem Widerspruch zu diesem besonderen staatlichen Dienst und den Vorschriften stehen, denen man dort in den KWEÄ, Zivildienstbehörden und bei der Bundeswehr Folge zu leisten hat.

Zwei Welten prallen hier aufeinander. Was sollte nun ein Arzt oder eine Ärztin machen, wenn er/sie sich in diesem Interessenkonflikt befindet? Für den ärztlichen Berufsstand kann und darf es nur eine

Antwort darauf geben und diese Entscheidung sollte nicht schwer fallen. Denn es gibt nur einen Weg, den man dann nehmen kann und der heißt *hinaus*. Nimmt man sich selbst ernst und möchte man seinem Berufsethos treu bleiben, dann lässt dies ganz einfach keine andere Wahlmöglichkeit offen oder sollte keine andere Wahlmöglichkeit offen lassen. Will man als Arzt arbeiten, muss in erster Linie dem Gelöbnis des Arztberufes Vorrang eingeräumt werden, denn man kann diese Grundsätze im Dienst bei der Bundeswehr nicht verleugnen und dann einfach deren Richtlinien folgen. Ansonsten bringt man damit die ganze Ärzteschaft ins Zwielicht, wenn nicht gar in Verruf. Hierzu wurden klare ethische Richtlinien auch von verschiedenen internationalen ärztlichen Organisationen formuliert:

In der Deklaration von Genf des Weltärztebundes 1948 steht u. a.: "... Ich werde jedem Menschenleben von seinem Beginn an Ehrfurcht entgegenbringen und *selbst unter Bedrohung meine ärztliche Kunst nicht im Widerspruch zu den Geboten der Menschlichkeit anwenden*" (kursiv von mir)

In der Deklaration des Weltärztebundes von Tokio von 1975: "Es ist die vornehmste Pflicht des Arztes, seinen Beruf im Dienste der Menschlichkeit auszuüben, ... die höchste Achtung vor dem menschlichen Leben *muss sogar unter Bedrohung aufrechterhalten werden. Ärztliches Wissen darf niemals gebraucht werden, wenn die Gesetze der Menschlichkeit dadurch verletzt würden.*" (kursiv von mir)

Der Weltärztebund forderte 1986: "...berufliche Freiheit heißt, staatliche und soziale Prioritäten außer Acht zu lassen". Daraus ist abzuleiten, dass die ärztliche Verantwortung gegenüber dem Patienten Vorrang gegenüber der Loyalität staatlicher Behörden hat. Sogar unter Bedrohung muss der Arzt sich an diese Leitlinien halten. Zu aller erst muss also die Pflicht für einen Mediziner immer darin bestehen, den Regeln und Vorschriften der Berufsordnung des eigenen Berufes zu folgen sowie die ärztliche Unabhängigkeit, insbesondere die des ärztlichen Gewissens zu waren (z. B. § 2 Allgemeine ärztliche Berufspflichten (1) Ärztinnen und Ärzte üben ihren Beruf nach ihrem Gewissen, den Geboten der ärztlichen Ethik und der Menschlichkeit aus. Sie dürfen keine Grundsätze anerkennen und keine Vorschriften oder Anweisungen beachten, die mit ihren Aufgaben nicht vereinbar sind oder deren Befolgung sie nicht verantworten können.) und nicht denen einer Organisation mit gegensätzlichen Moralwerten. So und nicht anders hat es zu sein, anders darf es überhaupt nicht sein. Mit einem faulen Kompromiss betrügt man sich nur selbst.

Die auf der Grundlage der Kammer- und Heilberufsgesetze beschlossene Berufsordnung stellt die Überzeugung der Ärzteschaft zum Verhalten von Ärztinnen und Ärzten gegenüber den Patientinnen und Patienten, den Kolleginnen und Kollegen, den anderen Partnerinnen und Partnern im Gesundheitswesen sowie zum Verhalten in der Öffentlichkeit dar. Dafür geben sich die deutschen Ärztinnen und Ärzte die nachstehende Berufsordnung. Mit der Festlegung von Berufspflichten der Ärztinnen und Ärzte dient die Berufsordnung zugleich dem Ziel,

1. das Vertrauen zwischen Ärztinnen und Ärzten und Patientinnen und Patienten zu erhalten und zu fördern;

2. die Qualität der ärztlichen Tätigkeit im Interesse der Gesundheit der Bevölkerung sicherzustellen;

3. die Freiheit und das Ansehen des Arztberufes zu wahren;

4. berufswürdiges Verhalten zu fördern und berufsunwürdiges Verhalten zu verhindern."

Dieser Zielsetzung wird bei den erzwungenen Intimuntersuchungen in allen Punkten zuwider gehandelt. Es handelt sich hierbei auch um einen ganz massiven Vertrauensbruch im Verhältnis zwischen Arzt und Patient. Jeder (potentielle) Patient muss sicher sein können, dass seine Notsituation und Hilflosigkeit nicht ausgenutzt wird, weder von ärztlichem Personal noch von seinen Assistenzkräften. In den KWEÄ, bei der Bundeswehr und in den Zivildienstbehörden wird jedoch die Hilflosigkeit und Abhängigkeit der Wehrpflichtigen und Berufs- und Zeitsoldaten ausgenutzt, um eine beschämende, erniedrigende und ehrverletzende Untersuchungssituation zu arrangieren, die für andere Personengruppen völlig undenkbar wäre. Was als besonderes schlimm dabei wiegt, ist, dass dieser Vertrauensbruch auch nach Beendigung der Dienstzeit noch andauern kann. Wenn sich für den betroffenen Mann beispielsweise die Notwendigkeit zu Vorsorgeuntersuchungen und/oder zur Behandlung insbesondere im Intimbereich ergibt, dann können Erinnerungen an die vormals erlebten Intimsphärenverletzungen verheerende Folgen haben. Es bleibt also nicht ohne ernsthafte Konsequenzen für die Gesundheit der Bevölkerung. Der Staat trägt hier eine schwere Verantwortung. Letztendlich wird bei der Umsetzung der kritisierten Untersuchungspraxis berufsunwürdiges Verhalten nicht nur nicht verhindert, sondern ganz im Gegenteil sogar noch gefördert.

> "Ich kann nur jedem raten, der nicht unbedingt während der gesamten Untersuchung nackt dort stehen will, auf jeden Fall eine normale Unterhose oder wenigstens eher enge Boxershorts an zuhaben oder genau das mitbringen, was auf der Ladung steht. Ich habe den Fehler gemacht und mir im Sommer nur solche Skater Shorts angezogen. Als mir dann gesagt wurde, dass ich mich dort in dem Untersuchungsraum bis auf die Unterhose ausziehen sollte, ging dies halt nicht, da ich nur diese eine Hose anhatte. Ich habe dann gesagt, dass ich keine Unterhose drunter habe. Die Ärztin hat dann gemeint, dass ich dann alles ausziehen müsste. Na ja, so konnte ich die komplette Untersuchung nackt da stehen und liegen."
>
> Lutger B.
> .

Rufen wir uns an dieser Stelle noch mal § 2 Allgemeine ärztliche Berufspflichten in Erinnerung zurück:

"(1) Ärztinnen und Ärzte üben ihren Beruf nach ihrem Gewissen, den Geboten der ärztlichen Ethik und der Menschlichkeit aus. Sie dürfen keine Grundsätze anerkennen und keine Vorschriften oder Anweisungen beachten, die mit ihren Aufgaben nicht vereinbar sind oder deren Befolgung sie nicht verantworten können."

So ist es, und diejenigen die nicht in einem KWEA oder für die verantwortliche Zivildienstbehörde ihren Dienst verrichten, sondern für die Bundeswehr selbst arbeiten, machen sich in zweifacher Hinsicht eines Vergehens schuldig. Sie oder er kann sich auch nicht hinter "ich führe nur Befehle aus" verstecken. Erniedrigt man die eigenen Soldaten mit perversen "Untersuchungen" dann verstößt man auch als Sanitätssoldatin gegen die Soldatengesetze.

Musterung

Demnach sieht es so aus, als ob Ärztinnen und Ärzte bei der Bundeswehr offensichtlich nicht nur Probleme damit haben, ihre eigene Berufsordnung richtig zu interpretieren, sondern sie haben sich auch anscheinend nie richtig mit dem Soldatengesetz auseinander gesetzt.

Mit der Bezeichnung "schlimm" ist diese Verfehlung noch viel zu milde sanktioniert. Es ist nicht weniger als ihre Pflicht so etwas zu wissen. Laut Soldatengesetz §11 heißt es nämlich ausdrücklich: "Man hat nicht jeden Befehl zu befolgen." Wörtlich: "Ungehorsam liegt nicht vor, wenn ein Befehl nicht befolgt wird, der die Menschenwürde verletzt ..." Außerdem beruht laut §12 Soldatengesetz "der Zusammenhalt der Bundeswehr (...) wesentlich auf Kameradschaft. Sie verpflichtet alle Soldaten, *die Würde, die Ehre und die Rechte des Kameraden zu achten* und ihm in Not und Gefahr beizustehen." (kursiv von mir)

Nicht nur was die einzig richtige Berufsauffassung eines Arztes und die damit verbundene Beachtung der Menschenwürde anbelangt, muss einer Massenerniedrigung der eigenen Soldaten nach besten Kräften und Gewissen entgegen gewirkt werden, sondern darüber hinaus steht es eindeutig so auch in den Dienstrichtlinien, die wenn sie richtig verstanden worden wären, jegliche andere individuelle Auslegung ohne jegliches wenn und aber ausdrücklich verbieten.

Im §11 über Gehorsam steht im Abs. 2 hierzu: "Ein Befehl darf nicht befolgt werden, wenn dadurch eine Straftat (in unserem Fall sexuelle Übergriffe während medizinischer Untersuchungen) begangen würde."

Aus diesen Gründen muss davon ausgegangen werden, dass sich diese Mitarbeiter/-innen andauernd in moralisch bedenkliche Situationen verwickelt sehen. Obwohl klar festgeschrieben ist, wie Ärztinnen und Ärzte ihren Beruf gewissenhaft auszuüben haben und sie selbst feierlich gelobten, dem während ihrer Berufsausübung entgegen gebrachten Vertrauen zu entsprechen, werden diese Grundsätze trotzdem ständig mehrfach gebrochen. Zum einen, weil sie Untersuchungen überhaupt auf diese demütigende Art und Weise durchführen und zum anderen, weil sie diese nur bei denen durchführen, die sich am wenigsten dagegen wehren können. Wenn es sich jedoch um Frauen handelt, um die geworben werden muss, wird selbstverständlich ganz anders mit den Betroffenen umgegangen. Denn auf diese Freiwilligen darf natürlich nichts sofort eine abschreckende Wirkung haben.

Zur gewissenhaften Berufsausübung gehören aber auch noch andere Grundsätze korrekter ärztlicher Berufsausübung, wie zum Beispiel folgendes: "Ärztinnen und Ärzte sind verpflichtet, sich über die für die Berufsausübung geltenden Vorschriften unterrichtet zu halten". Das heißt, niemand kann sagen, man habe die rechtliche Lage nicht gekannt. Im weiteren heißt es: "Unbeschadet der in den nachfolgenden Vorschriften geregelten besonderen Auskunfts- und Anzeigepflichten haben Ärztinnen und Ärzte auf Anfragen der Ärztekammer, welche diese zur Erfüllung ihrer gesetzlichen Aufgaben bei der Berufsaufsicht an die Ärztinnen und Ärzte richtet, in angemessener Frist zu antworten". Anmerkung dazu: Wäre ein Stabsarzt oder eine Stabsärztin, ein KWEA Arzt oder eine Ärztin hierdurch nicht im Besonderen dazu verpflichtet, der/den Ärztekammer(n) über unzulässige Befehle bzw. Anordnungen zu ehrverletzenden Untersuchungsmethoden und -Situationen Bericht zu erstatten oder wenigstens darauf aufmerksam zu machen?

Hippokratischer Eid: "Ich schwöre und rufe Apollon, den Arzt, und Asklepios und Hygeia und Panakeia und alle Götter und Göttinnen zu Zeugen an, dass ich diesen Eid und diesen Vertrag nach meiner Fähigkeit und nach meiner Einsicht erfüllen werde.......In alle Häuser, in die ich komme, werde ich zum Nutzen der Kranken hineingehen, frei von jedem bewussten Unrecht und jeder Übeltat, besonders von jedem geschlechtlichen Missbrauch an Frauen und Männern, Freien und Sklaven.......Wenn ich diesen Eid erfülle und nicht breche, so sei mir beschieden, in meinem Leben und in meiner Kunst voranzukommen, indem ich Ansehen bei allen Menschen für alle Zeit gewinne; wenn ich ihn aber übertrete und breche, so geschehe mir das Gegenteil."

Aber auch umgekehrt muss gefragt werden, ob hier die Ärztinnen und Ärzte dieser Institutionen nicht umgekehrt auch Anspruch auf mehr Unterstützung durch ihre Ärztekammer hätten. Immerhin sind sie zur Mitgliedschaft in dieser Ständeorganisation verpflichtet und zahlen auch ihre Beiträge. Andernfalls dürften sie als Ärztinnen oder Ärzte gar nicht arbeiten. Warum gibt beispielsweise die Bundesärztekammer keine verpflichtende Empfehlung heraus, wie sie es zu anderen Themen auch tut. Ein Blick auf die Internetseite dieser Organisation genügt, um sich ein Bild von der Vielzahl verbindlicher Stellungnahmen, Richtlinien und Empfehlungen zu den verschiedenensten Themen machen zu können, die bereits existieren. Warum ist das bisher sogar trotz entsprechender Bitten und Anschreiben aus der Bevölkerung im Fall der Musterungsuntersuchungen unterblieben? Schließlich könnte sie damit denen in diesen Institutionen den Rücken stärken, die ihre Tätigkeit im Einklang mit ihren beruflichen Pflichten und ihrem Berufsethos, wie es beispielsweise in der Berufsordnung festgelegt ist, ausüben möchten.

Insbesondere der Paragraph "§ 11 Ärztliche Untersuchungs- und Behandlungsmethoden (2)" lässt sich schwer umzugehen. Deutlich steht da zu lesen: "Der ärztliche Berufsauftrag verbietet es, diagnostische oder therapeutische Methoden unter missbräuchlicher Ausnutzung des Vertrauens, der Unwissenheit, der Leichtgläubigkeit oder der Hilflosigkeit von Patientinnen und Patienten anzuwenden." Hierdurch wird ganz klar festgelegt, dass der zu untersuchende Mann über seine Möglichkeiten durch die Mitteilung des Verteidigungsministers, die Intimuntersuchung verweigern zu können, aufgeklärt werden MUSS und dass seine Unwissenheit nicht einfach ausgenutzt werden darf. Es ist nicht erlaubt eine solche Untersuchung gegen seinen Willen durchzuführen und insbesondere schon überhaupt nicht unter den oben beschriebenen entwürdigenden Bedingungen. Wer dennoch dagegen verstößt, macht sich unweigerlich strafbar.

Wichtig ist auch was in § 23 (1) zu lesen ist. Hier wird ganz deutlich gesagt, dass die Regeln dieser Berufsordnung auch für Ärztinnen und Ärzte gelten, "welche ihre ärztliche Tätigkeit im Rahmen eines privatrechtlichen Arbeitsverhältnisses oder öffentlich-rechtlichen Dienstverhältnisses ausüben." Dies heißt, es wird bestätigt, dass diese Berufsordnung auch für Ärztinnen/Ärzte Gültigkeit besitzt, die bei der Bundeswehr, für die Zivildienstbehörde oder in einem KWEA arbeiten. Dabei gibt es keine Ausnahmen.

Auch der ehemalige Verteidigungsminister Jung hat die Gültigkeit der Berufsordnung für die Ärztinnen und Ärzte der Wehrinstitutionen in einer Stellungnahme vom 29.06.2009 bestätigt.

"Das Berufsethos der Ärztinnen und Ärzte schreibt die "geschlecht-liche Neutralität" vor. Die Neutralität ist ein wesentlicher Faktor der fachlichen Professionalität und wird auch durch die Berufsordnung rechtlich verbindlich gemacht. Die ärztliche Qualifikation vermittelt eine geschlechtliche Neutralität, ..."

(Quelle: www.abgeordnetenwatch.de/dr_franz_josef_jung-650-6066.html#questions)

An dieser Stellungnahme seitens des BMVg stimmt immerhin, dass die Berufsordnung rechtlich bindend ist. Von einer "geschlecht-lichen Neutralität" ist dort allerdings nicht die Rede. Nirgendwo in diesem Regelwerk ist davon etwas zu Lesen. Sollten die Ärztinnen und Ärzte, die sich diese Berufsordnung selbst gegeben haben, ihre "ärztliche Qualifikation" und den "wesentlichen Faktor ihrer fach-lichen Professionalität" tatsächlich vergessen haben, als sie all die oben erwähnten Paragraphen Bekenntnissen zum Schutz der Intim-sphäre und der Menschenwürde zum Wohl ihrer Patientinnen und Patienten in ihre Berufsordnung aufgenommen haben?

Oder wird auch hier wohlweislich, genau wie beim bereits oben erwähnten §81d der Strafprozessordnung, der Sichtweise und dem Empfinden der zu Untersuchenden der Vorzug gegeben?- Trotz ei-ner gewissen "geschlechtlichen Neutralität", die der Gesetzgeber laut einiger Gesetzeskommentare (und nicht laut der Berufsord-nung!) den Medizinern aufgrund ihrer beruflichen Qualifikation zu-gesteht.

Ein Hinweis auf die Qualität der wenigen offiziellen Stellungnah-men der verantwortlichen Stellen sei noch erlaubt:

"… in ihrer Aufgabe gelten Assistenten ebenso wie Ärzte – gleich welchen Geschlechts – als neutrale Amtspersonen."

Stellungnahme von Dr. Jung vom 14.08.2009
Quelle: www.abgeordnetenwatch.de/dr_franz_josef_jung-650-6066.html#questions

Was Ärztinnen und Ärzte erst während ihrer viele Jahre andauern-den, anspruchsvollen akademischen Qualifizierung erlangen, näm-lich die "geschlechtliche Neutralität", das schaffen Assistentinnen nach Auffassung des BMVg bereits durch bloße Akklamation zur

Musterung

"neutralen Amtsperson" durch unseren Herrn Verteidigungsminister!

Vielleicht reicht es, wenn wir uns noch mal in Erinnerung rufen,
was bereits im Zusammenhang mit der Strafprozessordnung festgestellt wurde: "Das vom Gesetz nicht näher definierte Schamgefühl
darf durch die Maßnahme nach §81d nicht verletzt werden. Das
kann in objektiver Hinsicht durch die allgemeinen Regeln der
Schicklichkeit und des Anstands eingegrenzt werden. Auch darüber
hinaus sind einzelfallbezogene objektive Gesichtspunkte für die Beurteilung maßgebend ob das Schamgefühl verletzt ist. Das ist etwa
dann zu bejahen, *wenn sich die betroffene Person vor einer Person
des anderen Geschlechts, die keine Ärztin oder Arzt ist* völlig entkleiden und eine Untersuchung ihrer Geschlechtsorgane dulden
soll." (Strafprozessordnung StPo /hrsg von Wilhelm Krekeler /
Markus Luffelmann. Autoren Mario Bergmann, Kai Lohse 2007;
aber auch in: Strafprozessordnung / bearb. von Karl-Peter Julius ...
Hans Joachim Kurth 4. Auflage 2009).

Habe ich Sie nun immer noch nicht davon überzeugen können, was
gute ärztliche Berufsausübung bedeutet, dann bitte ich darum sich
einmal die Verhaltensregeln (§2 Abs.3) zu Gemüte zu führen, in
denen über den "Umgang mit Patientinnen und Patienten" ausführlich unterrichtet wird, als ob das nicht selbstverständlich wäre. Hier
steht geschrieben: "Eine korrekte ärztliche Berufsausübung verlangt,
dass Ärztinnen und Ärzte beim Umgang mit Patientinnen und Patienten ihre Würde und ihr Selbstbestimmungsrecht respektieren,
ihre Privatsphäre achten, und insbesondere auch das Recht,
empfohlene Untersuchungs- und Behandlungsmaßnahmen abzulehnen, respektieren." Sie müssen "Rücksicht auf die Situation der
Patientinnen und Patienten nehmen" und "auch bei Meinungsver-
schiedenheiten sachlich und korrekt bleiben".

Dazu braucht man nicht mehr viel zu sagen. Dagegen wird in den
KWEÄ, in den Zivildienstbehörden und in den Standorten der Bundeswehr eindeutig verstoßen. Man fragt sich, haben die Leute überhaupt alle diese Vorschriften gelesen. Es sieht nicht so aus. Unglaublich, wenn man daran denkt wie weltberühmt deutsche Beamten für ihren zwanghaften Umgang mit Vorschriften und Regeln
sind.

Die Doktoren haben ein Problem mit der Diagnose

Es ist klar, warum das Verteidigungsministerium und dessen Minister (ob es sich jetzt um Dr. Jung oder Dr. zu Guttenberg oder noch einen weiteren handelt) mit der Frage "erzwungene Intimkontrolle ja oder nein" ein großes Problem haben. Sie wissen einfach nicht was sie machen sollen. Zusammen mit seinen Beamten hat insbesondere Dr. Jung Verschiedenes versucht. Aber es ist einfach kein zufriedenstellenden Ergebnis dabei herausgekommen.

Wenn man zum Beispiel plötzlich, nachdem auf das Ministerium Druck ausgeübt worden ist, folgendes vom Minister lesen kann (ist mir auf dem Umweg über den Wehrbeauftragten zur Kenntnis gekommen): "Die (Wehrpflichtigen) haben auch die Möglichkeit, ein Attest eines Arztes oder einer Ärztin ihres Vertrauens vorzulegen, um die musterungsärztliche Untersuchung in dieser Form zu vermeiden", dann fragt man sich erstens, warum die Bundeswehr es überhaupt als ihre Aufgabe betrachtet, Vorsorgeuntersuchungen zu betreiben und zweitens, von wem sie diese Aufgabe erhaltet hat. Fragen, die auf eine Antwort warten!

Nehmen wir zum Beispiel einmal an, die Vorhaut hätte tatsächlich etwas mit der Wehrtauglichkeit zu tun. Soll dann wirklich ein ziviler Arzt den Penis daraufhin überprüfen und ihm Tauglichkeit für den Kriegsdienst attestieren? Geht das überhaupt? Hat ein Zivilist überhaupt so ein Recht? Woher nimmt er dafür die wissenschaftlichen Belege, auf die er sich dabei stützen müsste. Man muss einfach festhalten, Dr. Jung und seine Freunde lassen da ein paar Fragen offen, die sie uns allen beantworten müssen. Wie seinerzeit Dr. Jung hat nun auch Dr. Freiherr zu Guttenberg ein ernsthaftes Erklärungsproblem.

"Mir erging es ähnlich. Als mir der Arzt im Gesundheitsamt, als ich wie ein begossener Pudel mit hintergelassener Hose dastand, ohne zu fragen an die Kronjuwelen griff. Also noch einmal der gleiche Vorgang bei der Einstellungsuntersuchung wie bei der Musterung und darum eigentlich absolut unnötig."

Joachim S.

Noch einiges andere möchte ich zu gerne wissen. Was sagen die Verantwortlichen bei der Bundeswehr und die Mediziner zu folgendem Sachverhalt? Nach § 11 des Soldatengesetzes muss ein Soldat seinem Vorgesetzten gehorchen. Er hat deren Befehle nach besten Kräften vollständig, gewissenhaft und unverzüglich auszuführen. Ungehorsam liegt aber nicht vor, "wenn ein Befehl nicht befolgt wird, der die Menschenwürde verletzt oder der nicht zu dienstlichen Zwecken erteilt worden ist; die irrige Annahme, es handele sich um einen solchen Befehl, befreit den Soldaten nur dann von der Verantwortung, wenn er den Irrtum nicht vermeiden konnte und ihm nach den ihm bekannten Umständen nicht zuzumuten war, sich mit Rechtsbehelfen gegen den Befehl zu wehren."

Die Ärztinnen und Ärzte der Bundeswehr sind auch Soldaten. Sie können sich bei Verstoß gegen diesen Paragraphen nicht wehren. Sie können sich auch nicht mit dem schönen Spruch verteidigen: "Ich habe nur Befehle ausgeführt". Sie wissen schon, dass sie die Menschenwürde der Soldaten verletzen, dass diese Intimkontrollen keinen dienstlichen Zweck haben und sie wissen auch, dass sie sich selbst gegen diese Befehle hätten wehren können. Als Soldaten müssen sie auch folgendes in Betracht ziehen und achten; unter "§ 12 Kameradschaft" steht: "Der Zusammenhalt der Bundeswehr beruht wesentlich auf Kameradschaft. Sie verpflichtet alle Soldaten, die Würde, die Ehre und die Rechte des Kameraden zu achten und ihm in Not und Gefahr beizustehen." Als Stabärztin oder -arzt darauf Bezug nehmend aber die Würde eines anderen Soldaten zu verletzen, ist ein Verbrechen an seinem Kameraden und im Sinne dieses Paragraphen ist es klar eine Gesetzesübertretung.

Es ist auch für jeden jetzt nicht schwer einzusehen, warum die Intimsphärenverletzung von Untergebenen und die der zur Musterung Zwangsbefohlenen, die Dank dieses Buches jetzt öffentlich bekannt gemacht wurde, die Ehre der Bundeswehr in hohem Maße einfach verletzen muss. Ja, so ist es: In § 17 steht, dass das Verhalten des einzelnen Soldaten (hier der Stabsarzt/-ärztin, meine Bemerkung) dem Ansehen der Bundeswehr gerecht werden muss. Man darf als Soldat/-in das Ansehen der Bundeswehr nicht beschädigen. Es ist klar, dass pornografische Doktorspielchen nicht gerade das Ansehen der Institution verbessern. Dr. Jung und Dr. zu Guttenberg sind nicht die einzigsten Doktoren, die ein Problem mit der "Diagnose" haben.

Die Rolle der Ärzteschaft

Die Bundeswehr erkennt, wie wir gesehen haben, die Berufsordnung für ihre Ärztinnen und Ärzte in den KWEÄ und bei der Bundeswehr als verbindlich an. Bisher hat meines Wissens auch noch keine Ärztekammer an dieser Stelle die rechtliche Verbindlichkeit für diese Berufsgruppe in Frage gestellt. Dies wäre auch angesichts des §23 der Berufsordnung über die Gültigkeit dieses Regelwerks (siehe unten) nur schwer zu erklären.

Aber warum werden dann nicht auch die Ärztekammern aktiv, wenn Verstöße gegen die Berufsordnung in den KWEÄ und Untersuchungseinrichtungen der Bundeswehr bekannt werden. Nicht zum ersten Mal wurden im Herbst 2009 alle Ärztekammern zu dem Thema angeschrieben und um Stellungnahme sowie Unterstützung sowohl der betroffenen Soldaten und jungen Männer sowie auch der Ärztinnen und Ärzte, die in diesen Einrichtungen arbeiten und ihre Arbeit anständig und im Einklang mit ihrem Berufsethos ausüben wollen, gebeten.

Mehrere angeschriebene regionale Ärztekammern verwiesen auf ihren lokal begrenzten Zuständigkeitsbereich. Immerhin zwei Geschäftsführerinnen (!) wollten sich dafür einsetzen, dass diese Problematik auf Bundesebene diskutiert wird.

Alle Ärztinnen und Ärzte sind zur Mitgliedschaft in den Ärztekammern gezwungen. Ein Umstand, der auch den Zwang zum Entrichten von Mitgliedsbeiträgen beinhaltet! Dennoch weichen die meisten Ärztekammern immer wieder aus, wenn es um die Zuständigkeit bei ethischem Fehlverhalten dieser Vertreter/innen des Berufsstandes oder um ethisch nicht vertretbare Anweisungen ihrer Dienstherren geht. Man windet sich aus Anfragen heraus, erklärt mal die Nichtzuständigkeit, mal wird darauf in Antwortschreiben gar nicht eingegangen. Aus einem Antwortschreiben der Ärztekammer Nordrhein vom Oktober 2009:

> "… und dürfen ihnen mitteilen, dass die Ärztekammer für das von Ihnen vorgetragene Begehren keine Zuständigkeit besitzt. Wir möchten Sie bitten, sich an das zuständige Bundesministerium für Verteidigung zu wenden und dort ihr Anliegen vorzutragen."

Ohne dies weiter zu begründen wird einfach behauptet, dass die Ärztekammer nicht zuständig ist.

Musterung

"Ärzte, die im Rahmen eines Arbeitgebervertrages oder, falls sie verbeamtet sind, im Rahmen ihrer Dienstpflichten, die notwendigen Untersuchungen durchzuführen, begehen grundsätzlich keinen Berufspflichtverstoß."

Das hatte allerdings auch niemand behauptet, zumal §23 der Berufsordnung diese Möglichkeit ja gerade vorsieht.

"Wir verstehen Ihre Beschwerde nicht als eine Beschwerde gegenüber Ärzten oder Ärztinnen, sondern gehen davon aus, dass ..."

Soll das etwa heißen, dass die Ärztekammer doch zuständig ist, wenn es so gewesen wäre?

"... dass es sich um eine Beschwerde über die von ihnen angeführten Gesetze, Durchführungsbestimmungen sowie Äußerungen des Verteidigungsministers handelt."

Dies stellt den Inhalt der Anschreiben vom Herbst 2009 aber völlig auf den Kopf. Anhand der dort aufgeführten Gesetzen und Durchführungsbestimmungen sollte ja gerade gezeigt werden, dass die Vorgehensweise bei den Musterungsuntersuchungen eben nicht mit diesen im Einklang steht. Es wurde dabei auf Auszüge der ärztlichen Berufsordnung, der Zentralen Dienstvorschrift 46/1 der Bundeswehr und dem Soldatengesetz Bezug genommen. Auch auf die Bedeutung des "forensische Prinzips" wurde in diesem Zusammenhang eingegangen.

Ärztekammer Mecklenburg-Vorpommern vom November 2009

"... Leider können wir Ihre Anfrage zu körperlichen Untersuchungen von Soldaten bzw. Anwärter durch Ärztinnen/ Assistenzärztinnen zuständigkeitshalber nicht beantworten. Wir empfehlen Ihnen, Ihre Anfrage beispielsweise an den Wehrbeauftragten des Deutschen Bundestages zu richten."

Die Ärztekammer Nordrhein beließ es nicht allerdings nicht bei dieser Empfehlung, sondern teilte den Schreibern der Eingaben mit

"... dass wir Ihre Beschwerde dem Wehrbeauftragten des Deutschen Bundestages zugeleitet haben.

Der Wehrbeauftragte des Deutschen Bundestages hat mit Schreiben vom ... mitgeteilt, dass er die Beschwerden zum Anlass nehme, eine Überprüfung einzuleiten.

Sobald uns das Ergebnis der Überprüfung vorliegt, werden wir uns wieder mit Ihnen in Verbindung setzen."

Ärztekammer Nordrhein vom November 2009

Diese Weiterleitung geschah jedoch, ohne vorher die Verfasser über diesen Schritt zu informieren, geschweige deren Einverständnis dazu einzuholen. Ein interessanter Umgang mit anvertrauten Daten seitens einer Institution, deren Mitglieder doch sonst zu sorgfältigem Umgang und zu Datenschutz mit ihnen anvertrauten Informationen verpflichtet sind! Der entsprechende Schriftverkehr liegt mir vor.

Es stellt sich an dieser Stelle aus meiner Sicht aber auch die Frage nach der ärztlichen Unabhängigkeit, die ebenfalls durch die Berufsordnung gewährleistet werden soll. Und zwar nicht nur in Bezug auf dieStellung der Diagnose, sondern auch in Bezug auf das ethische Verhalten und den Umgang mit Weisungen von staatlichen Einrichtungen, die dem widersprechen.

Die Bundesärztekammer wurde in der Vergangenheit auch schon zu dem Thema befragt (unter anderem von mir), und hat sich immer wieder ausweichend verhalten und sich u. a. als nicht zuständig erklärt. Was jedoch aktuell im Zusammenhang mit den oben genannten Schreiben nicht vorliegt, ist eine offizielle Reaktion von der Bundesärztekammer. Warum hat sie dieses Mal nicht geantwortet und ihre stereotypen Stellungnahmen abgegeben? Was war an dem Inhalt dieser Anschreiben anders, als bei denen, auf welche die Bundesärztekammer sonst geantwortet hat? Waren es vielleicht genau die Gesetze und Durchführungsbestimmungen, auf die sich die Fragesteller bezogen hatten? Konnte oder wollte man hier keine zufrieden stellende Antwort geben? Hätte man sich seitens der Ärzteschaft etwa sonst ungewollt in Schwierigkeiten oder Unannehmlichkeiten gebracht?

Die Ärztekammer Nordrhein hat, laut einem Schreiben des Wehrbeauftragten, gemeinsam mit der Ärztekammer Westfalen-Lippe den Vorgang, im Gegensatz zu einigen anderen ÄKs, nicht an deren

Musterung

Bundesebene weitergegeben, sondern an seine Institution umgeleitet. Andere Kammern haben offenbar offiziell nicht mehr nachgehakt. Dadurch wurde die Bundesärztekammer umgangen und konnte so eine offizielle Stellungnahme von ihr auf diese Anschreiben bisher vermieden. Ist es Zufall, oder hat es gar damit zu tun, dass der Präsident beider Kammern (ÄK Nordrhein und Bundes-ÄK) ein und dieselbe Person ist? So geht es munter weiter auf dem Verschiebebahnhof der Institutionen...

Wiederholt wurde in Bezug auf die verbeamteten Ärztinnen und Ärzte auf deren rechtliche Sonderstellung hingewiesen, um die Nichtzuständigkeit bei Verstößen gegen die Berufsordnung zu begründen. So wurde zum Beispiel in einigen früheren Antworten der § 59 im Heilberufsgesetz von Nordrheinwestfalen zitiert, um die Nichtzuständigkeit der Ärztekammern zu belegen:

(1) Kammerangehörige, die ihre Berufspflichten verletzten, unterliegen der Berufsgerichtsbarkeit.

(2) *Dies gilt nicht für beamtete Kammerangehörige, soweit sie ihre Beamtenpflichten verletzt haben.* (kursiv von mir).

Hier wird von den Ärztekammern ethisches Fehlverhalten im Sinne der ärztlichen Berufsordnung flugs als Verletzung der Beamtenpflichten umgedeutet und schon meint man, das Problem an den jeweiligen Dienstherren weiter delegiert zu haben. In unserem Fall genau an die Dienststellen, von denen diese Missstände bei der Musterung offenkundig gewollt sind und die unbedingt an der bisherigen Praxis festhalten wollen! Aus welchen Gründen auch immer!

Wird hier wirklich darauf gesetzt, dass diejenigen, welche für die Praxis der Intimuntersuchung verantwortlich sind, auch dieselben sind, welche hier eine Änderung im Sinne des ärztlichen Berufsethos bewirken werden? Hat man seitens der Ärztekammern überhaupt ein wirkliches Interessen daran? Oder wird hier nur aus Bequemlichkeit ein Konflikt vermieden?

So etwas kann natürlich auch nach hinten losgehen. Wahrscheinlich ungewollt hat sich die Ärztekammer mit ihrem Verhalten in der Frage der Musterungsuntersuchungen ein ganz neues Problem geschaffen. Wenn nämlich die verbeamteten Ärzte keine oder keine adäquate Gegenleistung für ihre Zwangsmitgliedschaft erhalten, ist es dann überhaupt rechtens, von ihnen Mitgliedsbeiträge zu erheben? Sind Verträge, in denen Geldzahlungen ohne angemessene Gegenleistung verlangt werden, nicht sittenwidrig? Zumindest über die Beitragshöhe ließe sich aufgrund des deutlich reduzierten Leistungsspektrums diskutieren!

Viel Geld und auch viel Einfluss steht hier für die Ärztekammern auf dem Spiel. Was würde passieren, wenn plötzlich große Teile der verbeamteten Ärztinnen und Ärzte die Zahlungen einstellen und es zu Gerichtsprozessen kommt? Es geht ja nicht nur um künftige Einnahmen. Wie wäre es um die Liquidität dieser bislang sehr bedeutenden berufsständischen Organisation bestellt, wenn ein Gericht plötzlich feststellt, dass auch zu Unrecht eingezogene Beiträge der letzen Jahre zurückzuzahlen sind? An dieser Stelle werden sich die Ärztekammern wahrscheinlich früher oder später positionieren müssen!

Aber die verbeamteten Mediziner/innen sind damit keineswegs aus dem Schneider, wenn es um die Beurteilung ihres berufsethischen Verhaltens geht. Gemäß §63 BBG (Bundesbeamtengesetz) ist jeder Beamte und jede Beamtin verpflichtet, Bedenken gegen die Rechtmäßigkeit dienstlicher Anordnungen unverzüglich bei Vorgesetzten zu melden:

---

§ 63. Verantwortung für die Rechtmäßigkeit.

(1) Beamtinnen und Beamte tragen für die Rechtmäßigkeit ihrer dienstlichen Handlungen die volle persönliche Verantwortung.
(2) [1] Bedenken gegen die Rechtmäßigkeit dienstlicher Anordnungen haben Beamtinnen und Beamte unverzüglich bei der oder dem unmittelbaren Vorgesetzten geltend zu machen. [2] Wird die Anordnung aufrechterhalten, haben sie sich, wenn ihre Bedenken gegen deren Rechtmäßigkeit fortbestehen, an die nächst höhere Vorgesetzte oder den nächst höheren Vorgesetzten zu wenden. [3] Wird die Anordnung bestätigt, müssen die Beamtinnen und Beamten sie ausführen und sind von der eigenen Verantwortung befreit. [4] *Dies gilt nicht, wenn das aufgetragene Verhalten die Würde des Menschen verletzt* oder strafbar oder ordnungswidrig ist und die Strafbarkeit oder Ordnungswidrigkeit für die Beamtinnen und Beamten erkennbar ist. [5] Die Bestätigung hat auf Verlangen schriftlich zu erfolgen. (kursiv von mir)

Musterung

Kann sich umgekehrt eine Vorgesetzte oder ein Vorgesetzter darauf berufen, dass der oder die Untergebene (in unserem Fall zum Beispiel untergeordnetes ärztliches Personal, aber auch Sanitätssoldatinnen) die Nichtrechtmäßigkeit einer Anordnung, welche die Würde bei einer Intimuntersuchung verletzt, hätte melden müssen? Hoffen Verantwortliche möglicherweise, so Schuld und Verantwortung bei einer Strafanzeige auf untergeordnete Mitarbeiterinnen und Mitarbeiter wenigstens zum Teil abwälzen zu können? Und wenn wir gerade beim Verschieben sind. Was ist mit den Ärztinnen und Ärzten, die im Angestelltenverhältnis in den KWEAs arbeiten? Gilt für sie anderes Recht bei einer Anzeige wegen Nötigung bei einer medizinischen Untersuchung als für Beamte? Müssten sie eher mit einer Strafverfolgung rechnen, da sie nicht den Schutz eines Beamten genießen?

Noch einmal zurück zur ärztlichen Unabhängigkeit verbeamteter Ärztinnen und Ärzte. Es gibt für bestimmte Beamtengruppen Sonderbestimmungen. Diese werden höher gewertet, als das allgemeine Beamtenrecht. Beispiels weise gelten für beamtete Wissenschaftler (Professoren, wissenschaftliche Assistenten) diese Sonderregeln wegen der im Grundgesetz nach Art. 5 Abs. 3 GG festgelegten Wissenschaftsfreiheit. ("Kunst und Wissenschaft, Forschung und Lehre sind frei. Die Freiheit der Lehre entbindet nicht von der Treue zur Verfassung."). So ist zum Beispiel das Weisungsrecht eingeschränkt.

Für Ärztinnen und Ärzte sind solche Sonderregeln nicht erlassen worden. Hat hier jemand einfach nur etwas vergessen? Oder ist hier mit einer bestimmten Intention ein "juristisches Schwarzes Loch" für diese Berufsgruppe geschaffen worden? Fakt ist, die rechtliche Stellung der Ärzteschaft ist hier nicht verbindlich und für alle klar geregelt. Liegt es möglicherweise daran, dass das Beamtenrecht nur die Ausnahmen zulässt, die auch das Grundgesetz gemäß Artikel 5 ausdrücklich aufzählt? Von einer Unabhängigkeit der ärztlichen Entscheidung ist hier nicht die Rede. Diese haben sich die Ärzte durch ihr Berufsethos, wie wir oben gesehen haben, selbst auferlegt, gegebenenfalls auch im Widerspruch zu staatlichen Weisungen.

Oder gibt es doch Ausnahmen? Auf europäischer Ebene hat man sich anscheinend schon zu Kompromissen durchgerungen. So steht beispielsweise in der Europäischen Berufsordnung zum Thema "Ethische und fachliche Unabhängigkeit":

> 5. Bei seiner ärztlichen Tätigkeit muss der Arzt die erforder-
> liche berufliche Freiheit sowie die fachlichen und ethischen
> Voraussetzungen besitzen, die ihm ein unabhängiges Han-
> deln erlauben. Sind diese Voraussetzungen nicht gegeben,
> so ist der Patient davon in Kenntnis zu setzen.
> 6. Ist der Arzt bei einer privaten Einrichtung oder Behörde tä-
> tig, so hat er - wenn er im Auftrag einer dritten Person oder
> Einrichtung handelt - den Patienten davon zu unterrichten,
> soweit dies dem Patienten nicht offenkundig ist.

Wie unter dem 5. Punkt zu lesen, geht man hier davon aus, dass
Ärzte doch unter Bedingungen arbeiten können, bei denen ihre Un-
abhängigkeit nicht gegeben ist. Und es sind für diese Situationen
Regelungen getroffen worden! Diese sind allerdings recht diffus
formuliert. Wann ist es beispielsweise nach Auffassung der Macher
dieses Regelwerks für Patienten "offenkundig", dass die ärztliche
Unabhängigkeit eingeschränkt ist? Ist bereits die Tatsache, einen
Arzt oder Ärztin des Gesundheitsamtes oder des Medizinischen
Dienstes der Krankenkassen vor sich zu haben, offensichtlich genug, um als Patient von einer interessengeleiteten Abhängigkeit bei
der Diagnosestellung auszugehen und davon, dass das Untersuchungsergebnis evtl. nicht dem objektiven Sachverhalt entspricht?
Können Bürger Ärztinnen und Ärzten, die in öffentlichen Einrichtungen tätig sind, grundsätzlich nicht mehr vertrauen, weil diese
sie erst gar nicht in Kenntnis über ihr Abhängigkeitsverhältnis setzen müssen?

Wie sieht es angesichts dieser Situation speziell bei den Medizinern
der Institutionen der Bundeswehr aus? Und wie ist es hier generell
um das Vertrauensverhältnis zwischen den Soldaten und ihrer Ärzte
bestellt? Aufgeklärt, wenn es um den Schutz der Intimsphäre geht,
werden aufgrund entsprechender Weisungen beispielsweise meist
nur die Frauen! Selbst männliche Zeit- und Berufssoldaten wissen
häufig nichts davon, wie ich aus persönlichen Gesprächen weiß.

Wie steht es um die Relevanz von Untersuchungsergebnissen dieser
Institutionen bei Gerichtsverfahren, wenn selbst diejenigen, die sie
erstellen ggf. sich darauf berufen könnten, dass ihre Abhängigkeit
offensichtlich ist? Und wieder stellt sich auch hier die Frage: "Darf

sich die Abhängigkeit der ärztlichen Tätigkeit auch auf das ethische Verhalten im Umgang mit der zu untersuchenden Person während der Untersuchung ausdehnen?"

Vielleicht sind wir an dieser Stelle auf eine Problematik gestoßen, die zwar mit unserem Thema zu tun hat, aber auch noch darüber hinaus weist? Wie werden sich Ärzte und Ärztinnen im Staatsdienst verhalten, wenn beispielsweise nach einem Terroranschlag Notstandsgesetze in Kraft treten? Wie werden sie staatliche Sicherheitsdienste (Polizei, aber auch Geheimdienste, Bundeswehr usw.) unterstützen? Wurde hier bereits in ruhigeren Zeiten eine rechtliche Situation geschaffen, die sicherstellen soll, dass ärztliche Helfer beispielsweise wegen Teilnahme an Folterungen hinterher juristisch nicht zu belangen sind? Man denkt unwillkürlich an Guantanamo, Abu Ghraib und ähnliche Orte … . Fragen, auf deren Beantwortung die Öffentlichkeit, wie ich finde ein Recht hat! Aber zurück zu unserem eigentlichen Thema.

Lars G Petersson

Das "forensische Prinzip"

Was ist das eigentlich, dieses "forensische Prinzip", dessen Einhaltung dem Verteidigungsministerium so wichtig ist? Ist es in der
Zentralen Dienstvorschrift vorgeschrieben? Handelt es sich gar um
eine gesetzliche Vorschrift, die unbedingt befolgt werden muss?
Welchen Sinn hat es und welchen Zweck erfüllt es tatsächlich?

Die ärztliche Musterungsuntersuchung erfolgt generell nur in Anwesenheit einer zweiten Person ("forensisches Prinzip"). Diese auch
im zivilen Bereich praktizierten Gepflogenheiten gelten unabhängig
vom Geschlecht der untersuchten bzw. untersuchenden Person.

Antwort von Dr. Franz Josef Jung vom 29.06.2009
www.abgeordnetenwatch.de/dr_franz_josef_jung-650-
6066.html#questions

In seiner Stellungnahme verweist der ehemalige Verteidigungsminister Jung auf "praktizierte Gepflogenheiten im zivilen Bereich",
um die erzwungene Zurschaustellung nackter junger Männer durch
weibliche Untersuchungsteams zu legitimieren.
   Schauen wir uns diese Gewohnheiten in zivilen Arztpraxen, Kran-
kenhäusern, Pflegeheimen usw. einmal genauer an. Mir liegt zu dem
Thema eine Ausarbeitung vor, deren sachliche Richtigkeit mir von
mehreren Angehörigen des ärztlichen Berufsstandes verschiedener
Fachrichtungen sowie Studentinnen und Studenten der Medizin
bestätigt wurde.

*Das "forensische Prinzip" ist selbst kein Gesetz. Es handelt sich um
eine Empfehlung an Ärztinnen und Ärzte, die bei Untersuchungen
im Intimbereich bei Patientinnen/Patienten des jeweils anderen Geschlechts (im Gegensatz zum/zur Untersucher/in) zur eigenen Absicherung beachtet werden soll. Ursprünglich stammt es wohl aus
dem Bereich der Gynäkologie.*

Die korrekte Durchführung der Untersuchung oder Behandlung soll
also durch die Anwesenheit einer Assistenzkraft als Zeugin oder
Zeuge bestätigt werden. Welche Kriterien müssen erfüllt sein, damit
aus der möglichen Zeugenaussage kein Meineid wird?

Musterung

Zunächst muss vor der Durchführung der medizinischen Maßnahme eine entsprechende Aufklärung der zu untersuchenden Person stattfinden. Diese muss verstehen können, worum es geht und warum der Eingriff in die Intimsphäre erforderlich ist. Es muss für die betroffene Person nachvollziehbar sein, was gerade passiert und weshalb. Sie darf nicht länger unbekleidet sein, als es für die Maßnahme erforderlich ist. Auch darf der Körper nicht mehr entblößt sein, als notwendig, damit aus dem Eingriff kein Übergriff wird. (Vgl. hierzu den Aufruf der medizinischen Gesellschaft von Basel "Keine Frau muss nackt vor dem Arzt stehen").

Vergleichen wir nur diese Vorraussetzungen mit den Bedingungen der meisten Musterungsuntersuchungen, dürfte eine Zeugin allein schon aus diesen Gründen ins Schwitzen kommen, wenn sie auch nur an die Möglichkeit einer geforderten Zeugenaussage vor denkt.

Des Weiteren muss die Assistenzkraft gleichen Geschlechts wie die zu untersuchende Person, da eine Entblößung vor dem anderen Geschlecht ebenfalls als Verletzung der Intimsphäre und des Schamgefühls empfunden wird. Von diesem Prinzip der Gleichgeschlechtlichkeit darf nur mit Einverständnis der/des Patienten/in oder im medizinischen Notfall, z.B. lebensgefährliche Blutungen im Intimbereich o. ä. abgewichen werden, weil hier eine Abwägung getroffen werden muss. Niemals darf Nacktheit vor einer Person anderen Geschlechts erzwungen werden!

Wo wir auch hinsehen. Überall erkennen wir dieses Rechtsprinzip wieder. Nicht nur in gynäkologischen oder urologischen Facharztpraxen. Beispielsweise wird auch bei einer Jugendgesundheitsuntersuchung so vorgegangen. Es handelt sich dabei um Vorsorgeuntersuchungen, die ganz speziell auf den Entwicklungsstand von Jugendlichen ausgerichtet sind. Sie werden im Alter von 12 bis 15 Jahren (J1) und im Alter von 16 bis 18 Jahren (J2) durchgeführt.

Im Vorfeld dieser Untersuchungen wird ein Gespräch mit dem jungen Menschen geführt. Auch das Vorgehen wird dabei besprochen und, wie mir mehrere Mediziner versichert haben, auch die Wahrung des Schamgefühls thematisiert, wenn es um Fragen der Sexualität und Untersuchungen im Intimbereich geht. Bei freier Arztwahl ist hier selbstverständlich auf Wunsch auch die Untersuchung eines gleichgeschlechtlichen Arztes auf jeden Fall möglich. Auch die Anwesenheit andersgeschlechtlicher Assistenz wird vermieden, wenn es dem Schamgefühl des Jugendlichen widerspricht. Stattdessen kann beispielsweise ein Elternteil oder ein anderer naher Angehöriger als Vertrauensperson anwesend sein. Dies sieht wie bereits erwähnt, auch die Berufsordnung der Ärzte im §7 Abs. 4 vor ("Angehörige von Patientinnen und Patienten und andere Personen dürfen bei der Untersuchung und Behandlung anwesend sein, wenn die verantwortliche Ärztin oder der verantwortliche Arzt und die Patientin oder der Patient zustimmen").

Sollten die Voraussetzungen zum verabredeten Zeitpunkt nicht geschaffen werden können, muss überlegt werden, ob nicht auch eine anamnestische Befragung hier ausreicht (wie dies bei Bewerberinnen der Bundeswehr laut ZDv ja auch vorgesehen ist). Ansonsten muss ein neuer Untersuchungstermin gefunden werden.

Ärztinnen und Ärzte des zivilen Gesundheitswesens fühlen sich für den Schutz der Intimsphäre und für eine menschenwürdige Behandlung ihrer anvertrauten jungen Menschen, die mit 18 Jahren an der Schwelle zum Erwachsenwerden stehen, verpflichtet. Junge Frauen dürfen auch weiterhin darauf vertrauen, wenn sie beispielsweise einem Arzt oder Ärztin ihrer Wahl zur Vorsorgeuntersuchung aufsuchen. Es gibt natürlich auch Ausnahmen. Aber man würde in diesen Situationen ohne Frage von einer Verletzung ärztlicher Berufspflichten, vielleicht sogar eine Straftat sprechen. Dies gilt auch dann, wie wir gesehen haben, wenn sich die junge Frau für eine berufliche Laufbahn bei der Bundeswehr entscheidet.

Worauf aber kann ein junger Mann vertrauen? Wird er beispielsweise straffällig oder einer Straftat verdächtigt und es wird eine Leibesvisitation gerichtlich angeordnet, muss auch hier seine Menschenwürde (zu Recht) geachtet werden. Dann greift, wie wir bereits gesehen haben der betreffende Paragraph der Strafprozessordnung.

Betrachtet man jetzt das Zusammenspiel der "Gepflogenheiten des zivilen Bereichs" des Gesundheitswesens bei Untersuchungen und medizinischen Eingriffen mit den entsprechenden rechtlichen Grundlagen, wird auch hier noch mal der Sinn und Zweck des bereits erwähnten §81d deutlich: "§81d enthält nicht unverbindliche Schicklichkeitsanforderungen, sondern unmittelbar aus Artikel 1 GG folgende Rechtsansprüche der Betroffenen, in angemessener und in einer der menschlichen Würde entsprechender Form behandelt zu werden."

Zum Schutz der Würde muss auch hier der Betroffene vorher über die Maßnahme und seine Rechte aufgeklärt werden und auf Wunsch eine gleichgeschlechtliche Person bereitgestellt werden. Auch diese Vorschrift gilt für den Regelfall. Nur mit Einverständnis der betroffenen Person oder im Ausnahmefall (der hier naturgemäß ein anderer sein dürfte, als im Krankenhaus oder einer Arztpraxis) darf hiervon abgewichen werden. Alles andere wäre ein Verstoß gegen die korrekte Durchführung des erforderlichen Eingriffs. Dies gilt selbstverständlich analog auch für die Musterung.

Spätestens jetzt dürften sich aus dem Schwitzen regelrechte Schweißausbrüche bei der weiblichen Assistenzkraft entwickeln. Was bitte schön soll sie denn jetzt bezeugen? Dass während der Musterungsuntersuchung kein weiterer sexueller Übergriff stattgefunden hat? Das ginge ja noch, selbst wenn es nicht stimmen würde, da der betreffende Mann selbst keine Zeugen besitzt, die etwas Anderes bestätigen könnten.

Aber im Grunde ist bereits ihre Anwesenheit bei der Untersuchung unter den gegebenen Vorraussetzungen allein schon deswegen eine Übertretung geltenden Rechts, da z. B. keine Aufklärung des Mannes über seine Rechte bezüglich gleichgeschlechtlicher Untersuchungspersonen und anderer Alternativen stattgefunden hat! Von weiteren möglichen Vorwürfen wie den der sexuellen Nötigung, der Ehrverletzung, Amtsmissbrauch bzw. Missbrauch der militärischen Befehlsgewalt ganz abgesehen. Egal was sie jetzt sagt, sobald sie den Mund aufmacht und ihre Teilnahme an der Intimuntersuchung bestätigt, bringt sie sich, aber auch die verantwortliche Ärztin in Schwierigkeiten.

Und dabei sind wir noch nicht bei einer getrennten Vernehmung von Ärztin, Assistentin und anderen Vorgesetzten angekommen, wo Fragen über die Untersuchungszeit, Ausmaß der Entblößung sowie Art und Dauer der vorgenommenen Manipulationen, besonderen Vorlieben des Untersuchungspersonals und anderen Auffälligkeiten gestellt werden, die den Verdacht einer Nötigung und eines Missbrauchs erhärten könnten.

Zugegeben, dies erscheint im Augenblick eher eine fiktive Situation als eine zu erwartende Realität zu sein. Aber die Zeiten können sich mitunter rasch ändern. Selbst der Wehrbeauftragte mochte in seinem neu erschienen Jahresbericht für das Jahr 2009 auf Seite 46 dazu nur eine allgemeine Aussage machen:

> "Ihnen (*gemeint sind die Ärztinnen und Assistentinnen*) pauschal mangelndes Taktgefühl oder gar sexuelle Motive zu unterstellen, ist deshalb absolut ungerechtfertigt."
>
> Bericht des Wehrbeauftragten 2009, S.46

Was sich auf den ersten Blick wie eine vorbehaltlose Rückendeckung für die Untersucherinnen und deren Assistenzkräfte liest, kann man bei genauerer Betrachtung aber auch als ein Hintertürchen verstehen. Hält sich hier bereits jemand ein Schlupfloch offen für den Fall, dass sich hier plötzlich ein handfester Skandal entwickelt? Immerhin ist nur von *pauschalen* Unterstellungen die "absolut ungerechtfertigt sind" die Rede. Bedeutet dies, dass der Wehrbeauftragte zumindest Einzelfälle, in denen solche Vorwürfe doch gerechtfertigt sind, nicht mehr ausschließen möchte?

Es ist dies der erste Bericht eines Wehrbeauftragten, in dem diese Thematik überhaupt angesprochen wird- und gleichzeitig der letzte von Herrn Robbe. Möchte hier jemand, der seinen Hut nimmt (nehmen musste?) nicht zu einem späteren Zeitpunkt von der Vergangenheit eingeholt werden, ohne Vorkehrungen getroffen zu haben? Auch ansonsten liest sich der Bericht sehr kritisch! Und es scheint zu brodeln- auch was die entwürdigende Praxis der Musterungsuntersuchungen betrifft. Man kann hier förmlich den Druck spüren, der von maßgeblichen Kräften ausgeübt wurde, um diese Thematik am liebsten auch dieses Mal wieder ganz unter den Teppich zu kehren. Darauf wollte man sich aber seitens der Institution des Wehrbeauftragten anscheinend nicht einlassen und hat hier wenigstens eine massiv abgeschwächte Kompromissformel gefunden. Offensichtlich hat der Gegendruck ein Ausmaß angenommen, dass manch einer doch lieber zusieht, wie er sich im Fall eines Falles selber schützen kann.

Die vielen Petitionen, Beschwerdebriefe und Anfragen sind wohl nicht ganz ohne Wirkung geblieben! Die Schweißausbrüche einer weiblichen Assistenzkraft könnten an dieser Stelle chronisch werden! Aber noch mal zurück zum forensischen Prinzip.

> "Es gilt der Grundsatz, dass bei Musterungsuntersuchungen, aber auch bei Untersuchungen von Freiwilligenbewerbern und Freiwilligenbewerberinnen, die Bitte nach einer gleichgeschlechtlichen begutachtenden Person erfüllt werden soll, wenn dies unproblematisch

möglich ist. Ein Bereithalten zusätzlicher Kapazitäten, um jedem zu untersuchenden Menschen die Wahl zwischen ärztlichen Gutachtern gleichen oder anderen Geschlechts zu ermöglichen, wäre aber nicht verhältnismäßig. Die gilt insbesondere vor dem Hintergrund der oben erläuterten qualifikationsbedingten Neutralität des Arztes/der Ärztin."

Antwort von Dr. Franz Josef Jung vom 29.06.2009
www.abgeordnetenwatch.de/dr_franz_josef_jung-650-
6066.html#questions

Dass hier nicht die Sichtweise einer "geschlechtsneutralen Ärztin" sondern die der zu untersuchenden Person darüber entscheidet, was bei der Intimuntersuchung verhältnismäßig ist, wurde bereits dargelegt. *"Ist unter gegebenen Umständen nicht möglich, das Prinzip der Gleichgeschlechtlichkeit zu gewährleisten, kann die Diagnostik anamnestisch erhoben werden. Anderenfalls muss eben ein neuer Termin gefunden werden."* Wie wir bei den weiblichen Bewerberinnen bereits gesehen haben, achtet die Bundeswehr sehr darauf, dass diese Regeln konsequent eingehalten werden.

Keineswegs sind falsche Personalplanung, Missmanagement bzw. falsche Arbeitsorganisation als ausreichende Begründung für ein Abweichen von der oben beschriebenen Vorgehensweise hinnehmbar. Es handelt sich schließlich um den Schutz der Menschenwürde nach Artikel 1 GG.

Bei Wehrpflichtigen, die ihre Antritts- oder Entlassungsuntersuchung vor sich haben, aber auch bei männlichen Zeit- und Berufssoldaten, kann es trotzdem passieren, dass ihre Intimuntersuchung von rein weiblichen Untersuchungsteams durchgeführt werden, während für die Seh- und Hörtests männliche Sanitätssoldaten zuständig sind!

"Diese auch im zivilen Bereich praktizierten Gepflogenheiten gelten unabhängig vom Geschlecht der untersuchten bzw. untersuchenden Person."

Antwort von Dr. Franz Josef Jung vom 29.06.2009
www.abgeordnetenwatch.de/dr_franz_josef_jung-650-
6066.html#questions

Inzwischen sind in den KWEAs bis zu 80% des Personals weiblich, bei der Bundeswehr sieht die Untersuchungssituation aufgrund der Einsatzplanung bei den Tauglichkeitsuntersuchungen ähnlich aus. Daher muss sogar festgestellt werden, dass angesichts der Personalpolitik der Behörden ein faktischer Zwang für Männer geschaffen wurde, sich von Frauen untersuchen zu lassen!

Eine weitere Regel besagt, dass während der Untersuchung bzw. des Eingriffs zum Schutz der Intimsphäre keine weitere Person den Raum betreten darf. Auch das war bis vor einiger Zeit keineswegs selbstverständlich, wird nach unseren Recherchen aber inzwischen wohl weitgehend eingehalten. Aber wie steht es um einen Sichtschutz während der Intimuntersuchung?

Viele junge Männer beklagen, dass diese Untersuchung vor den Augen (oft sehr junger) weiblicher Assistentinnen stattfindet und empfinden eine derartige "Zurschaustellung" im Rahmen einer angeordneten Zwangsuntersuchung als absolut demütigend und erniedrigend.

Die letztere Feststellung ist keineswegs willkürlich (und entspricht auch nicht einer übertriebenen Schamhaftigkeit): auch einige/viele? KWEA sehen das ganz offensichtlich so und lassen diese Untersuchung generell hinter einem Sichtschutz/Trennwand durchführen. In anderen KWEA bleibt es offenbar den einzelnen ÄrztInnen überlassen wie sie hier verfahren. Es gibt dabei noch genug Ärzte und vor allem auch Ärztinnen!! die die Untersuchung ohne einen Sichtschutz durchführen. Dies mit rechtsmedizinischen Gründen ("forensisches Prinzip") zu rechtfertigen ist nicht angemessen: diesem Grundsatz steht die Verwendung eines Sichtschutzes mit Sicherheit nicht im Wege (was die "positive" Praxis der Verwendung eines Sichtschutzes in einigen KWEA beweist), im Zweifelsfall MUSS hier immer die Wahrung der Intimsphäre / Würde der jungen Wehrpflichtigen höheres Gewicht haben.

FRAGEN:

(1) warum wird es zugelassen, dass auf die Intimsphäre der jungen Männer keinerlei Rücksicht genommen wird und derartige Untersuchungen vor den Augen (oft sehr junger) weiblicher Assistentinnen vorgenommen werden?

---

(2) warum wird nicht für alle KWEA VERBINDLICH angeordnet, dass solche Untersuchungen generell hinter einem Sichtschutz durchzuführen sind?

Frage zum Thema Demokratie und Bürgerrechte vom 02.05.2009
www.abgeordnetenwatch.de/dr_franz_josef_jung-650-6066.html#questions

---

Am 06. November 2009 wurde auf der Tagung der leitenden Musterungsärzte in der Sanitätsakademie der Bundeswehr in München (MedBea B) unter anderem auch das Thema der Nacktmusterung und der Durchführung der Genital- und Rektalsuchung bei Männern durch weibliche Untersuchungsteams sowie die Anwesenheit weiblichen Assistenzpersonals dabei diskutiert. Laut internen Quellen wurde bei dieser Gelegenheit vom Leitenden Medizinaldirektor Bernhard Rymus vom Bundesamt für Wehrverwaltung *mündlich* angeordnet, dass der Sichtschutz während der Intimuntersuchung ganz entfernt werden solle. Dieser wurde bis dahin zumindest noch teilweise eingesetzt, um den Wehrpflichtigen vor völliger Entblößung und den direkten ungehinderten Blicken der anwesenden Arzthelferinnen bzw. Truppenarztschreiberinnen zu schützen.

Weibliches Assistenzpersonal solle so die gesamte Untersuchung bis ins letzte Detail mit verfolgen können(!). Damit sollte erreicht werden, dass mögliche Beschwerden gegen die Bedingungen bei den Intimuntersuchungen durch eigene Zeuginnen, nämlich durch das anwesende weibliche Untersuchungspersonal im Sinne des Auftraggebers, also der Wehrbereichsverwaltung bzw. der Bundeswehr generell, direkt entkräftet werden können. Es wurde also nicht überlegt, inwiefern die Art der Untersuchungsdurchführung bereits Straftatbestände wie den der sexuellen Nötigung oder Vorwürfe wie den der sexuellen Demütigung Schutzbefohlener erfüllen.

Stattdessen sollten lediglich die Umstände so verändert werden, dass Anzeigen und Beschwerden aufgrund der Zeugenlage auf jeden Fall erfolglos verlaufen sollten.

Leider sehen sich Musterungsärztinnen und -ärzte bei ihrer verantwortungsvollen Untersuchungstätigkeit immer wieder mit ungerechtfertigten Anschuldigungen und Unterstellungen konfrontiert, die Ihnen sicherlich aus entsprechenden Internet-Foren bekannt sind.

Sie werden daher Verständnis dafür haben, dass die Verwendung eines Sichtschutzes mit Blick darauf, Musterungsärztinnen und -ärzte vor ungerechtfertigten, zum Teil auch diffamierenden Anschuldigungen zu schützen, in jeder Hinsicht kontraproduktiv ist.

Antwort von Dr. Franz Josef Jung vom 14.08.2009
www.abgeordnetenwatch.de/dr_franz_josef_jung-650-6066.html#questions

An dieser Stelle war die weibliche Assistenzkraft, die als potentielle Zeugin auftreten soll, bereits weiter oben angekommen. Die Schweißausbrüche dürften nun chronisch geworden sein, da den Verantwortlichen die Zwickmühle, in der sie sich befindet, offensichtlich gar nicht bewusst ist (oder etwa doch?).

Der normale Bürger ist ja schon einiges an Realitätsverlust bzw. Abkopplungsversuchen von der Wirklichkeit unserer Elite gewöhnt, wenn er sich abends im Fernsehen die Nachrichten anschaut. Aber in diesem Fall ist das Gebaren der verantwortlichen Führung augenscheinlich an Ignoranz und Inkompetenz kaum noch zu überbieten. Oder ist dieses Verhalten anders zu verstehen?

§ 63. Verantwortung für die Rechtmäßigkeit.

(1) Beamtinnen und Beamte tragen für die Rechtmäßigkeit ihrer dienstlichen Handlungen die volle persönliche Verantwortung.
(2) [1] Bedenken gegen die Rechtmäßigkeit dienstlicher Anordnungen haben Beamtinnen und Beamte unverzüglich bei der oder dem unmittelbaren Vorgesetzten geltend zu machen. [2] Wird die Anordnung aufrechterhalten, haben sie sich, wenn ihre Bedenken gegen deren Rechtmäßigkeit fortbestehen, an die nächst höhere Vorgesetzte oder den nächst höheren Vorgesetzten zu wenden. [3] Wird die Anordnung bestätigt, müssen die Beamtinnen und Beamten sie ausführen und sind von der eigenen Verantwortung befreit. ...*[5] Die Bestätigung hat auf Verlangen schriftlich zu erfolgen.*
(kursiv von mir)

Zunächst bleibt festzuhalten, dass die oben erwähnte Anordnung zum Entfernen des Sichtschutzes überhaupt nicht schriftlich vorliegt. Damit ergibt sich jedoch für die nach geordneten "Befehlsempfänger" unter Umständen ein Problem, wenn sie sich irgendwann einmal auf diese Anweisung berufen wollen.

"Was hat der Medizinaldirektor auf dieser Tagung noch mal genau gesagt?" "War das wirklich genauso gemeint?" "Oder habe ich da nicht doch etwas falsch verstanden?" Bei zeitgleicher Amnesie des Verantwortlichen (das soll schon mal vorkommen) möglicherweise eine verheerende Kombination! Auf jeden Fall aber gilt:

---

§ 63. Verantwortung für die Rechtmäßigkeit

[3] Wird die Anordnung bestätigt, müssen die Beamtinnen und Beamten sie ausführen und sind von der eigenen Verantwortung befreit.

[4] *Dies gilt nicht, wenn das aufgetragene Verhalten die Würde des Menschen verletzt* oder strafbar oder ordnungswidrig ist und die Strafbarkeit oder Ordnungswidrigkeit für die Beamtinnen und Beamten erkennbar ist. (kursiv von mir)

Kann eine Truppenarztschreiberin oder Arzthelferin wirklich auf den Schutz ihres Dienstherrn und Arbeitgebers hoffen, wenn es "Hart auf Hart" kommt? Auch die Äußerung vom ehemaligen Verteidigungsminister Jung, die wenigstens schriftlich vorliegt und im Internet abrufbar ist, lässt sich nicht wirklich als verbindliche dienstliche Anweisung verstehen. Hier ist lediglich ganz diffus von "Kontraproduktivität" die Rede. Man kann das rhetorische Rückzugmanöver jetzt schon erahnen.

Anscheinend haben schon vor dem Wehrbeauftragten in seinem Jahresbericht 2009 vom 16.03.2010 andere Verantwortliche "kalte Füße" bekommen. Spätestens jetzt dürfte das Kreislaufsystem unserer Assistentin kurz vor dem Kollaps stehen! Wer kann ihr jetzt noch helfen? Vielleicht eine Ärztin? Etwa dieselbe, welche zusammen mit ihr die Untersuchungen durchgeführt hat? Die dürfte inzwischen so ihre eigenen (ähnlichen) Probleme haben. Auch sie muss angesichts der bereits heute absehbaren Rückzugsstrategie ihrer obersten Weisungsgeber selber sehen wo sie bleibt.

Unabhängig von der juristischen Frage dürfte der Prestigeverlust der Beteiligten enorm sein. Wer will sich solchen Frauen, die ihr Berufsethos auf so obszöne Art und Weise den Erwartungen ihres Dienstherren und auch möglicherweise ihren eigenen Neigungen untergeordnet haben, noch in medizinischen Fragen anvertrauen, gerade wenn es um intime Angelegenheiten geht? Welcher Mann mit einem Mindestmaß an Selbstachtung wird noch die Assistenz solcher Arzthelferinnen bei Untersuchungen oder Behandlungen bei sich dulden? Welche Mutter, welcher Vater werden noch bereit sein, ihre Kinder diesem Personenkreis anzuvertrauen?

Das Ansehen und die Akzeptanz der Institutionen selbst steht auf dem Spiel! In letzter Konsequenz auch die Wehrpflicht! Wird durch das Handeln der Verantwortlichen nicht genau das Gegenteil von dem bewirkt, was nach deren offizieller Verlautbarung das Ziel sein sollte?

"Sie werden daher Verständnis dafür haben, dass die Verwendung eines Sichtschutzes mit Blick darauf, *Musterungsärztinnen und -ärzte vor ungerechtfertigten, zum Teil auch diffamierenden Anschuldigungen zu schützen, ...*" (kursiv von mir).

Antwort von Dr. Franz Josef Jung vom 14.08.2009
www.abgeordnetenwatch.de/dr_franz_josef_jung-650-6066.html#questions

---

Anstatt die entwürdigenden Intimuntersuchungen endlich abzuschaffen, wird geradezu zwanghaft an dem bisherigen Procedere festgehalten. Man (und Frau) verhält sich wie ein kleines trotziges Kind, dem sein Lieblingsspielzeug weggenommen werden soll. Wie kann noch verantwortungsloser gegenüber den anvertrauten Schutzbefohlenen und der Gesellschaft insgesamt gehandelt werden?

Bei der Bundeswehr und in den KWEAs ist die Anwendung des forensischen Prinzips, wie es im zivilen Leben gehandhabt wird, unter den Vorzeichen von Zwang, amtlicher Weisungsbefugnis und militärischer Befehlsgewalt zu einem System der sexuellen Demütigung der (überwiegend) jungen Männer geworden.

"Von einer "Zurschaustellung" oder einer erniedrigenden Weise der im Rahmen der Musterungsuntersuchung dazu gehörigen Intimuntersuchung kann keinesfalls die Rede sein."

Antwort von Dr. Franz Josef Jung von 14.08.2009
www.abgeordnetenwatch.de/dr_franz_josef_jung-650-6066.html#questions

---

Musterung

Missbrauch - "Einbruch in der Seele"

"Ich hatte das Erlebte in den KWEÄ damals soweit gut verdrängen können", erklärte mir Heinz. Mit diesem mir bis dahin gänzlich unbekannten Mann saß ich also dort in diesem Cafe und führte eine eigenartige, privatsphärenüberschreitende Konversation, in dessen Verlauf seine Vorhaut einen vorrangigen Platz einnahm.

"Doch dann kam ich in einen schlimmen Verdacht und wurde praktisch Zuhause von der Polizei überfallen. Man hätte einen Durchsuchungsbefehl hieß es. Ich war wie vor den Kopf geschlagen. Denn ich war mir keiner Schuld bewusst. Dass ich unschuldig war, wurde auch den Polizisten bald klar. Dabei hatte ich nur mal an jemand anders einen Brief geschrieben und dieser andere hatten sich dann später wohl strafbar gemacht und aus irgendeinem Grund meine Post aufbewahrt. Aber als sie meine privatesten Sachen durchsuchten, stand ich zwischen ihnen und das Ganze erinnerte mich wieder unweigerlich an meine Musterung. Ich kam mir dabei genau so gezwungen vor meine Intimsphäre offenbaren zu müssen wie damals, auch wenn dies jetzt auf eine völlig andere Art und Weise geschah. Aber für mich war das in dem Moment gleichbedeutend mit; "Ziehen Sie mal die Hosen runter!"
Die Polizisten gingen dann zwar schnell wieder, aber der Eindruck den das Geschehen bei mir hinterließ, der blieb. Dieses als sehr negativ empfundene Erlebnis, verknüpfe ich seitdem in Gedanken immer wieder mit meinen Musterungen. Auch weil in beiden Fällen der Staat dafür verantwortlich war. In meiner Phantasie besuchen mich alle diese Leute seitdem immer wieder und dies macht es mir unmöglich ein normales Leben zu führen. Ich versuche jegliche Zwänge zu vermeiden. Einer geregelten Arbeit, Terminvereinbarungen, ja sogar den Zwängen einer Beziehung versuche ich zu entgehen. Ich dachte sogar an Selbstmord. Jeglichem Druck von außen versuche ich auszuweichen. Ich habe ständig Angst wieder in eine Polizeikontrolle zu geraten, auch wenn es nur im Straßenverkehr wäre. In gleichem Maße vermeide ich Arztbesuche. Ich lebe in einer Welt aus gedanklichen Zwängen, was sich für mich so auswirkt, dass mein Leben praktisch zerstört ist. Hätte ich den Rückhalt meiner Familie nicht, dann wüsste ich nicht was geschehen würde. Und die Schuld dafür tragen im Grunde jene, die sich zwar immer schön an ihre Vorschriften halten, aber dabei ihren gesunden Menschenverstand ausschalten, nur auf Verdacht hin handeln und weil man es

eben immer so macht. Ob es nun falsch ist wie gehandelt wird oder nicht."

Mit dem Durchsuchungsbefehl und dem Eindringen in die Privatwohnung, wurden plötzlich verdrängte Erinnerungen an die damaligen Eingriffe in den persönlichsten Privatraum - den Intimbereich des Menschen - wieder wach. Dieser Besuch von der Polizei bedeutete für Heinz das berühmte Tüpfelchen auf dem i. Man sollte sich sehr darüber im Klaren sein, was durch so etwas im Weiteren vielleicht ausgelöst werden könnte und wem dann im eigentlichen Sinne die Schuld gegeben werden müsste. Oft spielt das Gefühl des Ausgeliefertseins eine tragende Rolle, wenn es um Intimsphärenverletzung und Missbrauch geht. So ist es auch hier.

Die allermeisten jungen Leute wollen weder zur Bundeswehr, noch den Zivildienst ableisten müssen. Ihnen geht es einzig und allein nur darum, ausgemustert zu werden. Sie wünschen sich nichts mehr, als ihre Freiheit, sehnen sich im Geiste weit weg von Zwang und Militär. Aber dadurch werden sie dann extrem abhängig von den Ärzten in den Kreiswehrersatzämtern. Mit der Hoffnung "freigesprochen" zu werden gehen sie also dorthin und begeben sich ihr Schicksal herausfordern müssend in die Hände der Mediziner. So machen sie sich selbst zu leichten Opfern von Übergriffen. Weil sie hoffen bald zu den "Freigesprochenen" zu gehören, lassen sie alle Entwürdigungen über sich ergehen. Sie nehmen das scheinbar geringere Übel in Kauf, lieber ein paar Minuten nackt und entwürdigt vor den Frauen zu stehen, aber als wohlerzogen zu erscheinen, als ein ganzes Jahr zwangsrekrutiert, militärischen Erniedrigungen ausgesetzt zu sein und sich dann dort noch weiteren erniedrigenden Intimuntersuchungen stellen zu müssen.

Viele aber bereuen ihr Verhalten in dieser Situation dann später und versuchen sich letztendlich damit zu beruhigen, keine andere Wahl gehabt zu haben. Oft werden sie aber das Gefühl nicht mehr los, falsch gehandelt zu haben was die Bewahrung ihrer Würde anbelangt. Die Konsequenzen können verheerend sein. Für viele Männer ist das der Anfang eines Leben, erfüllt mit Selbstvorwürfen und weiteren quälenden Gedanken, getragen von Scham, Ärger und vor allem Wut. Von nun an kämpfen sie mit einem beschädigten Selbstbewusstsein, was viele von ihnen ihr ganzes Leben lang mit sich herum schleppen werden und das sie nie wieder ganz ausgleichen werden können.

Musterung

Sie waren nie im Krieg, sie sind nie auf dem Schlachtfeld verletzt worden und sie haben keine Massenvernichtungen oder ein barbarisches Gemetzel erlebt. Nein, sie wurden "nur" gemustert. Trotzdem wurden sie Opfer des Kriegshandwerks und den Perversionen die dazu gehören. Auch bei ihnen haben sich die Erinnerungen daran in ihrem Gedächtnis eingebrannt, und zwar bei den meisten für immer.

Es macht die Situation für die Betroffenen auch nicht besser, dass diese als zutiefst verletzend empfundenen Erlebnisse, genau wie bei anderen Formen von sexualisierter psychischer Gewalt, für ihre soziale Umgebung "unsichtbar" bleiben. Die anderen wissen nicht was geschehen ist oder sie zeigen kein großes Interesse daran, etwas darüber zu erfahren. Niemand fragt, niemand nimmt so richtig Anteil. Wieder andere lehnen es völlig ab, sich mit diesem Thema zu befassen, weil es sie nicht betrifft. Obwohl alle Menschen in Wirklichkeit schon irgendwie wissen was Sache ist, wird das Geschehen in den KWEÄ und bei der Bundeswehr trotzdem "vergessen". Alle schämen sich und besonders die Betroffenen selbst vermeiden es dann darüber zu sprechen, weil sich alle anderen eben auch in Schweigen hüllen. Dadurch lässt sich diese alltägliche, sexualisierte psychische Gewalt von der wir hier sprechen, innerhalb der Gesellschaft "unsichtbar" machen und so setzt sich das Treiben der Täter munter fort. Genau wie es anderen Menschen ergeht, die sexualisierte Gewalt ertragen mussten, macht es den Betroffenen ihr Schamgefühl fast unmöglich diese Mauer des Schweigens zu durchbrechen. Was nie öffentlich angesprochen wird, wird so in seiner Bedeutung herunter gespielt, oder sogar negiert. Versuchen die Opfer sich dennoch unter Aufbringung allen Mutes über das Erlebte zu beklagen, so sehen sie sich zu ihrem

Kummer noch häufig Hänseleien ausgesetzt und nicht selten werden sie als Weichlinge eingestuft.

"Im Jahre 1976 lernte ich einen Studenten kennen, 22 Jahre alt, frisch entlassen von der Bundeswehr, nun kommt das, was mir Schauer über den Rücken laufen ließ, als ich Deine Schilderung heute las. Er hatte das gleiche Problem, so wie Du es schilderst. Es war nicht möglich, ihm eine befriedigende, körperliche Liebe geben zu können, eines Abends fragte er mich regelrecht aggressiv: "Und, wann kommt Deine Kritik, was wirfst Du mir vor?" Ich habe nichts gesagt, ich habe ihn einfach nur in den Arm genommen und da fing er an zu weinen wie ein Kind, wie lange er weinte, ich weiß es nicht mehr, ich weiß nur, er schlief in meinen Armen ein."

Anette G.

So werden sie wahrscheinlich lieber versuchen, das erlebte Trauma von sich aus noch zu verharmlosen, weil sie sich sonst zusätzlich noch vor den anderen schämen müssten. "Bei mir war es überhaupt nicht schlimm". Vieles an den Einzelfällen erinnert sehr daran, was man auch von missbrauchten Kindern weiß oder in den Antworten vergewaltigter Frauen wiederfinden kann. Nimmt man sich Zeit für die Opfer und stellt ihnen Fragen, dann kommen sie langsam und zögerlich aus sich heraus. Es ist so, als läge etwas auf dem Grund eines tiefes Sees im Verborgenen, was nicht an die Oberfläche kommen darf. Man befindet sich zusammen mit den Tätern in einer Art stillschweigender Übereinkunft. Beide Seiten haben ein Interesse daran, das "Geheimnis" zu bewahren. Niemand von den beiden Gruppen scheint zu wollen, dass ganz offen darüber gesprochen wird.

Ob ein Mensch überhaupt mit den erlebten, ihn mehr oder weniger belastenden Erlebnissen fertig werden kann, hängt von der individuellen Veranlagung und weiteren Faktoren ab. Vielen macht es scheinbar weniger aus (oder sie können es besser verbergen), für andere wiederum kann es sehr gravierende Folgen haben. Die schmerzlichen Erlebnisse bleiben den Betroffenen oft lebenslang im Gedächtnis und in bestimmten Situationen werden sie immer wieder daran erinnert. Ebenso ist es ja auch bei sexuell gefärbtem Missbrauch und hierunter fällt auch die erzwungene Nacktheit.

Musterung

Es ist so, dass psychische Wunden die aus diesem Grund entstanden sind, nur mit Hilfe intensiver Therapie heilbar sind, wenn überhaupt. Alles zu verarbeiten wird dadurch noch erschwert, weil der einzelne es vermeidet darüber zu sprechen und im schlimmsten Fall überhaupt niemand an sich heran lässt. Deshalb bleiben solche Verbrechen auch oft unentdeckt und für immer in der nun kranken Seele der Betroffenen verborgen. Denn es fällt ihnen einfach zu schwer, sich anderen mitzuteilen. So mag es vielen Menschen gehen, die in irgend einer Weise zum Opfer wurden - angefangen bei den leichten Fällen (wenn so etwas überhaupt gibt) von Missbrauch, bis hin zu den schweren Fällen von Folter. Erzwungene Nacktheit gehört in alle diese Bereiche.

Diese Form der Folter wird oft angewendet, weil sie einfach und effektiv ist und weil sie dem Opfer das Gefühl vermittelt, schutzlos ausgeliefert zu sein. Der Betroffene wird höchstwahrscheinlich nie darüber sprechen. Er schämt sich wegen dieser Entwürdigung. Er wird sich hinsichtlich dessen einfach in sich zurückziehen und leiden. Es ist für viele Menschen einfacher über erlittene Schläge und andere körperliche Misshandlungen zu sprechen, als dass man zugibt, man wäre dazu gezwungen worden, sich anderen völlig nackt zu zeigen. Geschah dies auch noch in Gegenwart des anderen Geschlechtes und sogar unter deren Kommando, wird es als noch schlimmer empfunden und man schweigt sich erst recht aus.

Dass es so ist wird jeder/jedem bekannt vorkommen, die/der in diesem Bereich "beruflicher" Aktivität tätig ist. Deswegen werden in manchen solcher Fälle gerne Frauen dazu benutzt, junge männliche Gefangene zu unterdrücken, genau wie dies umgekehrt auch der Fall ist. Sich vor oder in Gegenwart des anderen Geschlecht unterwerfen, sich entkleiden zu müssen und auf diese Weise entwürdigt zu werden, ist um vieles schlimmer, als wenn ähnliches von oder vor Gleichgeschlechtlichen gefordert wird. Für die "Experten" ist das ein Teil des ABC des Terrors. Es ist nicht nur einfacher und unblutiger auf diese Weise vorzugehen, es ist meistens auch Erfolg versprechender. So vermeidet man nicht nur die physischen sichtbaren Folgen von Folter, sondern der Effekt hält sich viel länger im Gedächtnis des Opfers und es ist viel unwahrscheinlicher, dass jemals davon etwas über seine Lippen kommt.

Klar, gezwungen zu werden nackt vor einer weiblichen Ermittlerin zu stehen, ist für die meisten Männer sehr peinlich und viele von ihnen werden unter diesen Bedingungen schnell zum Reden gebracht werden können. Denn wer möchte so eine Entwürdigung nicht so schnell wie möglich hinter sich bringen wollen. Diese Art der Vernehmungstechnik kennen wir von vielen Orten der Welt. In letzter Zeit insbesondere vom US Gefangenenlager in Guantanamo Bay.

Es ist schon klar, zwischen dem amerikanischen Konzentrationslager und den deutschen KWEÄ, gibt nur einen kleinen, sehr perfiden Zusammenhang und mehr auch nicht. Glücklicherweise muss man sagen. Trotzdem ist es so, dass "Experten", egal wo sie zu finden sind, ganz genau wissen wie man Menschen demütigen und erniedrigen kann, und es gibt sie auch in der Bundesrepublik. Es scheint egal zu sein, was letztendlich der Zweck ist - an Informationen zu gelangen, wie bei den Amerikanern oder nur jungen Knaben zu zeigen, dass sie von nun an nichts mehr zu sagen haben, so wie es im Fall der Kreiswehrersatzämter ist.

Schwer zu glauben, aber vielleicht wissen jene die dort tätig sind noch nicht einmal, dass es sich dabei, womit sie sich beschäftigen, um eine ganz perfide Form von sexueller Unterdrückung handelt. Vielleicht ist es ihnen überhaupt nicht bewusst, dass sie jungen Menschen in vielen Fällen mitunter lebenslange psychische Wunden beibringen und lebenslanges Leiden erzeugen. Vielleicht wissen sie nicht, dass das was sie da machen grausame Ähnlichkeiten mit der historischen, sehr negativen Vergangenheit ihres Landes hat.

Genau, was ist es eigentlich, was uns zu der Feststellung gelangen lässt, dass man heute nicht die gleichen "Veranlagungen" in der Bevölkerung wiederfinden kann, die schon während des Krieges so häufig zu Tage kamen? Es ist ja kein Geheimnis, dass es zu Hitlers Zeiten unter den Frauen sehr viele gab, die ihn bewunderten. Ilse Koch war nicht die einzigste. Es gab Millionen von ihrer Sorte. Kein Geschlecht hat ein Monopol auf das Gute, ebenso wie es kein geschlechtliches Monopol auf das Böse gibt. Ja, genau wie bei den Männern, so gibt es auch unter den Frauen welche, die gerne an der Misshandlung anderer Individuen teilnehmen, ob auf physischer oder auf psychischer Ebene. Verspürt jemand so ein perverses Lustgefühl, dann sucht sie/er sich natürlich gerne einen Beruf aus, in dem es möglich ist dieser Neigung freien Lauf lassen zu können.

Nein, die KWEÄ sind keine kleinen Guantanamo Lager, die Bundeswehrstandorte oder Zivildienstbehörden sind es auch nicht. Aber trotzdem ist oft nur ein Grad Unterschied vorhanden, wenn es um sexuell gefärbte Methoden geht, womit Menschen eingeschüchtert werden sollen.

Musterung

Sexueller Missbrauch hat gravierende, unmittelbare- sowie auch Dauerfolgen, deren Ausmaß von verschiedenen Faktoren bestimmt wird. Häufig vorkommende Auswirkungen sind unter anderem eine gestörte Sexualität und eine eingeschränkte Beziehungsunfähigkeit. Sexualisierte Gewalt führt zur Verletzung der Seele und hinterlässt tiefe Spuren in vielen jungen Menschen. Jahrelang, oft ein ganzes Leben lang, leiden sie unter den traumatischen Nachwirkungen und den Spätfolgen. Was ich herausgefunden habe und was jedem zu denken geben sollte, ist, dass viele von den beschriebenen Spätfolgen, wie sie innerhalb den verschiedenen missbrauchten Gruppen zu finden sind, auch auf die Musterungsopfer zutreffen.

Es erscheint mir alles sehr chaotisch zu sein. Einige reagieren mit Depressionen, Vertrauensverlust, Ohnmacht, Angst und Selbstmordgedanken, andere wiederum mit Schlafstörungen und immer wiederkehrenden Alpträumen und oft scheint sich ein nicht unerklärliches, dafür aber unerträgliches Hassgefühl entwickelt zu haben, gegen alles was mit dem Erlebten auch nur das geringste zu tun haben könnte. Die Betroffenen werden diese Gedanken dann einfach nicht mehr los.

Wie viele junge Menschen mögen sich schon umgebracht haben, weil ihre Schamgefühle einfach zu groß waren und sie sich außerstande sahen, sich einem anderen Menschen anzuvertrauen? Wie viele Männer schlagen ihre Frauen, begehen Selbstmord oder verüben andere (Auto-)Aggressionen, neigen zu abnormen Sexualverhalten, verfallen irgendwelchen Süchten und alles nur weil sie sich von ihrem Staat und seinen Beamten misshandelt fühlen? Ich weiß es nicht. Natürlich kann ich in dieser Hinsicht keine größere Anzahl an Beweisen anbieten. Aber aus Dänemark, einem Land mit viel besseren Verhältnissen in dieser Hinsicht, gibt es Erkenntnisse aus der wissenschaftlichen Forschungsarbeit die darauf hindeuten, wie schädlich sich ein militärischer Zwangsdienst, auch ohne Krieg, auf die geistige Gesundheit auswirken kann. Als Mitarbeiter einer psychiatrischen Sondereinheit unter dem dänischen Verteidigungsministerium (Spezialgebiet: psychisch zusammengebrochene Wehrpflichtige), stand ich mit dem wissenschaftlichen Team in enger Verbindung.

Natürlich gibt es kein charakteristisches Missbrauchssyndrom! Die zahlreichen Verhaltensauffälligkeiten und psychischen Symptome sind mehr als verschiedene Bewältigungsversuche anzusehen und für die Opfern zum Überleben äußerst notwendig. So geht es allen jungen Betroffenen. Dafür müssen sie nicht erst 17 Jahre alt werden. Es kann schon ab dem Kleinkindalter beginnen.

Man kann sagen, dass sexueller Missbrauch jede Art von sexueller Handlung eines Erwachsenen ist, die gegen den Willen eines anderen unternommen wird, der/die in irgend einer Weise körperlich und/oder psychisch unterlegen und/oder abhängig ist. Als Opfer wird ein Kind immer in dieses Schema passen. Aufgrund der körperlichen Unterlegenheit und dem Abhängigkeitsverhältnis kann ein Kind eine Missbrauchshandlung nicht ablehnen. Da es auch nicht "freiwillig" mitmachen kann oder darf, ist in seinem Fall immer alles als ein Übergriff zu bezeichnen, was irgendwie als sexuelle Handlung an ihm verstanden werden kann. Denn hier hat der Erwachsene das Sagen, er kann machen was er will.

Im Falle der Wehrpflichtigen wird diese Rolle vom Staat übernommen. Wenn der Staat in die Intimsphäre eindringt, dann hat der junge Mann, ebenso wie das Kind in den Händen des Kinderschänders keine Chance. Er kann sich nicht wehren. "Er hat alles zu dulden", heißt es. So ist es, egal ob man erst sieben Jahre alt ist und sich in den Fängen des Kinderschänders befindet oder 17 Jahre alt ist und sich in den besitzergreifenden Händen der staatlichen weiblichen und männlichen Inspektoren ausgesetzt fühlt. Beide Autoritäten nutzen ihre Macht- und Autoritätsposition aus, um das Opfer zur Kooperation zu überreden oder zum Mitmachen zu zwingen.

"Vor der Einstellung für meinen Zivildienst, musste ich mich auch noch einmal untersuchen lassen. Besonders geärgert hat mich, dass mitten in der Untersuchung eine andere Ärztin in den Raum kam und beide nebenher über ihre Wochenenderlebnisse quasselten, während ich da ohne Kleidung auf der Liege lag und der Arzt am Bauch herumdrückte und die Beine und Füße streckte. Und selbst als es für mich noch intimer und eigentlich peinlicher wurde, haben die unbekümmert weiter getratscht, als wäre gar nichts. Das war irgendwie schon eine große Zumutung."

Jürgen K.

Gewöhnlich stellt man sich Männer in der Rolle des Sexualstraftäters vor. "Frauen machen so etwas doch nicht." So ist es aber nicht. Tatsächlich weiß man, dass in ca. 6-10 % der Fälle von Kindesmissbrauch der Täter eine Frau ist. Bei Jungen als Opfer erhöht sich der Prozentsatz auf bis zu 20 % an weiblichen Tätern.

Musterung

Wie kommt es dann, dass bisher so wenig über sexuellen Missbrauch durch Frauen bekannt geworden ist? Liegt es daran, das es schwerer wahrzunehmen und aufzuklären ist, weil die Tat häufig in Pflege- und Fürsorgeverhalten eingebunden ist und weil sich sexuelle Übergriffe in diesen Bereichen einfacher kaschieren lassen? Liegt es daran, dass man an so etwas nicht glauben will, weil es sich technisch gesehen nicht machen lässt? Liegt es daran, weil man nicht wahrhaben will, dass sexueller Missbrauch im Kopf beginnt und nicht im Penis?

Es ist doch so, dass der/die Täter/in keine Erektion zu haben braucht, um jemand anders sexuelle Gewalt anzutun. Sexueller Missbrauch kann anderes sein als Penetration und der Täter muss nicht unbedingt der böse alte Kerl sein, dem man gewöhnlich so etwas unterstellt. Nein, Täter können in Hosen, aber auch in Röcken ihr Unwesen treiben. Es können ganz "normale", sozial völlig angepasste und meist unauffällige Menschen aus allen gesellschaftlichen Kreisen, sozialen Schichten und Berufsgruppen sein.

In letzter Zeit richtet sich die Aufmerksamkeit vermehrt auf Berufe, in denen mit Kindern und anderen Hilfsbedürftigen gearbeitet wird. Was das betrifft, könnte auch die Bundeswehr ins Rampenlicht geraten. Ja, denn Leute die andere zum eigenen sexuellen Vergnügen missbrauchen, die gibt es überall. Es gibt sie unter den Geistlichen, es gibt sie unter den Pädagogen, es gibt sie unter dem Gesundheitspersonal und nicht zu vergessen, es gibt sie ganz gewiss auch beim Militär. Es ist ja so, greift man zwangsmäßig und ohne medizinischen Grund nach den Geschlechtsorganen anderer Menschen, dann gehört man auch in diese Kategorie.

Als Angestellte in den KWEÄ, den Gesundheitsämtern oder bei der Bundeswehr. Ob man selbst handgreiflich die gezwungene Intimuntersuchung durchführt oder dort nur als "weiblicher Zuschauer" tätig ist, man begeht in jedem Fall ein Verbrechen an seinen Mitmenschen. Es gibt dafür keine Entschuldigung. Man kann sich hier nicht hinter Verordnungen und Befehlen ducken oder gar verstecken. Insbesondere deshalb nicht, weil es auch Gesetze gibt, die alle anderen Vorschriften in den Schatten stellen. Man darf ganz einfach andere Menschen nicht missbrauchen, man darf ihre Würde nicht verletzen. Das ist nicht nur im Grundgesetz schon zu lesen, sondern auch im Soldatengesetz, und es gehört zu den Grundregeln des medizinischen Berufstandes. Auch aus dem Umstand heraus, dass besonders Vorschriften und Regeln für viele Beamten so überaus wichtig zu sein scheinen, muss man sich wirklich wundern, warum diese vorbezeichneten eindeutigen Tatsachen gesetzlicher Reglementierung nicht beachtet werden.

"Also sich noch mit 18 vor anderen, dazu noch Frauen die Vorhaut zurückziehen zu müssen oder es per Handgriff von einem Arzt oder einer Ärztin gemacht zu bekommen und sich die Eichel beglotzen zu lassen, ist doch der Ober-Hammer!!!!!! Ich kapiere gar nicht wie das einer machen kann, alles Dorfdeppen oder was?

Ich bin jetzt 16 und würde das niemals auf Kommando machen. Das ist ja wie im Kindergarten. Also mit mir bestimmt NICHT. Vor allem wenn da noch eine fast Gleichaltrige dabei ist, der man dann vielleicht noch den Arsch hinstrecken soll. Abartig!!!"

Wolfgang B.

Musterung

Auf dem "Verschiebebahnhof"

Natürlich wurden und werden aktuell immer wieder Anfragen zum Thema der Intimuntersuchungen an die verantwortlichen Institutionen gestellt. Wie jedes Mal die Antworten zwischen den Institutionen hin und her geschoben werden, mag der Leser an den folgenden auszugsweise abgedruckten Schreiben selber nachvollziehen. Interessant ist auch, dass auch jedes Mal dieselben Fragen sind, auf die nicht geantwortet wird. Manchmal wird auch gar nicht geantwortet. Zunächst eine Anfrage an die Vorsitzende des Verteidigungsausschusses des Bundestags:

Frage zum Thema Demokratie und Bürgerrechte
06.12.2009

Sehr geehrte Fr. Kastner,

bei der Musterung ist es gängige Praxis, dass die Untersuchungen (inkl. Genitalbereich) durch Ärztinnen und in Anwesenheit/im Blickfeld von Assistentinnen durchgeführt werden, d.h. der Wehrpflichtige muss sich vor 2 Frauen komplett nackt ausziehen.
   Laut BMVg vermittelt die ärztliche Ausbildung eine geschlechtliche Neutralität. Das mag für den Untersuchenden zutreffen, für den Untersuchten, um dessen Belange und Gefühle es aber m. E. in erster Linie gehen sollte, ist auch eine Ärztin eine Frau, ebenso die anwesende Assistentin. Warum wird hier keine Rücksicht auf die zu Musternden genommen?
   .... Die Anwesenheit der Assistentin und der Verzicht auf einen Sichtschutz wird vom BMVg mit dem "forensischen Prinzip" begründet. Ich habe auch nach intensiver Recherche keine Beschreibung dieses Prinzips gefunden. Das einzige m. E. Vergleichbare wird in StPO §81D beschrieben. Hier heißt es, dass dem Wunsch, die Untersuchung einem Arzt bestimmten Geschlechts zu übertragen entsprochen werden und auf Verlangen eine Vertrauensperson zugelassen werden soll. Der Betroffene ist darauf hinzuweisen. Ist da besagtes Prinzip?
   Wenn ja: lt. ZDV 46 ist die Anwesenheit von Personen, die nicht an den ärztl. Untersuchungen beteiligt sind nicht zulässig, d.h. die Möglichkeit der Anwesenheit einer Vertrauensperson entfällt. von einem Vertrauensverhältniss ist eher von Arzt/Ärztin zur Assistentin auszugehen, als vom zu Musternden zu einem der Beiden.

Warum werden die Betroffenen nicht über ihre Rechte aufgeklärt? Wenn nein: wieso werden in Deutschland Straftätern mehr Rechte zugestanden als jungen Männern?

Mit freundlichen Grüßen

Bisher ist noch keine Antwort eingetroffen. Um eine Nachricht zu erhalten, sobald eine Antwort eintrifft, tragen Sie sich bitte über die untenstehende Benachrichtigen-Funktion ein

.

Auf diese Antwort warten bisher 25 Interessierte
(Quelle: www.abgeordnetenwatch.de/susanne_kastner-575-37690.html)

Die entscheidende Frage nach dem Paragraphen §81d der Strafprozessordnung wird, der wie wir ja inzwischen wissen "unmittelbar aus Artikel 1 GG folgende Rechtsansprüche der Betroffenen enthält", wird, wie bereits vorher vom ehemaligen Verteidigungsminister Jung, erst gar nicht beantwortet.

Manchmal wird die Existenz dieses Gesetzes bei Stellungnahmen auch einfach ignoriert und die befragte Person, in diesem Fall Hr. Kossendey, der parlamentarische Staatssekretär des BMVg, fängt nicht bei eins, nämlich dem Artikel 1 GG, an zu zählen, sondern sofort bei zwei, also dem Artikel 2 GG, dessen Schutz der Persönlichkeitsrechte er dann auch gleich mit Hinweis auf das Interesse der Allgemeinheit in seinem Sinne einschränken möchte:

Die Verpflichtung, sich im Rahmen der Musterung nach dem Wehrpflichtgesetz untersuchen zu lassen, ist in § 17 Abs. 4 WPflG festgehalten; insoweit liegt ein unmittelbarer Eingriff in das Grundrecht auf freie Entfaltung der Persönlichkeit vor (Artikel 2 Abs. 1 GG). Gleiches gilt für die Verpflichtung von Zeit- und Berufssoldaten aus § 17 Abs. 4, § 44 Abs. 4 (§ 55 Abs. 2) SG für die Überprüfung der Verwendungsfähigkeit/Dienstfähigkeit. Allerdings findet dieses Grundrecht seine Schranke an der "verfassungsmäßigen Ordnung".

(Aus der Antwort des Parlamentarischen Staatssekretärs Thomas Kossendey vom 7. Juni 2007 auf eine entsprechende Anfrage der FDP-Ab-geordneten Gisela Pilz

Musterung

Quelle: Deutscher Bundestag 16. Wahlperiode Drucksache 16/5684 vom 15.06.2007 dipbt.bundestag.de/dip21/btd/16/056/1605684.pdf)

Da das Schutzgebot der Menschenwürde in Artikel 1 einfach übergangen wurde, kann nun folgerichtig die Aussage gemacht werden:

Aus der Verfassung ist kein Anspruch abzuleiten, von einem Arzt gleichen Geschlechts untersucht oder behandelt zu werden.
(Aus der Antwort des Parlamentarischen Staatssekretärs Thomas Kossendey vom 7. Juni 2007
/Quelle: dipbt.bundestag.de/dip21/btd/16/056/1605684.pdf)

Kein Artikel 1 – kein § 81d der Strafprozessordnung:

Einfach gesetzliche Regelungen liegen ebenfalls nicht vor.

(Aus der Antwort des Parlamentarischen Staatssekretärs Thomas Kossendey vom 7. Juni 2007
/Quelle: dipbt.bundestag.de/dip21/btd/16/056/1605684.pdf)

Also gibt es auch keine "unmittelbar aus Artikel 1 GG folgende Rechtsansprüche der Betroffenen" um "in angemessener und in einer der menschlichen Würde entsprechender Form behandelt zu werden." (siehe oben)

Ebenso wenig gibt es Kasuistiken zu dieser Rechtsfrage, da sie offenbar bis heute nicht vor Gerichte getragen wurde.

(Aus der Antwort des Parlamentarischen Staatssekretärs Thomas Kossendey vom 7. Juni 2007
/Quelle: dipbt.bundestag.de/dip21/btd/16/056/1605684.pdf)

Genau darauf scheint man bei dieser Sprachregelung zu spekulieren nach dem Motto: "Wo kein Kläger, da kein Richter". Und so lange gilt nach dieser Logik:

Der Einzelne hat die Einschränkung seines Persönlichkeitsrechts zugunsten der Allgemeinheit hinzunehmen, insbesondere vor dem Hintergrund der oben erläuterten qualifikationsbedingten Neutralität des Arztes/der Ärztin.

Lars G Petersson

(Aus der Antwort des Parlamentarischen Staatssekretärs Thomas
Kossendey vom 7. Juni 2007
/Quelle: dipbt.bundestag.de/dip21/btd/16/056/1605684.pdf)

Auf die ärztliche Neutralität wurde bereits oft genug eingegangen,
interessant ist allerdings folgende Einschränkung, die sinngemäß
auch der Wehrbeauftragte 3 Jahre später in seinem Bericht an den
Bundestag für das Jahr 2009 erneut machen wird:

Diese Neutralität kann zwar im Einzelfall faktisch verloren gehen;
dies ändert aber nichts an der grundsätzlichen Einstufung des Arztes
/der Ärztin als neutrale Instanz. (Kursiv von mir)

(Aus der Antwort des Parlamentarischen Staatssekretärs Thomas
Kossendey vom 7. Juni 2007
/Quelle: dipbt.bundestag.de/dip21/btd/16/056/1605684.pdf)

Was soll das nun heißen? Was passiert denn, wenn eine Ärztin oder
ein Arzt seine "Neutralität" verliert? Wie will man seitens der Wehr-
verwaltungen und Bundeswehr in einem solchen "Einzelfall" vorgehen?" Wie kann dieser Einzelfall überhaupt festgestellt werden,
angesichts der Weise, wie in diesen Einrichtungen mit dem forensischen Prinzip umgegangen wird?

Letztlich stellt sich die Frage: "Ist überhaupt ein ausreichendes Interesse seitens der Institutionen vorhanden, diesen Einzelfällen, sofern es Männer betrifft, nachzugehen?" Welche Vorkehrungen, vergleichbar denen für Frauen, wurden dafür getroffen?"

Von der Anwesenheit der weiblichen Assistenzkräfte wird in dieser Stellungnahme von Herrn Kossendey übrigens mit keinem Wort
eingegangen.

Wie wir inzwischen wissen, enthält §81d "nicht unverbindliche
Schicklichkeitsanforderungen, *sondern unmittelbar aus Artikel 1
GG folgende Rechtsansprüche der Betroffenen*, in angemessener
und in einer der menschlichen Würde entsprechender Form behandelt zu werden."

Damit läge ein Grundrechtsverstoß nur dann vor, wenn durch die
Normen des WPflG oder SG in sachlich nicht mehr gebotener Weise in dieses Grundrecht eingegriffen würde (verfassungsrechtlicher

Grundsatz der Verhältnismäßigkeit, vgl. etwa BVerfGE 70, 26). Hierfür gibt es keine Anhaltspunkte, insbesondere, *da auch hier der Grundsatz gilt, dass die Bitte nach einem gleichgeschlechtlichen Gutachter erfüllt werden soll, wenn dies unproblematisch möglich ist.* (Kursiv von mir)

(Aus der Antwort des Parlamentarischen Staatssekretärs Thomas Kossendey vom 7. Juni 2007
/Quelle: dipbt.bundestag.de/dip21/btd/16/056/1605684.pdf)

"Sie (die Hinweispflicht) wird zwingend (SKStPO-Regel Rn 12) in Abs.1 Satz 4 begründet und trägt dem Umstand Rechnung, dass *die Regelungen der Abs. 1 Satz 1 bis 3 weitgehend unbekannt sein dürften*"

Ein Bereithalten zusätzlicher Kapazitäten, um jedem zu untersuchenden Menschen die Wahl zwischen ärztlichen Gutachtern gleichen oder anderen Geschlechts zu ermöglichen, wäre nicht verhältnismäßig.

(Aus der Antwort des Parlamentarischen Staatssekretärs Thomas Kossendey vom 7. Juni 2007
/Quelle: dipbt.bundestag.de/dip21/btd/16/056/1605684.pdf)

Auch die Frage einer Gleichbehandlung von Frau *und* Mann zum Schutz der Intimsphäre wird regelmäßig umgangen. Dieses Mal von Herrn Grübel, ebenfalls einem Mitglied des Verteidigungsausschusses des Bundestags:

Frage zum Thema Demokratie und Bürgerrechte
28.12.2009

Sehr geehrter Herr Grübel,

.... Jahrzehntelang war die Bundeswehr ein (fast) reiner Männerverein. Für die Musterungs-/Einstellungsuntersuchung behielten die Männer in der Regel die Hose an, *es reichte, wenn die Wehrpflichtigen vor dem Arzt kurz die Hose gelüftet haben um die Genitalkontrolle durchzuführen. Bei der Einstellungsuntersuchung war oft nur ein Arzt im Raum, wenn ein Assistent anwesend war, stellte sich der Arzt zumeist so, dass das Genital für den Schreiber nicht sichtbar war.*

Seit der vollständigen Öffnung der BW für Frauen hat sich das zunehmend geändert. Gemäß ZDv 46/1 ist die Untersuchung für alle (m/w) Soldaten gleich, also auch Analbereich und Leistengegend, bis auf eben die Genitalkontrolle bei Männern. *Bei der Untersuchung der freiwilligen Damen wird grundsätzlich männl. Personal durch weibl. Personal ersetzt, zudem haben die Damen immer die Unterbekleidung an.* Wehrpflichtige werden dagegen immer häufiger von Frauen untersucht, sie können noch froh sein, wenn es wie o.g. abläuft. *In einigen Kasernen ist es dagegen Realität, dass sich die Männer für die gesamte sogenannte ärztliche Untersuchung vollständig nackt vor der Ärztin und ein oder zwei Sanitäterin/en ausziehen müssen. ... .*

Zwar werden sie nicht in der Gruppe (allerdings teilen sich Männer eine Stube und gehen gemeinsam duschen) *nackt untersucht, jedoch müssen sie sich jetzt vor Frauen präsentieren, die so etwas selber nie über sich ergehen lassen brauchten.*

Wird diese sexistische Diskriminierung in Zukunft auch ohne Verfassungsklage durch Union/FDP abgeschafft, *bekommen auch Männer (wie Frauen) einen Fragebogen für einen (urolog.) Facharzt ihrer Wahl und wird für die restliche Untersuchung männl. Personal eingesetzt?* (kursiv von mir)

Mit freundlichen Grüßen
(Quelle: www.abgeordnetenwatch.de/markus_gruebel-575-37613.html#questions)

Die Anfrage zielte klar auf die Ungleichbehandlung der Männer im Vergleich zu der Behandlung von Frauen in Punkto Schutz der Intimsphäre ab. Gefordert wird hier nur die Gleichbehandlung der Männer, damit auch ihre Intimsphäre genau wie die der Frauen geschützt ist.

Sehr geehrter Herr,
...
vielen Dank für Ihre Schreiben vom 28. Dezember 2009 und vom 8. Januar 2010 zur musterungsärztlichen Untersuchung der Genitalien. Der Wehrbeauftragte des Deutschen Bundestages hat mich darauf hingewiesen, dass er Ihnen jüngst in einem Schreiben den aktuellen

Musterung

Sachstand mitgeteilt habe. Insbesondere weist der Wehrbeauftragte darauf hin, dass Wehrpflichtige die Möglichkeit haben, ein Attest eines Arztes oder einer Ärztin ihres Vertrauens vorzulegen, um die musterungsärztliche Untersuchung in der sonst üblichen Form zu vermeiden. Außerdem könne der zu Musternde die Untersuchung durch eine gleichgeschlechtliche Person fordern, die bei Kapazitätsmangel der Bundeswehrärzte durch eine in ziviler Praxis niedergelassene ärztliche Person durchgeführt werden könne.

Allerdings werde dieses Angebot nur dann gemacht, wenn der zu Untersuchende sich mit der vorgesehenen Untersuchungsmodalität nicht einverstanden erklärt.

Mit freundlichen Grüßen

Markus Grübel MdB
(Quelle: www.abgeordnetenwatch.de/markus_gruebel-575-37613.html#questions)

Stereotyp wurden hier altbekannte Formulierungen einfach nur wiederholt, mit dem Zusatz, dass der Wehrbeauftragte bereits eine gleichlautende Antwort gegeben hatte. Aber auf die eigentliche Frage nach der Ungleichbehandlung zu Lasten der Männer wurde nicht eingegangen.

Aber auch die zuständigen exklusiv weiblichen Netzwerke und Institutionen funktionieren ähnlich, wenn sie zu diesem Thema befragt werden:

Sehr geehrter Herr Petersson,

Bezug nehmend auf Ihre Email vom 23. März 2010 muss ich Ihnen leider mitteilen, dass wir Ihnen die gewünschten Antworten nicht geben können.

Zum einen sind weder Frau Schattschneider noch ich militärische Gleichstellungsbeauftragte. Wir sind Volljuristen, welche sich innerhalb des DBwV mit dem Thema Gleichstellung gefasst. Dies darf aber nicht dem Amt der militärischen Gleichstellungsbeauftragten verwechselt werden. Zum anderen sind mir speziell keine Fälle bekannt, bei denen weibliche Ärzte die Tauglichkeitsuntersuchung in Anwesenheit von Assistentinnen bei den Wehrpflichtigen durchführen.

Ich würde Ihnen vorschlagen, sich bei der militärischen Gleichstellungsbeauftragten des Geschäftsbereichs BMVg zu informieren. Vielleicht kann diese Ihnen weiterhelfen. .... Ich hoffe, Ihnen damit wenigstens etwas geholfen zu haben.

Mit freundlichen Grüßen

……..

Rechtsanwältin- Deutscher BundeswehrVerband Bundesgeschäftsstelle Berlin -Ressort Grundsatzangelegenheiten-

Immerhin muss der Frau, die hier vertretungsweise für die aus dienstlichen Gründen abwesende Anspechpartnerin Fr. Schattschneider eingesprungen ist, zu Gute gehalten werden, dass sie auf meinen Wunsch hin wirklich sehr kurzfristig innerhalb einer Woche geantwortet hat. Erstaunt nimmt der Leser dieser Antwort jedoch zur Kenntnis, dass man (bzw. Frau) innerhalb des Deutschen Bundeswehrverbandes sich als nicht zuständig erklärt. Nach eigener Darstellung handelt es sich bei dieser Organisation um eine "überparteiliche und finanziell unabhängige Institution". Diese nimmt für sich in Anspruch, "in allen Fragen des Dienst- und Versorgungsrechts die Interessen von mehr als 200.000 Mitgliedern – Wehrpflichtige, aktive und ehemalige Soldaten aller Dienstgrad- und Statusgruppen sowie Familienangehörige und Hinterbliebene von Soldaten" zu vertreten. (Quelle: www.dbwv.de) Ausgerechnet für die Frage nach einer korrekten Durchführung der medizinischen Tauglichkeitsprüfungen wird man (bzw. Mann) an eine weitere Dienststelle verwiesen!

Noch mehr erstaunt allerdings die Äußerung, dass der Rechtsanwältin des DBwV von den Intimuntersuchungen bei Männern durch Frauen nichts bekannt ist. Konkret ist in der Antwort von Wehrpflichtigen die Rede, obwohl sich meine Nachfrage (die hier extra nicht abgedruckt ist, um Wiederholungen zu vermeiden. Der Inhalt solcher Nachfragen kann im Buch an anderen Stellen bereits zur Genüge nachgelesen werden) sowohl auf die Wehrpflichtigen als auch auf die übrigen männlichen Soldaten bezog! Dennoch steht diese Stellungnahme auf merkwüdige Weise im Gleichklang mit der Sichtweise des Büros des Wehrbeauftragten (dazu mehr im Kapitel "Und täglich grüßt …).

Institutionsübergreifend wird dieselbe Vorgehensweise deutlich: Auf bestimmte Fragen und relevante Fakten wird einfach nicht ein-

gegangen, oder sie werden umgedeutet und es werden Fragen beantwortet, die gar nicht gestellt wurden. Die jeweiligen Formulierungen
werden untereinander weitergereicht. Muss nicht jemand, der so
gezielt immer wieder dieselben Hindernisse auf dieselbe Art umschifft, um seine Route weiterhin einhalten zu können, auch Kenntnis von ihnen haben? Wie wir gesehen haben, segelt in dieser Frage
auch der Wehrbeauftragte mit - und zwar im selben Boot!

"Ich wurde in nacktem Zustand bei mehreren Musterungen von Ärzten und Ärztinnen intim untersucht, ohne Sichtschutz vor dabei anwesenden, zum Teil sehr jungen weiblichen Schreibkräften. Bei
einer Untersuchung wurde mir, als damals 21jährigem Mann, meine
Vorhaut geprüft und mein Analbereich begutachtet. Warum so eine
detailreiche Untersuchung gemacht wurde, habe ich nie verstanden
und es wurde mir auch nicht erklärt. Der gesundheitliche Nutzen
daraus ist für mich sehr fraglich und ich fühlte mich jedenfalls dadurch zutiefst gedemütigt.

Heutzutage wird, um den wahren Grund zu verschleiern den die
Musterung in sich birgt, nämlich Gehorsamkeit zu erlernen, sie (die
Intimuntersuchung dabei) gerne als Vorsorgeuntersuchung bezeichnet. Ich denke nicht, dass sich die Rekruten zu Napoleons Zeiten
nackt ausziehen mussten, um sich einer Krebsvorsorgeuntersuchung
unterziehen zu müssen. Wir brauchen weder gehorsame Soldaten,
die von den Mächtigen nur für ihre Zwecke missbraucht werden,
noch gehorsame Zivilisten, die andere für sich denken lassen. Das
Ziel muss vielmehr eine Gesellschaft sein, die von Toleranz und
gegenseitiger Achtung geprägt ist. Eine Gesellschaft, in der die
Würde des Menschen endlich Beachtung findet."

Julian H.

Und täglich grüßt ....

Wie bereits erwähnt, wurde der Wehrbeauftragte im Dezember 2009 vom Verteidigungsausschuss zu dem Thema um Auskunft gebeten. Der Inhalt dieser Mitteilung lässt sich anhand der Stellungnahme von Herrn Grübel vom 28.12.2009 entnehmen. (siehe Kap.: Auf dem "Verschiebebahnhof") Ebenfalls im Dezember erhielt unabhängig von dieser Anfrage Herr Robbe ein weiteres Anschreiben vom 07.12.2009 zum Thema Intimuntersuchungen.

Der gesamte Inhalt dieses Briefs wurde bereits weiter oben im Buch wiedergegeben. (Kapitel: Fehlende Kompetenz im Umgang mit Menschen) Folgende Fragen wurden dort gestellt:

Meine Fragen an Sie und Bitte um Abklärung in diesem Zusammenhang sind:

1. "Warum wird die Intimuntersuchung mit so wenig Rücksichtnahme auf die Intimsphäre und das Schamgefühl der Untersuchten durchgeführt?" 2. "Welches genau sind die gesetzlichen Grundlagen für diese mit Amts- bzw. militärischer Befehlsgewalt durchgeführten Intimuntersuchungen?"... 3. "Ist die Schilderung der unterschiedlichen Vorgehensweise (Anmerkung: bei Männern und Frauen) korrekt?" und 4. "Wenn ja, warum wird so unterschiedlich bei Männern und Frauen vorgegangen?".... 5. "Wie lautet die medizinische Begründung bzw. Rechtfertigung für die Intimuntersuchung dieser Art wie oben dargestellt?" Darüber hinaus haben Sie in Ihrem Schreiben vom 23.11.2009 an mich dargestellt, dass Sie von Amts wegen bereits Untersuchungen zum Thema musterärztliche Untersuchungen im Genitalbereich eingeleitet haben. Meine Frage hierzu mit Bitte um Beantwortung ist: 6. "Welche Ergebnisse haben diese Untersuchungen bereits ergeben?"

Wie bereits erwähnt tat sich monatelang nichts. Telefonisch wurde mitgeteilt, dass man an einer Stellungnahme mit Grundsatzcharakter arbeite und hierfür noch umfangreich recherchiert werden müsse. Endlich, nach mehr als drei Monaten und einen Tag nachdem der Jahresbericht 2009 des Wehrbeauftragten erschien, lag auch seine Antwort im Briefkasten des Fragestellers.

Musterung

Sehr geehrter Herr
16.03.2010

ich komme nunmehr abschließend auf ihre Eingabe zurück, in der Sie die musterungsärztlichen Untersuchungen des Intimbereichs bei wehrpflichtigen Soldaten kritisieren.

Hierzu ist festzustellen, dass die Ganzkörperuntersuchung zur Prüfung der Wehr- und Dienstfähigkeit zwingend erforderlich ist. Das Berufsethos der Ärztinnen und Ärzte sieht "geschlechtliche Neutralität" vor, sie ist ein wesentlicher Faktor der Professionalität. Im Übrigen sind die Ärztinnen und Assistentinnen in Bezug auf diese Thematik in hohem Maße sensibilisiert. Ihnen pauschal mangelndes Taktgefühl oder gar sexuelle Motive zu unterstellen, halte ich für absolut ungerechtfertigt.

Zu den rechtlichen Aspekten ist zu sagen, dass nach dem Verwaltungsverfahrensgesetz die Wehrersatzbehörde bzw. die zuständige Annahmeorganisation die Verfahrensbefugnis besitzt. Sie bestimmt, ob - und falls notwendig - bei welchem externen Facharzt eine Zusatzuntersuchung durchgeführt wird. Der Wehrpflichtige hat in diesem Zusammenhang keine "freie Arztwahl".

Im Hinblick auf Ihren Einwand einer vorliegenden Grundrechtsverletzung möchte ich Ihnen folgendes mitteilen: Die Verpflichtung, sich im Rahmen der Musterung nach dem Wehrpflichtgesetz auf die geistige und körperliche Tauglichkeit eingehend ärztlich untersuchen zu lassen, ist in § 17 Abs. 4 Wehrpflichtgesetz (WPflG) festgehalten, insoweit liegt tatsächlich ein unmittelbarer Eingriff in Art. 2 Abs. 1 Grundgesetz (GG) vor.

Das Grundrecht aus Art. 2 Abs. 1 GG ist aber nur unter den verfassungsimmanenten Vorbehalten der Rechte anderer und der verfassungsmäßigen Ordnung eingeräumt. Insofern ist die Verteidigungsbereitschaft, der letztlich die Untersuchung der Soldaten und Soldatinnen bzw. der potentiellen Soldaten und Soldatinnen dient, als Rechtsgut der Allgemeinheit mit Verfassungsrang und damit als Grenze des Grundrechtes aus Art. 2 Abs. 1 GG zu berücksichtigen. Im Ergebnis bedeutet dies, dass zwar ein Grundrechtseingriff vorliegt, er aber gerechtfertigt ist. Es besteht kein subjektiv öffentliches Recht, also kein Anspruch, auf einen Arzt gleichen Geschlechts. Der Einzelne hat die Einschränkung seines Persönlichkeitsrechts zugunsten der Allgemeinheit hinzunehmen, insbesondere vor dem Hintergrund der oben erläuterten Neutralität des Arztes/der Ärztin. In diesem Zusammenhang möchte ich Sie darauf hinweisen, dass diese Situation nicht nur bei der Bundeswehr anzutreffen ist, sondern auch in vielen Bereichen des zivilen Gesundheitswesens. So ist die freie Arztwahl ebenso ausgeschlossen bei arbeitsmedizinischen Untersuchungen im Rahmen des Arbeitssicherheitsgesetzes, bei vertrauensärztlichen Untersuchungen im Rahmen der Rentenbegutachtung oder bei amtsärztlichen Untersuchungen. Der Gesetzgeber hat selbst eindeutig klargestellt, dass er die - auch zwangsweise bestimmte - körperliche Untersuchung einer Person durch einen andersgeschlechtlichen Arzt nicht als unvereinbar mit der Menschenwürde und dem Schamgefühl ansieht.

Nichtsdestotrotz hat der Wehrbeauftragte des Deutschen Bundestages sich der Thematik angenommen und einen entsprechenden Absatz in seinen Jahresbericht 2009 aufgenommen. Demnach soll zukünftig bereits im Vorfeld der musterungsärztlichen Untersuchungen darauf hingewiesen werden, dass es die Möglichkeit gibt, die Untersuchung von einer gleichgeschlechtlichen ärztlichen Person durchführen zu lassen. Sollte ein Wehrpflichtiger also aus Schamgefühl oder anderen Gründen (z. B. muslimischer Glaube) die Genitaluntersuchung durch eine andersgeschlechtliche ärztliche Person nicht wünschen, wird ihm dementsprechend im Rahmen der personellen Kapazitäten in einem Kreiswehrersatzamt die Untersuchung durch eine ärztliche Person des gleichen Geschlechts ermöglicht. Steht keine gleichgeschlechtliche ärztliche Person zur Verfügung, wird dem Wehrpflichtigen eine Untersuchung der Genitalorgane durch eine in ziviler Praxis niedergelassene ärztliche Person angeboten und er erhält entsprechende Überweisung von der Bundeswehr, sodass die Kostenfrage auch geregelt ist. (s. S. 46 der Anlage)

Sehr geehrter Herr …, dass bei jungen Männern ein Schamgefühl besteht, ist normal und auch richtig. Dass der Grossteil der jungen Männer die Intimuntersuchung in den KWEÄ so wie es von Ihnen beschrieben wurde, empfinden, sehe ich indes nicht als belegt.

Das wird auch deutlich, dass dem Wehrbeauftragten des Deutschen Bundestages im letzten Jahr nur eine einzige Eingabe zugegangen ist, in der ein Betroffener sich über die Untersuchungen beschwert hat. Mit freundlichen Grüßen

Im Auftrag (Name der zuständigen Regierungsdirektorin des Referat WB 3 des Wehrbeauftragten)

Musterung

Ich überlasse es an dieser Stelle dem geneigten Leser, die verwendeten Textbausteine den bereits bekannten Stellungnahmen anderer Institutionen zu zuordnen, um Wiederholungen zu vermeiden.

Es war "Murmeltiertag". Wie in dem bekannten Film jeder Tag wie der vorhergehende begann, las sich auch dieser Brief, in dem "abschließend auf die Eingabe zurückgekommen wurde" wie eine der sattsam bekannten Antworten, die seit über einem halben Jahrzehnt auf Anfragen zu dem Thema hin verbreitet werden. Dieselben Fragen, die nicht beantwortet wurden (Ungleichbehandlung von Frauen und Männern; medizinische Relevanz der Intimuntersuchung usw., Verstoß gegen Artikel 1 GG usw.), dieselben rhetorischen Ausweichmanöver (Zitat aus dem § 17 Abs. 4 WPFlG, der lediglich von einer Tauglichkeitsuntersuchung, nicht aber, wie bereits oben im Buch dargestellt, von Intimuntersuchungen durch das andere Geschlecht spricht) usw..

Auch hier wurde wieder von der Geschlechtsneutralität der Ärztin gesprochen. Diese vielbeschworene Eigenschaft, die auch der Gesetzgeber den Angehörigen des ärztlichen Berufsstandes zubilligt, besagt aber nicht anderes, als dass es für Ärztinnen und Ärzte erlaubt ist, auch Personen des jeweils anderen Geschlechts intim zu untersuchen - *sofern diese damit einverstanden sind*!

Eine Ausnahme ist auch für diesen Personenkreis nur in definierten Notfällen erlaubt. Keinesfalls kann diese Sichtweise den betroffenen zu Untersuchenden einfach aufgezwungen werden! Es fällt auf, dass in diesem Schreiben die Eigenschaft der Geschlechtsneutralität nicht auf die Assistentin ausgedehnt wurde, was nach den rechtlichen Grundlagen des 81d StPO auch ein Unding wäre. Womit wieder einmal, ohne sie klar zu benennen, eine Klippe mehr oder weniger elegant umschifft worden ist.

Jetzt ist die Rede von "im hohem Maße sensibilisierten Ärztinnen und Assistentinnen", ohne dass näher erläutert wird, worin diese Sensibilität eigentlich besteht. Hiermit soll wohl auch für die Anwesenheit der weiblichen Arzthelferinnen bzw. Truppenarztschreiberinnen eine Akzeptanz erreicht werden. Die Vorgehensweise bei den Intimuntersuchungen, die Inhalt der dritten Frage des Anschreibens war, wird vom Wehrbeauftragten bei dieser Gelegenheit nicht nur bestätigt. Auch er und seine Sachbearbeiterinnen halten ebenso, wie die anderen befragten Institution geradezu zwanghaft daran fest.

Wie muss man sich in diesem Zusammenhang die "in hohem Maße sensibilisierten Ärztinnen und Assistentinnen" vorstellen? Vielleicht so wie die Musterungsärztin, die wir schon in einem der vorherigen Kapitel kennengelernt haben?

…Die *Tätigkeit als Musterungsärztin entsprach genau ihren Vorstellungen. Jetzt beginnt der Arbeitstag der 34-Jährigen um Viertel nach sieben mit dem ersten Wehrpflichtigen.* "Natürlich ist es einigen peinlich, wenn sie die Hose runterlassen müssen, und es Kursieren immer noch wilde Gerüchte über die Untersuchung. Aber die meisten jungen Männer *nehmen es wohl oder übel gelassen* (?). Ich habe sogar die Erfahrung gemacht, dass Einige froh darüber sind, von einer Ärztin und nicht von einem Arzt untersucht zu werden." (Kursiv von mir)

www.**karriere.de**/beruf/ arbeiten-bei-der-bundeswehr-8315/5 - *67k* - Cached

Wäre es hier nicht sensibel, einen jungen Mann in dieser Situation über die Alternativen zur Untersuchung aufzuklären und sie ihm anzubieten? Oder, gemäß der ZDv vorzugehen wie bei Bewerberinnen und es bei der Anamnese zu belassen, wenn keine Auffälligkeiten auftreten? Als Richtschnur für Sensibilität kann sogar das Gesetz und seine juristische Kommentierung dienen, wie wir gesehen haben!

Auch darüber hinaus sind einzelfallbezogene objektive Gesichtspunkte für die Beurteilung maßgebend ob das Schamgefühl verletzt ist. Das ist etwa dann zu bejahen, *wenn sich die betroffene Person vor einer Person des anderen Geschlechts, die keine Ärztin oder Arzt ist,* völlig entkleiden und eine Untersuchung ihrer Geschlechtsorgane dulden soll."
"Die … *normierte Hinweispflicht* trägt dem Umstand Rechnung, dass der betroffenen Person ihre in §81d verankerte Rechte in aller Regel unbekannt sein werden. *Sie soll eine Verletzung des Schamgefühls verhindern*" (Kursiv von mir)

(Strafprozessordnung StPo /hrsg von Wilhelm Krekeler / Markus Luffelmann; Autoren Mario Bergmann, Kai Lohse 2007)

Stattdessen wird die Untersuchung ungerührt weiter fortgesetzt, egal wie offensichtlich das Schamgefühl des Mannes verletzt ist. Wie muss man sich angesichts solcher objektivierbaren Maßstäbe "ein im hohen Maße sensibilisiertes" Zuschauen der Assistenzkraft bei der Intimuntersuchung durch die Ärztin vorstellen?

Die Regierungsdirektorin des Wehrbeauftragten bemüht sogar einen irreführenden Vergleich mit der körperlichen Diagnostik einer arbeitsmedizinischen oder vertrauensärztlichen Überprüfung. Hier wurden allgemeine körperliche Untersuchungen mit erzwungenen Intimuntersuchungen einfach gleichgesetzt, um dann die rechtliche Situation so zu interpretieren, wie es der eigenen Interessenlage (offensichtlich auch der der Institution des Wehrbeauftragten) entspricht. Erwähnt wird nicht, dass man sich hier, im Gegensatz zur militärischen Musterung auf das medizinisch Relevante in Bezug auf die Fragestellung, nämlich die der beruflichen- oder Arbeitstauglichkeit beschränkt.

Intimuntersuchungen fallen nicht darunter. Ausgezogen wird sich maximal bis auf die Unterwäsche. Beim Abhören der Lunge behalten Frauen den BH an, sofern nicht eine ganz spezielle Erkrankung in diesem Bereich anderes erfordert. Ansonsten wird auch hier mit ärztlichen Fremdbefunden und Konsiliaruntersuchungen gearbeitet. Jede Aufforderung zu einer weiteren Entblößung wäre daher ein Übergriff. Wodurch sich die angeblich "in hohem Maße" vorhandene Sensibilität der untersuchenden Frauen auszeichnen soll, bleibt so vorerst das Geheimnis des (überwiegend weiblichen) Mitarbeiterstabs des Wehrbeauftragten.

Abgesehen davon könnten Schieflagen im Zivilleben die Fehlentwicklung im militärischen Bereich wohl kaum rechtfertigen! Auch die Antwort auf die Frage nach der medizinischen Relevanz bleibt man schuldig. Die Bedeutung einer beschwerdefreien Phimose für die Wehrtauglichkeit hat beispielsweise noch keiner schlüssig erklärt. Eventuell vorhandene Zielschwierigkeiten beim Urinieren dürften es nicht sein. Schließlich sollen die Soldaten den Feind mit dem Gewehr treffen ... .

Stattdessen wird erneut die Falschbehauptung von der "zwingenden" Erforderlichkeit der "Ganzkörperuntersuchung" aufgeführt, die nirgendwo im Gesetz steht, auch nicht im Tauglichkeitskatalog aufgeführt ist und die bekanntermaßen auch bei den weiblichen Bewerberinnen bei der Musterung nicht vollständig durchgeführt wird. Der Begriff wird nur in der Zentralen Dienstvorschrift 46/1 erwähnt. Wohl aus diesem Grund wird an anderer Stelle des Briefs im umständlichen Amtsdeutsch die Verfahrensbefugnis der Wehrbehörden erläutert. Dass diese sich aber am geltenden Recht orientieren muss, steht wohl außer Frage. Dazu gehört, wie bereits unter anderem in den Kapiteln "Fehlende Kompetenz im Umgang mit Menschen" und "Das forensische Prinzip" festgestellt, die Hinweispflicht, die ebenso zwingend ist wie die Respektierung der Entscheidung des Betroffenen aufgrund der gebundenen Ermessensentscheidung, da es sich hier um einen Regelfall handelt. Eingeschränkt ist hier bestenfalls der Artikel 2 im Fall der Ärztin und ihrer Assistentin, welche die Männer über ihre Rechte aufklären müssen und bei einer ablehnenden Entscheidung zur Untersuchung im Intimbereich eine Einschränkung ihrer freien Berufsausübung hinnehmen müssen.

Hat man an dieser Stelle wirklich Angst vor der Kritik der Gleichstellungsbeauftragten, wenn die gesetzlich vorgeschrieben Frauenquote im Sanitätsbereich von mindestens 50% nicht erreichen kann? Aber so viel dürfte doch wohl klar sein: Zwangsuntersuchungen im Intimbereich von Männern sind keine akzeptable Arbeitsbeschaffungsmaßnahme für Frauen. Nicht zur Durchsetzung einer Quote, auch nicht zur Schaffung familienfreundlicher und "attraktiver" Teilzeitarbeitsplätze für Soldatinnen oder zivile Ärztinnen und deren Assistentinnen! So wird auch hier weiterhin das staatliche Schutzgebot der Würde nach Artikel 1 des Grundgesetzes ignoriert und seine darauf basierende Gesetzgebung (81d StPO) ebenfalls.

Das Verhalten der Einrichtung des Wehrbeauftragten erinnert, genau wie das der anderen Institutionen, ein wenig an das Lied in einer berühmten TV-Kinderserie: "… ja wir machen uns die Welt, widi widi wie sie uns gefällt …" Das kann man im Rahmen einer "abschließenden" Bearbeitung auch als den Versuch einer Machtdemonstration deuten: "Wir machen das, was wir für richtig halten und wir dürfen das. Die Paragraphen sind auf unserer Seite." Diese werden dann auch in altbekannter Manier aneinander gereiht. Eine Passage wird sogar wortwörtlich aus der Antwort von Herrn Kossendey aus dem Jahr 2007(!) übernommen. (Antwort des Parlamentarischen Staatssekretärs Thomas Kossendey vom 7. Juni 2007 /Quelle: dipbt.bundestag.de/dip21/btd/16/056/1605684.pdf). Noch einmal zur Erinnerung: Wir sprechen hier von einer Einrichtung, die sich *für* die Interessen der Soldaten einsetzen soll!

Was ist in den drei Monaten von der Institution des Wehrbeauftragten für die "Stellungnahme mit Grundsatzcharakter" eigentlich neu recherchiert worden?
Die inhaltliche Übereinstimmung zwischen der Antwort an Herrn Grübel im Dezember 2009 sowie anderen Stellungnahmen und der

Musterung

Antwort vom 16.03.2010 ist, von einigen Abweichungen abgesehen, überwältigend. Wundert es, dass es auch zur sechsten Frage des Anschreibens keine Antwort gibt? Doch halt! Ein den Mitgliedern und Unterstützern der BASTA-Kampagne bisher unbekannter Textbaustein wurde doch eingesetzt:

> "Sehr geehrter Herr ..., dass bei jungen Männern ein Schamgefühl besteht, ist normal und auch richtig. Dass der Grossteil der jungen Männer die Intimuntersuchung in den KWEÄ so wie es von Ihnen beschrieben wurde, empfinden, sehe ich indes nicht als belegt."
>
> (Aus der Antwort der zuständigen Regierungsdirektorin des Referat WB 3 des Wehrbeauftragten vom 16.03.2010)

Zum einen ist es völlig unerheblich, ob die Regierungsdirektorin etwas als belegt ansieht. Die Untersuchungsteams der Wehrbehörden haben sich bei ihrer Tätigkeit am Schutzgebot des Artikel 1 des Grundgesetzes und seinen daraus resultierenden rechtlichen Bestimmungen zu orientieren!

Zum Anderen muss man sich noch mal die Situation vor Augen führen. Junge Männer werden gezwungen, sich vor zwei- bis dreiköpfigen rein weiblichen Untersuchungsteams, deren Teilnehmerinnen zum Teil gleichaltrig oder nur unwesentlich älter sind, komplett nackt auszuziehen und sich in diesem Zustand nach deren Gutdünken zur Schau zu stellen und im Intimbereich anfassen zu lassen, ohne selbst die Möglichkeit zu haben, Personen des eigenen Vertrauens hinzuziehen zu können.

Aber die Frau Regierungsrätin des Wehrbeauftragten sieht es nicht als belegt an, dass der Grossteil der auf diese Art Untersuchten sich entwürdigt, beschämt und gedemütigt fühlt. Selbstverständlich erst, nachdem sie zuvor rhetorisch auch jungen Männern ein normales Schamgefühl bescheinigt hat. Diese Aussage erinnert doch sehr an die Mentalität der Musterungsärzte aus dem Kaiserreich, die wir schon aus einem anderen Kapitel kennen (Das Kreiswehrersatzamt als Napoleons Erbe). In den Dienstvorschriften aus dieser Zeit heißt es: "Der Wehrpflichtige habe sich unter Wahrung des Schamgefühls in völlig entblößtem Zustand den Musterungsärzten vorzustellen." Auch hier ist zuerst von der Wahrung des Schamgefühls die Rede, um genau dies im nächsten Teil des Satzes ad absurdum zu führen! Die Dienstvorschrift sagte damals zu keiner Zeit etwas darüber aus, wie dabei auf das individuelle Schamgefühl Rücksicht genommen werden sollte. Genauso wenig, wie man (bzw. Frau) heutzutage erläutert, inwiefern Musterungsärztinnen und deren weibliche Assistenzkräfte "in Bezug auf diese Thematik in hohem Maße sensibilisiert" sind.

Im Gegensatz zu früheren Zeiten sind es jetzt nicht Männer sondern in den meisten Fällen Frauen, die sich die Deutungshoheit über das Schamgefühl der Männer anmaßen. Die Äußerungen der jüngsten Stellungnahmen aus dem Haus des Wehrbeauftragten sind auch bezeichnend für die Sensibilität der Sachbearbeiterinnen des Wehrbeauftragten, sei es nun eine Regierungsdirektorin oder Ministerialrätin. Denn diese Formulierung findet sich nicht nur im Antwortschreiben vom 16.03.2010. Auch in einer weiteren Stellungnahme aus demselben Monat, die von der Leiterin des Referat WB3 bearbeitet wurde, findet sich dieselbe Formulierung. Allerdings setzt hier die antwortende Ministerialrätin noch eins drauf (kursiv gedruckt):

> Dass bei jungen Männern ein Schamgefühl besteht, ist normal und auch richtig. Ich sehe es aber nicht als belegt, dass der Grossteil der jungen Männer die Intimuntersuchung in den KWEÄ, so wie es von Ihnen beschrieben wurde, empfindet. Das wird auch dadurch deutlich, dass dem Wehrbeauftragten des Deutschen Bundestages im letzten Jahr nur eine einzige Eingabe eingegangen ist, in der ein direkt Betroffener sich über die Untersuchungen beschwert hat. *Die hierzu vorliegenden weiteren wenigen Eingaben sind von Wehrpflichtigen, deren Musterung zumeist viele Jahre zurückliegt bzw. von Personen, die nie betroffen waren.*

Unter anderem die geringe Anzahl der Beschwerden und die Tatsache, dass bei anderen Personen die Musterung zumeist schon viele Jahre zurückliegt sind also Grund genug, die Verstöße gegen die Menschenwürde bei den Musterungsuntersuchungen zu bagatellisieren und als Marginalie abzutun, der man nach abschließender Bearbeitung nicht weiter nachgehen muss! Wie viele Soldaten und wehrpflichtige Männer, die bisher nur in den KWEÄ gemustert wurden, wurden von der Institution des Wehrbeauftragten aktiv befragt? Wurde in den letzen Monaten überhaupt jemand außerhalb der Institutionen (BMVg, Verteidigungsausschuss und Wehrbeauftrager) befragt?

Musterung

Die meisten der wehrpflichtigen jungen Männer, die bisher noch nicht ihren Dienst antreten mussten, wissen höchstwahrscheinlich gar nicht, dass auch sie sich an den Wehrbeauftragten wenden können! Wenn die Anzahl der eingegangenen Beschwerden der Ministerialrätin zu gering sind, hätte vielleicht ein Blick auf das Jugendportal des Bundestags www.mitmischen.de schon weiter geholfen:

> Alexis schrieb am 17.07.2009 um 18:25: ...... "Ausserdem ist die Musterung + Antrittsuntersuchung absolut entwürdigend + demütigend. Ich wurde zweimal ausschliesslich von Ärztinnen untersucht (einschliesslich Intimuntersuchung) und einmal schauten 2 Assistentinnen, einmal eine einfach zu.

Und wenn schon keine Recherche vor Ort bei den Betroffenen durchgeführt wurde, hätte möglicherweise auch ein Blick in die Studie "Gewalt gegen Männer" des Bundesministeriums für Familie, Senioren und Jugend vom Juli 2004 einen Überblick darüber gegeben, dass das Ausmaß des Problems, abgesehen von der grundsätzlichen rechtlichen Seite, deutlich größer ist, als von den Behörden bisher wahrgenommen. Dort wird im Kapitel 5.2. Wehrdienst und Zivildienst auch die Musterung erwähnt:

> *Während der Musterung musste ich vor einer Frau meine Genitalien präsentieren und mich vor ihr bücken. [...] Das war demütigend, ich musste das machen.*
> ...
> Die Musterung kann demnach als Eingriff in den Intimbereich erlebt werden, der als "ein wenig unangenehm" bis hin zu "demütigend" empfunden werden kann.
>
> Quelle: Pilotstudie Gewalt gegen Männer in Deutschland
>
> Im Auftrag des Bundesministeriums für Familie, Senioren, Frauen und Jugend
>
> Forschungsverbund "Gewalt gegen Männer" Juli 2004

Auch von genitalen oder sexuellen Belästigungen während der Musterung und der Wehr- und Zivildienstzeit ist dort die Rede: Gegen

ihren willen genital oder sexuell belästigt oder bedrängt worden: 3%
Militärdienst, 9% Ersatzdienst

Quelle:www.bmfsfj.de/BMFSFJ/Service/Publikationen
/publikationen,did=20558.html

Auffallend ist, dass die Beschwerden bei den Ersatzdienstleistenden
höher sind, als bei der Wehrdienstleistenden. Heißt das, dass die
Häufigkeit bei der Bundeswehr geringer ist, oder anders formuliert,
dass man bei der Bundeswehr diesbezüglich sicherer ist?

Vor diesem Hintergrund sind die Ergebnisse insbesondere zum Thema Wehrdienst zu betrachten. Es wird häufig nicht das berichtet,
was Männern während der Dienstzeit an Gewalt widerfährt, sondern
wohl oft das, was aus ihrer Sicht "über das normale Maß" des Zuge-
muteten hinausgeht. Dies kann im Sinne des "Mechanismus der
Normalität" gedeutet werden, der in diesem Bereich viele Gewalt-
widerfahrnisse von Männern verdeckt.

(Quelle:http://www.bmfsfj.de/BMFSFJ/Service/Publikationen/publi
kationen,did=20558.html)

Bei diesen Angaben wurde also bereits von den Betroffenen das her-
ausgefiltert, was nach ihren Vorstellungen über das beim Militär
übliche Maß hinaus geht! Was aber auch bedeutet, dass die Demütigungen als solche empfunden wurden. "Der Mechanismus der Normalität" sorgt jedoch dafür, dass diese von den Betroffenen nicht an-
gezeigt werden. Anscheinend sind die Männer der Auffassung, dass
solche Erfahrungen eben zum Militär und seinen Einrichtungen dazu gehören und, noch schlimmer, dass dies auch nicht zu ändern und
hinzunehmen ist.

An wen sollten sie sich auch wenden? Die Männer haben in dieser
Angelegenheit keine gesellschaftliche Lobby, die ihre Interessen
vertritt. Und das ist ihnen auch klar. Schließlich ist die Gesellschaft
mit ihren Institutionen augenscheinlich der Auffassung, dass ihnen
ein gewisses Maß an Gewalt, auch sexuell gefärbter, zugemutet
werden kann!

In den Kasernen wird den jungen Männern von ihren Vorgesetzten,
die es oft selbst nicht besser wissen, gesagt, dass sie die Untersuchungen wegen der Gleichberechtigung der Frauen hinzunehmen

haben und nicht ablehnen können. Angesichts der einschüchternden Handhabung des forensischen Prinzips, wie sie auf mündliche Anweisung vom Leitenden Medizinaldirektor Bernhard Rymus vom Bundesamt für Wehrverwaltung (siehe Kapitel: Das "forensische Prinzip") hin praktiziert wird, ist auch weiterhin bei der dürftigen Informationslage der Betroffenen nicht mit zahlreicheren Beschwerden zu rechnen, wenn sich hier nichts ändert.

Zumal bekannt ist, dass Menschen, die eine solche Scham verletzenden Situation als traumatisch erlebt haben, häufig erst nach vielen Jahren über ihre seelische Verletzung sprechen können. Insofern ist auch nicht nachvollziehbar, weshalb die Ministerialrätin und Leiterin des Referats WB 3 dies offenbar als Grund ansieht, diese Fälle aktuell als nicht relevant anzusehen und ihnen nicht mehr weiter nachzugehen. Ihre Äußerung lässt sich zumindest so verstehen. Wenn die juristische Situation mit dem Verstoß gegen das Schutzgebot der Menschenwürde und den daraus resultierenden rechtlichen Regelungen korrekt erfasst ist, sprechen wir immerhin von hunderttausendfach praktizierten Übergriffen bei medizinischen Untersuchungen der Wehrbehörden. Man muss sich einmal vorstellen, die katholische Kirche würde bei den Vorwürfen über Misshandlungen in ihren Einrichtungen durch kirchliches Personal und Würdenträger ähnlich reagieren!

Und wir dürfen nicht vergessen: Es dauerte vom Zeitpunkt der Gründung der Bundesrepublik Deutschland bis zum Gerichtsurteil des Bundesverfassungsgerichts bis zur Strafgefangenenentscheidung 1972 (BVerfGE 33, 1) über zwei Jahrzehnte, bis im Zuge eines veränderten politischen Klimas nach dem Sturz der konservativ-liberalen Koalition klargestellt wurde, dass auch Strafgefangene Träger von Grundrechten wie beispielsweise des Briefgeheimnisses sind und dass auch im besonderen Gewaltverhältnis grundsätzlich die Grundrechte gelten.

Bis zu diesem Zeitpunkt hatten sich viele zehntausende von Gefängnisinsassen und Untersuchungshäftlingen mit ihrer Behandlung abgefunden in dem Glauben, dass die Einschränkungen, die sie hingenommen hatten, rechtens wären. Bis vor einigen Jahren hätte man auch dem Klerus der katholischen Kirche eine geschlechtliche Neutralität im Umgang mit Schutzbefohlenen zu gestanden. Die Serie der Missbrauchsfälle in kirchlichen Einrichtungen, wie sie derzeit in der Öffentlichkeit diskutiert wird, wurde durch nur zwei Anzeigen in Gang gebracht! Seit dem dürfte sich diese Einschätzung gründlich geändert haben. Es hängt eben auch von der gesell-

Lars G Petersson

schaftlichen Wahrnehmung ab, ob ein Problem zur Kenntnis genommen und thematisiert wird. Vor dem Hintergrund dieser Überlegungen ist es schon erstaunlich genug, dass sich überhaupt ein aktuell Betroffener beim Wehrbeauftragten gemeldet hat.

Im jüngsten bekannt gewordenen Skandal, der sich in der größten Kaserne des Heeres im ostwestfälischen Augustdorf zugetragen hat, wurden drei Rekruten nach Bundeswehrangaben schikaniert, geschlagen *und möglicherweise sexuell misshandelt*. Gegen sieben Soldaten der Panzerbrigade 21 der General-Feldmarschall-Rommel-Kaserne hätten sich entsprechende Vorwürfe bestätigt, sagte ein Bundeswehrsprecher. (www.stern.de am 26. März 2010)

Wie kann es zu solchen enthemmten Verhaltensweisen kommen? Liegt es daran, dass Menschen, die des Schutzes ihres natürlichen Schamgefühls beraubt wurden, in der Folge Anderen schamloses Verhalten aufzwingen? Die Konsequenzen der derzeitigen Musterungspraxis für den Einzelnen und für die Gesellschaft durch das verantwortungslose Verhalten der Verantwortlichen sind noch gar nicht zur Kenntnis genommen geschweige denn untersucht worden.

Nach der Darstellung im Bericht des Wehrbeauftragten ist nur ein "pauschales Unterstellen mangelnden Taktgefühls und oder gar sexuelle Motive zu unterstellen" ungerechtfertigt. Was im Umkehrschluss aber bedeutet, dass es im Einzelfall eben doch denkbar ist. Eine Einschätzung, die auch Herr Kossendey bereits vor einigen Jahren teilte:

Die ärztliche Qualifikation vermittelt eine geschlechtliche Neutralität, d. h. der Blickwinkel des begutachtenden aber auch behandelnden Arztes bzw. der Ärztin ist auf den Menschen unabhängig von dessen Geschlecht gerichtet. *Diese Neutralität kann zwar im Einzelfall faktisch verloren gehen*; dies ändert aber nichts an der grundsätzlichen Einstufung des Arztes/der Ärztin als neutrale Instanz.

Antwort des Parlamentarischen Staatssekretärs Thomas Kossendey vom 7. Juni 2007 (Quelle: Deutscher Bundestag 16. Wahlperiode, Drucksache 16/5684, 15. 06. 2007)

Nur um sie dann aus grundsätzlichen Erwägungen heraus wieder zu verwerfen. Das Problem wird aber durchaus klar erkannt. Jedoch keiner möchte sich damit beschäftigen oder gar Maßnahmen ergreifen. Eine Empfehlung des Petitionsausschusses aus dem Jahr 2007 brachte auch keine Änderung.

Beschlussempfehlung

8   1. Die Petition der Bundesregierung - dem Bundesministerium der Verteidigung - zu überweisen, soweit sie die Aufnahme des Hinweises auf eine mögliche urologische Untersuchung beim Arzt des Vertrauens im Einladungsschreiben zur Einstellungsuntersuchung sowie die Einhaltung des "forensischen Prinzips" bei der Musterung betrifft,

Lfd. Nr. 14 Aktenzeichen der Eingabe Wohnsitz des Einsenders Inhalt der Eingabe Zuständige oberste Bundesbehörde   Pet 1-16-14-5003- 009958 53913 Swisttal Musterung BMVg   Aus: Deutscher Bundestag 16. Wahlperiode; Drucksache 16/9500 vom 17.06.2008

Offenbar hatte jemand gefordert, dass mit der Ladung zur Musterung und zum Antritt des Wehrdienstes ein Hinweis ergeht, dass man die urologische Untersuchung beim Arzt seiner Wahl machen lassen und ein Attest ein- bzw. nachreichen kann. Auch auf die Einhaltung des forensischen Prinzips sollte hingewiesen werden. Wirkung auf die Musterungsärztinnen und -ärzte sowie deren Assistentinnen gleich null! Auch in der Institution des Wehrbeauftragten sieht man (bzw. Frau) augenscheinlich keinerlei Handlungsbedarf! Wo normalerweise verbindliche Regelungen zum Schutz der Männer eingefordert werden müssten, wird im Bericht lediglich eine Empfehlung ausgesprochen. Wo Möglichkeiten geschaffen werden müssten, damit sich Betroffene melden können und den Vorfällen nachgegangen wird, gibt es stattdessen eine Anordnung von Herrn Rymus, die genau das verhindern soll. Wie ist ein solches Verhalten zu erklären? Ein Hinweis findet sich vielleicht im aktuellen Bericht des Wehrbeauftragten an den Deutschen Bundestag. Dort wurde, wie bereits erwähnt, in diesem Jahr zum ersten Mal Stellung zum Thema der Intimuntersuchungen genommen:

...Mehrfach wurde im Berichtsjahr von Wehrpflichtigen Kritik an Genitaluntersuchungen im Rahmen der Musterung geäußert. Kern der Kritik war, dass die Untersuchungen zunehmend von Ärztinnen bei gleichzeitiger Anwesenheit weiblichen Assistenzpersonals durchgeführt werden und die Wehrpflichtigen dadurch in ihrem Schamgefühl verletzt würden. Grundsätzlich ist festzustellen, dass die Ganzkörperuntersuchung zur Prüfung der Wehr- und Dienstfähigkeit zwingend erforderlich ist. Das Berufsethos der Ärztinnen und Ärzte sieht "geschlechtliche Neutralität" vor, sie ist ein wesentlicher Faktor der Professionalität. Im Übrigen sind die Ärztinnen und Assistentinnen in Bezug auf diese Thematik in hohem Maße sensibilisiert. Ihnen pauschal mangelndes Taktgefühl oder gar sexuelle Motive zu unterstellen, ist deshalb absolut ungerechtfertigt.

Ungeachtet dessen kann im Einzelfall nicht ausgeschlossen werden, dass sich ein Wehrpflichtiger so sehr schämt, dass ihm die Untersuchung nicht möglich erscheint. In diesem Fall, so hat mir das Bundesministerium der Verteidigung versichert, wird er auch nicht zu der musterungsärztlichen Untersuchung der Genitalien gezwungen. Wünscht er eine Untersuchung durch eine gleichgeschlechtliche ärztliche Person, wird diese im Rahmen der personellen Kapazitäten des Kreiswehrersatzamtes ermöglicht. Steht eine solche nicht zur Verfügung, wird dem Wehrpflichtigen eine Untersuchung der Genitalorgane durch eine in ziviler Praxis niedergelassene ärztliche Person angeboten. Hierzu erhält er eine Überweisung. Ich rege an, auf diese Möglichkeit im Merkblatt zu den Musterungsunterlagen hinzuweisen. ...

Aus dem Bericht des Wehrbeauftragten S. 46 (Quelle: http://dipbt.bundestag.de/dip21/btd/17/009/1700900.pdf)

Kommt Ihnen der Inhalt auch so bekannt vor? Vorhandene Ähnlichkeiten mit bereits real existierenden Schriftstücken oder Äußerungen sind nicht beabsichtigt und rein zufälliger Natur(?). Interessant ist vielleicht nicht so sehr, was im Text steht (der stand im Wesentlichen wohl schon lange vorher fest), sondern vielmehr, wo er steht. Es geht um sexuelle Übergriffe bei medizinischen Untersuchungen, über sexuell gefärbte Demütigung von Männern durch Frauen im Rahmen von Musterungs- und militärischen Tauglichkeitsprüfungen. Doch an welcher Stelle des Berichtes sind sie erwähnt? Vielleicht im Kapitel 12 über den Sanitätsdienst? Oder im

Kapitel 7 über Frauen in den Streitkräften? Oder gar im Kapitel 9 über sexuelle Straftaten, Diskriminierung und Belästigung? Alles falsch. Man findet ihn im Kapitel 10 über die Wehrpflicht! Und das, obwohl es doch eine Angelegenheit ist, die alle männlichen Soldaten, egal ob Wehrpflichtige oder Zeit- und Berufssoldaten, angeht! Daher war mein Erstaunen auch so groß, dass die Stellvertreterin von Frau Schattschneider vom Deutschen Bundeswehrverband sich in ihrer Stellungnahme dieser Sprachregelung angeschlossen hatte und gleichzeitig in derselben Mitteilung erklärte: "Zum anderen sind mir speziell keine Fälle bekannt, bei denen weibliche Ärzte die Tauglichkeitsuntersuchung in Anwesenheit von Assistentinnen bei den Wehrpflichtigen durchführen." Woher hat sie diese Formulierung übernommen, wenn nicht aus dienstlichen Gesprächen zwecks Rücksprache zu diesem Thema? Oder war es doch Zufall?

Sämtliche gesetzliche Regelungen über Nötigung, Regelung von angeordneten Intimuntersuchungen und auch der Artikel 1 des Grundgesetzes über die Menschenwürde sind geschlechtsneutral formuliert, sogar die "Geschlechtsneutralität" des Untersuchungspersonals in den offiziellen Stellungnahmen gilt der Formulierung nach für beide Geschlechter. Es gibt inzwischen auch schon Gerichtsurteile, in denen Frauen wegen sexueller Nötigung verurteilt wurden oder Fälle, bei denen Frauen als Täterinnen bei sexuellem Missbrauch von (männlichen) Kindern identifiziert worden sind.

In der Praxis der Intimuntersuchung der Wehrbehörden hat sich jedoch anscheinend eine Deutungshoheit über das, was eine sexuelle Straftat, Belästigung und Diskriminierung ist, etabliert, die einer ganz bestimmten radikal-feministischen Sichtweise folgt, welche mit einer wirklichen Emanzipation und Gleichberechtigung der Geschlechter nichts mehr zu tun hat. Hier geht es ausschließlich um die Belange von Frauen als potentielle oder tatsächliche Opfer und als Inhaberinnen von Rechten, die nicht bereit sind selbst entsprechende Einschränkungen hinzunehmen, wenn es um die Rechte des anderen Geschlechts geht. Den Gleichstellungsbeauftragten der Bundeswehr ist es bisher nicht gelungen, bei der Durchführung von Intimuntersuchungen wirklich eine Gleichstellung und Gleichbehandlung der Geschlechter herzustellen.

Aber haben sie dies überhaupt jemals ernsthaft versucht? Der Wehrbeauftragte Reinhold Robbe hatte sich in seiner Amtszeit den Ruf einer integeren und beeindruckenden Persönlichkeit erworben, die mutig auch sachlich berechtigte Kritik an Missständen äußert und sich engagiert für die Belange der Soldatinnen und Soldaten im Rahmen seiner Möglichkeiten einsetzt. All dies findet sich in der mir vorliegenden Korrespondenz mit seiner Institution zum Thema Musterung und Intimuntersuchung, die ausschließlich durch weibliche Sachbearbeiterinnen geführt worden ist, nicht wieder.

Warum geht die Schere hier soweit auseinander. Zu Denken gibt es schon, welche Bereiche im Referat WB 3 der Institution des Wehrbeauftragten zusammengefasst sind: Personalangelegenheiten der Wehrpflichtigen und Angelegenheiten der Reservisten, Frauen in den Streitkräften. Bei der derzeitigen politischen Großwetterlage ist kaum damit zu rechnen, dass ein Referat, welches sich für die Interessen der Frauen einsetzen soll, von einem Mann geleitet wird. Das bedeutet in diesem Fall aber automatisch, dass Wehrpflichtige und männliche Reservisten, die nicht wie die weiblichen Angestellten und Soldatinnen der Bundeswehr mit ihrem System der Gleichstellungsbeauftragten noch eine weitere Instanz für die Wahrnehmung ihrer Angelegenheiten haben, auch in der Institution des Wehrbeauftragten auf Frauen angewiesen sind, die sich ihrerseits augenscheinlich als Lobbyistinnen ganz spezieller weiblicher Interessen sehen!

Das Phänomen der demütigenden Intimuntersuchungen bei Männern ist so gesehen möglicherweise nicht nur das Problem einiger Verantwortlicher, die aus militärpsychologischem Kalkül heraus die derzeitige Untersuchungspraxis befürworten. Vielleicht ist der Bundeswehrführung auch schlicht eine Entwicklung aus dem Ruder gelaufen, die sie jetzt nicht mehr in den Griff bekommt. Genau wie bei dem Zauberlehrling, der die Geister, die er rief nicht mehr beherrschte.

Mit Gleichberechtigung und Emanzipation hat das Ganze, wie wir bereits gesehen haben, nichts zu tun. Gerade auch emanzipierte Frauen dürften wohl kein Interesse daran haben, wenn ihre Partner, Ehemänner, Brüder und Freunde so entwürdigend vom eigenen Geschlecht behandelt werden. Sie haben es auch nicht psychologisch nicht nötig, sich auf eine solche verachtenswerte Art und Weise eine Überlegenheit über Angehörige des anderen Geschlechts zu verschaffen. Aber gerade auch Mütter werden es sicher nicht befürworten, wenn ihre Söhne von Mitarbeiterinnen staatlicher Institutionen so demütigend und ehrverletzend behandelt werden und möglicherweise für den Rest ihres Lebens seelische Verletzungen mit sich tragen, die ihre Beziehungen zum weiblichen Geschlecht nachhaltig negativ beeinflussen.

Musterung

Mit der derzeitigen Gleichstellungspraxis der Wehrbehörden in dieser Frage der Intimuntersuchungen wird offenkundig nur die Interessenslage einer ganz bestimmten weiblichen Klientel bedient, mit der sich kein Mensch mit Anstand, egal ob Mann oder Frau, identifizieren möchte.

Auch und gerade Gleichstellungspolitik muss sich an dem Schutz der Menschenwürde aller Menschen orientieren! Sonst führt sie sich nicht nur selbst ad absurdum, sie wird auch zu Unrecht und verliert ihre Legitimation. Ein Versagen also auf ganzer Linie seitens der Institution, die sich für die Interessen der Soldaten und Wehrpflichtigen einsetzen soll.

Helfen könnte hier vielleicht ein handfester Skandal sexueller Belästigung als juristischer Präzedenzfall. Die Bundesregierung untersucht momentan, völlig zu Recht, die Missbrauchsvorwürfe bei den Einrichtungen der Katholischen Kirche und fordert von dieser Kooperation und Schaffung von Transparenz. Inzwischen haben sich die Vorwürfe aber auch auf nichtkonfessionelle Einrichtungen ausgedehnt.

Müsste nicht auch ein Untersuchungsausschuss genauso engagiert Übergriffe bei medizinischen Untersuchungen durch staatliche Behörden untersuchen? Zumal diese auch zumindest sexuell gefärbt sind und im schlimmsten Fall auch den Straftatbestand der sexuellen Nötigung und Ehrverletzung erfüllen könnten? Wäre es nicht notwendig, auch hier eine Anlaufstelle für Betroffene einzurichten, um eine sachgerechte Aufklärung zu gewährleisten?

Lars G Petersson

Die institutionalisierte Arkan-Disziplin

Das System der "Arkan-Disziplin, welches über die Institutionen (Ärztekammern, Behörden wie Wehrbereichsverwaltungen und Kreiswehrersatzämter, Bundeswehr, Ministerien der Verteidigung, Gesundheit und Familie, Wehrbeauftragter und Verteidigungsausschuss des Bundestags) hinweg zu dem Thema Intimuntersuchungen bei militärischen Tauglichkeitsprüfungen praktiziert wird, bekommt langsam Risse. Offensichtlich wollen sich zunehmend auch Verantwortliche innerhalb dieses Geflechtes nicht mehr mit diesen erniedrigen Praktiken abfinden.

Mir ist die Geschichte einer Ärztin bekannt, die bereits innerhalb der ersten Arbeitswochen den Dienst im Kreiswehrersatzamt wieder quittierte, da sie nicht bereit war, medizinische Untersuchungen unter solchen menschenunwürdigen Bedingungen durchzuführen. Auch existiert inzwischen eine rege Diskussion zwischen den verschiedenen Einrichtungen. Im Bundesverteidigungsministerium wurde sogar extra ein eigenes Referat, welches sich ausschließlich mit diesem Thema beschäftigt, eingerichtet, um die vielen kritischen Nachfragen behandeln zu können. Gleichzeitig soll auf diesem Weg offensichtlich sichergestellt werden, dass dieser Skandal nicht an die Öffentlichkeit dringt sondern das Thema nur innerhalb der Institutionen behandelt wird. Nebenbei bemerkt geschieht dies alles selbstverständlich auch auf Kosten der Steuerzahler und Bundesbürger, in deren Dienst diese Institutionen eigentlich stehen sollen.

Dennoch wagen sich einzelne Akteure langsam aus der Deckung. Der Bundesärztekammer liegt ein Schreiben vor, in welchem bereits vor mehreren Jahren die entwürdigenden Zustände während dieser Untersuchungen beschrieben und kritisiert wurden. Dieses liegt mir auszugsweise vor. Beispielhaft wurden hier von dem Beschwerdeführer oder der Beschwerdeführerin(?) verschiedene entwürdigende Situationen geschildert:

Ein junger Mann steht während der Genitaluntersuchung ohne Sichtschutz und im Sichtfeld der Arzthelferin. Die Ärztin manipuliert derart im Genitalbereich bis der Wehrpflichtige mit hochrotem Kopf entblößt mitten im Raum steht, da sich eine Erektion gebildet hat. Ein hinzu gerufener Arzt betritt in diesem Moment den Raum und erklärt der Medizinerin (!), dass es im erregten Zustand des Glieds völlig normal ist, dass die Hoden höher in der Nähe der Leistenkanäle liegen. Man sollte meinen, dass es für einen jungen Mann kaum noch eine beschämendere Zurschaustellung im Rahmen dessen geben kann, was man als medizinische Untersuchung bereit ist zu akzeptieren.

Aber diese Hürde wird noch einmal locker überboten: Während der nächsten Situation, die dargestellt wird, liegt ein junger Mann auf der Untersuchungsliege. Selbstverständlich wird zur Intimuntersuchung wieder im Sichtfeld der weiblichen Assistentin und ohne Paravent gearbeitet. Erneut wird von der Ärztin ein männlicher Kollege um Rat befragt. Für alle Anwesenden laut vernehmlich wird von der Untersucherin die Frage gestellt, ob das männliche Genital nicht zu klein sei (!).

Wie soll man eine solche Untersuchungspraxis bewerten. An sozialer Inkompetenz, sexueller Anstößigkeit bei der Durchführung, und mangelhafter fachlicher Qualifikation kaum noch zu überbieten? Meint man gar, die Unsicherheit und Unerfahrenheit junger Männer ungestraft für solche professionellen Defizite ausnutzen zu dürfen? Einmal unterstellt, die Opfer solcher Verhaltensweisen könnten die erlittene Beschämung überwinden und wollen sich beschweren.

Wie soll sich ein Betroffener gegen solche Übergriffe zu Wehr setzen? Zeugen, die sich empathisch für ihn einsetzen, gibt es nicht. Dafür ist von höchster Stelle gesorgt. Hierzu steht in der Zentralen Dienstvorschrift 46/1, Kapitel 1, Ziffer 105, Satz 2: "Die Anwesenheit von Personen, die nicht mit der ärztlichen Untersuchung in Verbindung stehen, ist nicht zulässig." Die Teilnahme von Vertrauenspersonen des zu Untersuchenden, wie sie das ärztliche Standesrecht ausdrücklich vorsieht, ist somit ausgeschlossen.

Im §7 Abs. 4 der ärztlichen Musterberufsordnung ist dazu Folgendes nachzulesen: "Angehörige von Patientinnen und Patienten und andere Personen dürfen bei der Untersuchung und Behandlung anwesend sein, wenn die verantwortliche Ärztin oder der verantwortliche Arzt und die Patientin oder der Patient zustimmen." Nicht nur zivile Arztpraxen und Kliniken, sondern auch andere öffentliche medizinische Gutachterdienste fühlen sich an diese Regelung gebunden. Wenn auf Wunsch eines Patienten beispielsweise die Anwesenheit einer Angehörigen oder eines Mitarbeiters einer Pflegeeinrichtung bei einer Begutachtung zur Feststellung der Pflegebedürftigkeit gewünscht wird, geschieht dies auf der Grundlage dieses Paragraphen.

Der Ausschluss gilt aus Sicht der Behörden aber selbstverständlich nicht für die weibliche Assistentin, obwohl sich deren Aufgabe laut Zentralen Dienstvorschrift 46/1, Kapitel 1, Ziffer 106 im Zusam-

menhang mit der Untersuchung auf die einer Ohrenzeugin beschränkt: "Dem medizinischen Assistenzpersonal obliegen im Zusammenhang mit Grunduntersuchungen u.a. folgende Tätigkeiten: ..... Eintragung von ärztlichen Befunden und Gesundheitsziffern *nach ärztlichem Diktat*; ..."
Wer sich die oben dargestellten Ereignisse noch mal in Erinnerung ruft, den wird es kaum verwundern, wenn auch zunehmend die medizinische Sachkenntnis des ärztlichen Untersuchungspersonals der Wehrbehörden in Frage gestellt wird; beispielsweise für die Vorsorgeuntersuchung für Hodenkrebs. Schließlich dient gerade das Vorsorgeargument zur Rechtfertigung für die hunderttausendfach durchgeführten Intimuntersuchungen.

Daher ist es interessant, sich auch zu diesem Punkt mit einigen schockierenden Aspekten zu beschäftigen, da der Großteil des ärztlichen Dienstes der KWEAs und der Untersuchungszentren der Bundeswehr hierzu über keinerlei zusätzliche fachärztliche Qualifikation verfügen. Berichtet wird unter anderem auch von einem jungen Mann, der mit einem Hodentumor in einer urologischen Abteilung eines Krankenhauses vorstellig wird. Überwiesen wurde er wegen eines unsicheren Befundes am Hoden. Und das, obwohl er wenige Wochen vorher von einer Truppenärztin untersucht wurde und hierbei seine Tauglichkeit attestiert wurde.

Ein weiterer Soldat musste sich in ärztliche Behandlung begeben, nachdem er einige Tage zuvor bei einer Untersuchung der Musterungsärztin während der Palpation der Hoden eine so starke Quetschung erlitt, dass die Folge eine Nebenhodenentzündung war.

In vielen Fällen beschränkt sich die Intimuntersuchung Umfragen zu Folge darauf, einen Finger oder die Hand zwischen die Beine zu halten und den zu Untersuchenden zum Husten aufzufordern.

Der aufmerksame Leser wird sicher bemerkt haben, dass Satz 1 der ZD/v 46/1 Kapitel 1 Ziffer 105 oben nicht zitiert wurde. Dieser wird nun an dieser Stelle nachgereicht: *"Anamnestische Befragungen und körperliche Untersuchungen sind mit dem erforderlichen Takt und die Beurteilungen mit der notwendigen Objektivität durchzuführen."*

Musterung

Flashbacks

Jüngere Menschen sind noch formbar. Man kann mit ihnen noch vieles anstellen, was mit Erwachsenen schwierig oder ganz unmöglich wäre. Kindersoldaten zum Beispiel, sind in vielen internationalen Konflikten die gewalttätigsten aller Soldaten. Sie lassen sich auch dort noch für bestimmte Zwecke benutzen, wo die meisten Erwachsenen schon Skrupel hätten und jede weitere Beteiligung aus moralischen Gründen ablehnen würden. Je jünger ein Mensch ist, desto mehr befindet er sich noch in einem Abhängigkeitsverhältnis zu den Erwachsenen und um so leichter lässt er sich noch von ihnen unterdrücken. Selbstverständlich wissen das jene, die an der Macht sind und deren Absicht es ist, andere Völker anzugreifen oder einzelne Menschen zu unterdrücken. So war es früher schon immer und daran hat sich bis heute auch nichts geändert.

Junge Menschen besitzen einfach noch nicht die mentale Reife, um sich gegen Ausnutzung zur Wehr setzen zu können. Deshalb konnte man sie auch immer in die Kriege schicken, über die sie nur selten wirklich wussten worum es dabei ging und die eigentlich die Erwachsenen unter sich hätten austragen müssen. Deswegen werden sie auch heute noch spätestens bis zum Alter von 17-18 Jahren überall auf der Welt zum Erlernen des Kriegshandwerks eingezogen. Für die Militärmächte bedeutet es einen großen Vorteil auf Menschen einwirken zu können, die gerade erst am Anfang ihres Lebens stehen. Würde die Rekrutierung und/oder die Wehrpflicht erst ab dem Alter von 35-40 Jahren beginnen (was ich für einen guten Vorschlag halten würde) dann würde die Sache schon ganz anders aussehen. Dann stünde man nämlich vor einer sehr schwierigen Aufgabe.

Menschen denen man die Zeit lässt, sich zu Individuen mit einem festen eigenen Willen zu entwickeln, lassen nicht mehr alles so einfach mit sich machen, wie das noch bei den ganz jungen in der Regel der Fall ist. Also muss man frühzeitig mit der Erziehung beginnen. Deswegen wirkt man auf die potentiellen Opfer am besten schon in ihrer Kindheit ein, wenn sie noch minderjährig sind, spätestens aber nur sehr kurze Zeit danach. So ist es überall, egal ob wir über Regierungstruppen oder Guerillas sprechen, die irgendwo in konfliktträchtigen Gebieten Afrikas, Asiens oder anderswo ihr Unwesen treiben oder wenn es sich nur um die "freundliche" Bundeswehr im heutigen friedlichen Europa handelt. Man hat in jedem

Fall ein leichteres Spiel mit jüngeren Leuten, weil sie sich ja nicht dagegen zur Wehr setzen können.

> "Ein Vergleich mit der Vergewaltigung liegt nahe. Die Betroffenen können sich gegen all diese Vorgänge in keiner Weise zur Wehr setzen. Die Maßnahmen sind staatlicherseits angeordnet, folglich legal, strafrechtlich sanktioniert und werden von der Mehrheit der Bevölkerung offenbar toleriert und als legitim betrachtet."
>
> Norbert P.

Gewaltbereitschaft im Allgemeinen zu erlernen, aber auch die Bereitschaft Frauen zu vergewaltigen, gehörte immer schon zu den Grundvoraussetzungen eines jeden Angriffkrieges. Es ist noch nicht lange her, da war es noch so in Deutschland zur Zeit des Nationalsozialismus. Wie in vielen Fällen kriegerischer Angriffslust, ging es auch damals nicht darum eine Wehrmacht aufzubauen, um notfalls die eigenen Grenzen verteidigen zu können. Nein, es ging um viel mehr als nur die Freiheit des eigenen Volkes zu bewahren. Wie jeder weiß, trug man sich von Anfang an mit der Absicht andere Länder zu überfallen und andere Völker zu unterdrücken.

Mit dem Anspruch militärische Gewalt anwenden zu können wann immer man wollte, sollte ein Ausrottungsprozess von Millionen von "wertlosen", "minderwertigen" Menschen in Gang gesetzt und bis zum bitteren Ende auch durchgeführt werden. Nur die Wehrmacht und als deren Voraussetzung die allgemeine Wehrpflicht, konnte dieses Unterfangen vor der Einmischung durch andere Länder beschützen. Und es macht umso mehr deutlich, wie krankhaft, ja sogar kriminell das ganze System damals war. Natürlich macht bei so etwas nicht jeder aus dem Volk freiwillig mit. Also muss ein Staat frühzeitig damit beginnen, seine Jugend in diesen Prozess einzubinden. Am besten so früh wie möglich. So gerät die unschuldige Jugend, geradewegs ins Visier der älteren Generation, die sie nur ausbeuten will.

Das Nazideutschland ist dafür natürlich ein extremes Beispiel, aber selbstverständlich und glücklicher Weise schon Teil der Vergangenheit. Doch das Prinzip mit dem man jungen Menschen Gewalttätigkeit unter Aufsicht des Staates beibringt, indem man ihnen zunächst einmal psychische Gewalt antut, ist mehr oder weniger dasselbe geblieben. Ja, früher machte man es so und heute wird es immer noch so gemacht und für mich sieht es so aus, als hätte man aus den begangenen Fehlern nicht das Geringste gelernt.

Musterung

Wenn jemand solch eine Ausbildung praktisch mit der Muttermilch erhalten hat, sind Langzeitschäden so gut wie vorprogrammiert. Manche scheinen davon unberührt zu bleiben, so als wäre nichts geschehen. Aber niemand bleibt unbeschädigt. Um zu lernen was Gewalt ist, muss man zunächst einmal selbst misshandelt worden sein. Dann hat die Seele aber bereits Schaden genommen. Bei vielen Menschen die Schlimmes erleben mussten, finden wir Symptome, die einer chronischen posttraumatischen Belastungsreaktion (PTBR) entsprechen.

Wie lässt sich nun "schlimm" definieren? Leider lässt sich dieser Gefühlszustand nicht so einfach messen. So kann ein Erlebnis, das eine Person ohne besonders große Probleme verkraften kann, das Leben einer anderen Person für immer zerstören. Für jene, die zur letztgenannten Gruppe gehören, kann also auch ein verhältnismäßig "kleines" Trauma gravierende und dauerhafte Folgen haben.

Ich habe solche schlimmen Gefühlszustände auch bei Wehrpflichtigen vorgefunden, die nie an der Austragung eines bewaffneten Konflikt teilnehmen mussten und nie das Geringste mit solch echten Kämpfen etwas zu tun hatten. Ich kann davon nicht nur wegen meiner Arbeit in einer psychiatrischen Spezialeinheit für traumatisierte Wehrpflichtige in Dänemark persönlich Bericht erstatten, sondern wir finden ähnliche Traumata auch bei Männern wieder, die bei der Bundeswehr als Wehrpflichtige gedient haben und die nie im Auslandeinsatz waren und sogar auch bei vielen, die nur einmal oder auch mehrmals gemustert worden sind.

Schon alleine ein paar Stunden den Zwängen in einem KWEA ausgesetzt gewesen zu sein, das dortige Geschehen als Entwürdigung empfunden zu haben, kann lebenslange psychische Konsequenzen nach sich ziehen. Auch unter "nur" Gemusterten trifft man auf Personen, die an immer wiederkehrenden, aufdringlichen Erinnerungen in Bildern - sog. Flashbacks - leiden. Die Gedanken an das, was ihnen wiederfahren ist, tauchen immer wieder auf. Die Betroffenen fühlen sich immer wieder an den Ausgangspunkt, der als traumatisch empfundenen Situation zurückversetzt. Ohnmacht, Hilflosigkeit und Entsetzen macht sich breit. Manchmal genügen kleinste Ähnlichkeiten mit anderen Situationen, um die Flashbacks zu evozieren. Das kann eine Stimme sein, ein Gesicht, irgendetwas, das mit dem bereits Erlebten assoziiert wird.

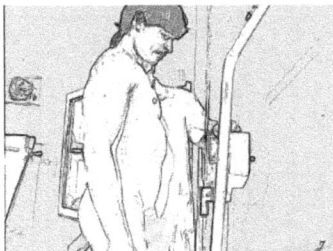

"Aufgrund dieser Untersuchung müssen sich bei mir stärkere psychologische Probleme entwickelt haben, die sich dann später auf bestimmte Art äußerten", sagte mir Sebastian. "Nein, ich war nie im Kampf, ich wurde sogar ausgemustert, aber das aufkommende Schamgefühl dabei, werde ich vermutlich nie wieder los werden Es taucht immer wieder alles vor meinem geistigen Auge auf. Jeden Tag erinnere ich mich an die damalige Situation. Ich muss dann meine Wut mit aller Kraft unterdrücken. Oft schon hätte ich mich dafür gerne revanchiert, aber das darf man ja nicht".

Seine Erlebnisse im Kreiswehrersatzamt haben Sebastian nie verlassen. Täglich sind die Personen von damals in Gedanken bei ihm. Es regt ihn immer noch auf, was damals passiert ist. Er erinnert sich an alles, was mit ihm gemacht wurde. Wie andere Traumatisierte, so ist auch er "immer auf der Hut". Er leidet unter massiven Schlafstörungen und immer wiederkehrenden Alpträumen.

Sebastian hat Probleme sich zu konzentrieren, er ist sehr reizbar und neigt zu Wutausbrüchen. Alle Situationen, Orte und Personen, die in ihm wieder Erinnerungen an seine damaligen Erlebnisse wachrufen könnten, versucht er zu meiden. Weil sich das örtliche KWEA ganz in der Nähe seiner Wohnung befand, zog er es vor umzuziehen. Er konnte es nicht aushalten, das Gebäude wiederzusehen.

Musterung

Manche Gefühlszustände über die mir Sebastian berichtet hat, entdeckte ich in ähnlicher Form so auch bei anderen wieder. Emotional sind diese Menschen oft in der Richtung gestört, dass sie unfähig sind zärtliche Gefühle zu empfangen oder zu geben und in manchen Situationen fehlt es ihnen an Mitleid. Sie fühlen sich oft leer, "irgendwie daneben", entfremdet. Neben dem Eindruck, "psychisch taub" zu sein, findet sich bei ihnen oft eine sehr große physische Unempfindlichkeit gegen Schmerzen verschiedener Art. Aus einem Gespräch mit einem anderen jungen Mann und über Fragen an ihn zu diesem Thema erfuhr ich, dass er seine Frustration in der Richtung zu bewältigen versuchte, sich oft zu duschen. Es sah in der Tat für ihn so aus, als müsse er sich von der erlittenen Schande immer wieder "reinigen".

Als Endresultat zeigen Sebastian und seine andere Leidensgenossen, sofern sie sich dazu geäußert haben, die gleichen Reaktionen wie wir sie auch von anerkannten Missbrauchsfällen her kennen. Dies beginnt damit, dass sie selbst versuchen das Erlebte zu verharmlosen ("ist eigentlich doch alles nicht so schlimm gewesen") und es geht teilweise mit der sehr ausgeprägten Unfähigkeit weiter, über das Erlebte mit anderen sprechen zu können und es endet bisweilen in einigen Fällen in einer vollkommenen Umkehrung der Vorzeichen. Der Missbrauchte beginnt dann den Missbrauch oder die Gedanken daran, als angenehm oder erregend zu empfinden. Das Gefühl des Ausgeliefertseins wird als sexuelle Perversion ausgelebt und auf diese Weise "verarbeitet". Ein beständiges perverses Sexualverhalten könnte durchaus das Ergebnis davon sein. Dieses bleibt dann im besten Fall innerhalb der eigenen vier Wände verborgen. Schlimm wird es, wenn der Betroffene meint diese Perversion mit oder an anderen ausleben zu müssen.

> "Aus Gründen der Erinnerung an meine Musterungen war ich noch nie bei einer Krebsvorsorgeuntersuchung und ich werde es auch in Zukunft vermeiden dorthin zu gehen."
>
> Konrad B.

Wenn bei einem Mann während der Erniedrigung durch eine Frau ein Lernprozess in Gang gesetzt worden ist, der seine Sexualität völlig umkehrt, dann wurde damit ein regelrechtes Problem erschaffen. Empfand dieser Mann während der Demütigung durch die Frau sexuelle Erregung, bekam er vielleicht sogar eine Erektion, dann wird es ihm später viel leichter fallen in ähnlichen Situationen auch sexuelle Erregung zu empfinden. Wenn er dann wieder in eine ähnliche Situation kommt oder wenn er sich in Gedanken solch eine Situation selbst erstellt, dann kann dies dazu führen, dass er sich gut dabei fühlt und sich schließlich dieses Wohlgefühl immer wieder verschaffen will. Der umgekehrte Fall davon, mit vielleicht noch weit schlimmeren Folgen für eine andere Person, hieße, dass ihm eine Frau zu Willen sein muss.

Wie zu erkennen ist, könnten nur wenige Schritte genügen, um einen Mann zu solch einer bösen Tat zu verleiten. Somit kennen wir also nun die Grundvoraussetzung, womit die Bereitschaft geschaffen werden kann, Frauen zu vergewaltigen. Ein Soldat handelt auf Befehl und wenn er dadurch einen Freifahrtschein erhält, wirft er wahrscheinlich alle moralischen Bedenken über Bord. Außerdem ist ihm beigebracht worden, anderen Gewalt anzutun. Ganz am Ende dieser widerlichen Gedankenreihenfolge steht dann möglicherweise eine Massenvergewaltigung. Was bekannter Weise früher wie auch heute, wenn auch eher andernorts, beim Militär durchaus üblich ist, um ein anderes Volk einzuschüchtern.

> "Es ist schon sehr auffällig mit welcher Hartnäckigkeit gerade die Hoden bei jeder Musterung, Einstellungsuntersuchung, Beförderung, Überprüfung auf Auslandsverwendungsfähigkeit, sowie bei der Entlassung aus dem Dienst untersucht werden. Warum besteht eigentlich so ein großes Interesse des Militärs an diesen Organen, die nicht zum Töten, sondern zum Erzeugen von Leben erschaffen worden sind?"
>
> Michael K.

Natürlich sind Lust dabei zu empfinden und eine Erektion zu haben, die weiteren Voraussetzungen, ohne die eine traditionelle Vergewaltigung bekanntlich schon rein technisch nicht möglich ist.

Das Ganze kann aber auch andere Konsequenzen haben. Wir sind alle Menschen, die in ihrem Leben Erfahrungen sammeln. Ob nun sehr bewusst oder eher unabsichtlich, jedenfalls häuft sich mit der Zeit eine Menge davon an. Eventuell genügt dann im späteren Leben nur noch ein Funke, um ein hochexplosives Gemisch, das auch aus Negativerfahrungen bestehen kann, durch einen plötzlichen

Musterung

Überhang davon zur Explosion zu bringen. Man hat Hass erzeugt. Womöglich hat man sogar bei sehr vielen Männern auf diese Weise Hass auf Frauen erzeugt. Obwohl niemand von uns es so wollte, dennoch ist so etwas möglich. Es ist schlecht für die einzelnen Personen. Es ist schlecht und gefährlich für die Gesellschaft.

Warum helfen einzelne Frauen denn überhaupt dabei mit, diesen Prozess in Gang zu halten? Man kann darüber nur spekulieren. Sind die hier Tätigen vielleicht auch ehemalige Opfer von medizinischem Missbrauch? Haben sie sich z.B. auch von ihren Gynäkologen entwürdigt gefühlt? Wollen sie sich auf diese Weise beim Männergeschlecht revanchieren? Möglicherweise ist es bei manchen so. Aus vielen Aussagen von Frauen die dabei mitmachen, lässt sich eine gewisse unterdrückte Wut heraushören. Sie sagen: "Beim Frauenarzt müssen wir das ja auch", oder "Warum sollen die Jungs so etwas nicht auch durchstehen müssen?"

Ist ja schon richtig, viele Frauen sind bei diesen Intimuntersuchungen sexuell belästigt worden oder haben sich zumindest entwürdigt gefühlt. Ich weiß das von der Baseler Deklaration, aber auch von unzähligen Fällen, die mir aus anderen Quellen bekannt geworden sind. Auch hier scheint es so zu sein, dass Medizin in manchen Fällen Hand in Hand mit der Sexualität und entwürdigenden Machtspielen geht. Die Frauen lassen vieles über sich ergehen - sie werden dazu nicht gezwungen, aber viele empfinden es vielleicht trotzdem so - und denken dann nachher, warum sollen die Männer nicht auch ihren Anteil daran haben.

In der Tat sind viele von diesen sich ständig wiederholenden medizinischen Kontrollen und Vorsorgeuntersuchungen äußerst fragwürdig. Sei es der als Druck empfundene, obwohl freiwillig auf sich genommene Facharztbesuch oder sei es die als ausdrücklicher Zwang ausgewiesene Untersuchung im KWEA. Hat man durch alle diese "Vorsorgeuntersuchungen" vielleicht ein ängstliches Volk geschaffen, das immer wieder an das nächste Mal denkt? An das nächste Mal, bei dem Mann oder Frau wieder darum gebeten wird, sich "unten (oder ganz) frei zu machen". Möglich wäre es zumindest.

Vor allem hat man aber unter anderem dadurch eine kleine Gruppe von Frauen produziert, die gerne am Männergeschlecht für eine Unterdrückung Rache nehmen will (die sie persönlich noch nicht einmal in jedem Fall selbst erlebt haben müssen) und das auch konsequent durchzieht. Auch wenn die Ersatzopfer gerade mal erst 17

Jahre alt sind und selbst noch nie einem anderen Menschen etwas getan haben. So lässt sich ein Kreislauf von Missbrauch herstellen, bei dem kein Ende in Sicht ist, das heißt, falls niemand eingreift und diesem Dilemma ein Ende bereitet.

Studiert man anerkannte Missbrauchsfälle, fällt auf, dass es sich bei den Geschädigten um Menschen handelt, die auch Jahre später noch - manchmal sogar bis an ihr Lebensende - unentdeckt wie ein Chamäleon mit dem Strom schwimmen und niemals dagegen ankämpfen, egal wohin sie der Fluss auch führt. Ein Volk von missbrauchten Menschen ist also ein relativ leicht kontrollierbares und steuerbares Volk.

Bei sexuellem Missbrauch geht es um Macht und Ohnmacht in komplexester Form. Der Täter unterwirft sein Opfer - oft ohne es auch nur im Geringsten körperlich zu verletzen. Und wie bei einem Reflex wirkt diese Unterwerfung beim Opfer - ob es will oder nicht, ob es sich dessen bewusst ist oder nicht. Das Leben junger Menschen wird zerstört, ihr Sexualleben wird in vielen Fallen verändert, und was besonders schlimm ist, der Missbrauchte kann sich in einen Missbrauchtäter verwandeln. Hat jemand leiden müssen, dann kann er, wenn er für seine Probleme keine andere Lösung sieht, seinem Ärger in Form von brutaler Gewalt Ausdruck geben. Das passiert, wenn die Frustration zu groß wird und der Betroffene keinen anderen Ausweg mehr sieht, als sich so davon frei zu machen. Können wir jungen Menschen im Jahr 2009 wirklich so etwas antun? Kann Deutschland das als Nation wirklich verantworten?

Musterung

Ein gemeinsames "Geheimnis"

Musterung heißt es und für viele junge Menschen besitzt alleine schon das Wort in sich etwas Furchterregendes. Von Generation zu Generation haben junge Männer und große Jungen es erleben müssen, wie es ist, nackt vor der Musterungskommission zu stehen, ohne dass sie sich dagegen haben wehren können. So mussten sie sich unter staatlicher Genehmigung fremden Blicken und manuellen Kontrollen aussetzen, wobei selbst vor den Intimzonen nicht halt gemacht wird.

Man muss sich jetzt die Frage stellen: Wie viele Männer mögen unter uns leben, die deswegen mit psychischen Problemen zu kämpfen haben, aber sich zu sehr schämen um darüber sprechen zu können? Die Antwort ist, dass es wahrscheinlich nur wenige deutsche Staatsbürger gibt, die nicht zu dieser enorm großen Gruppe gezählt werden können. Aber, um es noch einmal zu betonen, es kommt nicht ans Tageslicht, weil die meisten Männer nicht den Mut haben sich das selbst einzugestehen, geschweige denn anderen ihre Gedanken und Probleme mitteilen möchten, die sie deswegen mit sich herumtragen. Mag sein, dass die Erziehung aufgrund geschlechtsspezifischer Rollenzuteilung dafür maßgebend ist, die es Männern immer noch verbietet Gefühle zu zeigen, wenn diese als Schwäche und damit als Unmännlichkeit ausgelegt werden können.

Deshalb werden die meisten versuchen, ein solches Erlebnis einfach zu verdrängen. In der Regel kommt nie ein Wort über das Erlebte aus ihrem Mund. Man schweigt und versucht alles zu verharmlosen. Zum Teil versuchen die Männer sogar bestimmt noch, eher für die Täter Entschuldigungen zu erfinden, als sich selbst einzugestehen ein Opfer von Missbrauch geworden zu sein. Jeder weiß Bescheid über die Nacktvorführungen, aber die Scham untersagt jegliche Diskussion über dieses Thema. So wie es bei missbrauchten Kindern oft der Fall ist, sind auch hierbei die Opfer ein stilles Einverständnis mit den Tätern eingegangen, nie über das was geschehen ist zu sprechen. Ohne weitere Worte wurde es zu ihrem gemeinsamen "Geheimnis". Nur so haben diese perversen Doktorspielchen eine Chance gehabt zu überleben und sich ihren Weg durch Kriege und durch Friedenszeiten hindurch bis in unsere heutige moderne Gesellschaft zu bahnen.

Einmal ganz objektiv betrachtet, kommt man nicht umhin sich die Frage zu stellen, in wie weit man mit diesen altmodischen Methoden bei den "Untersuchungen" überhaupt zu den nötigen Feststellungen kommen kann, was die Tauglichkeit hinsichtlich moderner Kriegsführung anbetrifft. Hat es damit überhaupt noch etwas zu tun? Um die Wehrtauglichkeit des einzelnen für eine moderne Streitmacht in einer Gesellschaft des 21. Jahrhundert feststellen zu können, sind dann wirklich zwanzig Kniebeugen, Wiegen, Pulsmessen und ein Griff an die Hoden noch wirklich zweckerfüllend und sinnvoll? Wären moderne Belastungs- und/oder Sporttests nicht sehr viel nützlicher und angebrachter? Müssten diese Tests dann aber nicht mindestens von qualifiziertem Fachpersonal durchgeführt werden, von Leuten die wissen worum es geht? Vor kurzem sah ich eine Stellenanzeige für "Musterungsärzte" des Kreiswehrersatzamtes Köln.

"Anforderungsprofil: Approbierte/r Ärztin/Arzt, Erfahrung in gutachterlicher Tätigkeit, Teamfähigkeit und Bereitschaft zur Einarbeitung in die Besonderheiten der wehrmedizinischen Begutachtung sowie von Verwaltungsaufgaben, und Grundkenntnisse der modernen Informationstechnik."

Das heißt also, wenn jemand über eine fertige Grundausbildung als Ärztin oder Arzt und über Grundkenntnisse am Computer verfügt, dann ist die/der Betreffende qualifiziert genug, frei über das Leben von anderen Menschen zu entscheiden. Sie oder er wird nun dazu ermächtigt, anderen das Nacktsein zu befehlen und darf alleine, d.h. in eigener Verantwortung und im eigenen Ermessen darüber entscheiden, ob ein junger Mensch "freigesprochen" oder zu einem Jahr Zwangsarbeit abkommandiert wird. Ja wirklich, so banal sehen die Qualifikationsanforderungen für diese Machtposition aus.

"Ja, bei der Musterung wird ein Mann von Frauen untersucht, die selbst nie zu einer Musterung gehen mussten. Das empfinde ich als ungerecht. Auch dass andere Menschen das Recht haben über mein Leben zu entscheiden, finde ich nicht gerecht. Die Ärztin bei meiner dritten Musterung mochte mich anscheinend nicht. Die dachte bestimmt, ich wäre ein Simulant. Was meine Tauglichkeit anbetraf, so hatte sie schon ihre Vorentscheidung gegen mich getroffen, als sie sich meinen Penis ansah. Meine Atembeschwerden wurden von ihr überhaupt nicht zur Kenntnis genommen."
Winfried A.

Musterung

Wie überall in der Gesellschaft, so geht es auch bei der Bundeswehr um Angebot und Nachfrage. Deshalb sollte man die Sache mit den Tauglichkeitsuntersuchungen besser nicht so genau nehmen. Höchstwahrscheinlich geht es nämlich um etwas ganz anderes, als nur die Spreu vom Weizen zu trennen. Es geht nicht um tauglich oder untauglich, sondern nur darum, eine bestimmte Anzahl von benutzbaren Rekruten auszusuchen, die gebraucht werden.

Es ist schon sehr auffällig, dass die Zahl derer, die man als für den Dienst geeignet findet, immer so unwahrscheinlich gut mit der Zahl derer zusammenpasst, die im Ganzen benötigt werden. Es ist doch eindeutig, dass mit der sich ständig wiederholenden Übereinstimmung der Zahlen die Tatsache bestätigt wird, dass es so etwas wie echte Grenzwerte für die Wehrtauglichkeit nicht gibt. Eine bestimmte Anzahl von Leuten die man braucht wird als "geeignet" eingestuft, ob es nun tatsächlich so ist oder nicht spielt keine große Rolle. Um dem jeweiligen Bedarf gerecht zu werden, justiert man die Skala einfach neu und pendelt den gewünschten Wert nach oben oder unten aus.

Wie sonst könnte es sein, dass heutzutage (in der Zeit der EU) so viele als nicht geeignet eingestuft werden, aber dazu im Vergleich während des kaltes Krieges auf beiden Seiten der deutsch/deutschen Grenze so viel mehr junge Menschen zum Dienst an der Waffe einberufen wurden oder zu Hitlers Zeiten sogar Kinder auf das Schlachtfeld geschickt werden konnten, weil es andere nicht mehr gab?

Klar, es ist alles subjektiv. Doch gemäss dieser "Objektivität" wurden noch 1990 nur 12 % der männlichen Angehörigen eines Jahrgangs ausgemustert, 2005 waren es schon über 40 %. Eine Begründung dafür ist auch leicht zu finden. Es ist unwahrscheinlich, dass sich der Gesundheitszustand und die Tauglichkeit junger Männer plötzlich dermaßen verschlechtert hat. Es ist eher davon auszugehen, dass die Zahl der zwangseinberufenen Männer gemäß dem benötigten Bedarf (politische Lage) angepasst wurde. Ja, der Personalbedarf der Bundeswehr ist inzwischen stark gesunken und seltsamerweise gehen die Zahlen Hand in Hand mit dem "verschlechterten" Gesundheitszustand der jungen Generation. Ist das ein reiner Zufall? Es könnte durchaus so sein. Wenn es aber so ist, dann war es gut für Hitler, dass seine Jahrgänge so gesund waren im Vergleich zu Merkels....

Aber ist nicht eher davon auszugehen, dass hier der Anschein von Wehrgerechtigkeit erzeugt werden soll, um die Wehrpflicht weiterhin aufrecht zu erhalten? Die Ärztinnen und Ärzte der KWEÄ stehen dabei vor der großen Herausforderung, genug eigentlich taugliche Männer für untauglich zu erklären, um die Quote der Verfügbaren an den jeweiligen Bedarf anzupassen. Geht die Schere zwischen beidem zu weit auseinander, besteht keine Wehrgerechtigkeit mehr und die Wehrpflicht steht zur Disposition. Für die Musterungsärztinnen und – ärzte bedeutet das auch, dass sie ihre eigenen Arbeitsplätze abschaffen würden, wenn die "Justierung" über die Musterungsuntersuchung im KWEA nicht funktioniert. Also müssen die Richtlinien der Tauglichkeitsprüfung so interpretiert werden, dass stets das gewünschte Ergebnis heraus kommt und die Beschäftigung weiterhin gesichert ist. Ärztliche Unabhängigkeit mal ganz anders.

In den letzten Jahren waren die Chancen, ausgemustert zu werden, so gut nie seit Bestehen. Um die Wehrgerechtigkeit zu erhöhen, wurde allerdings jüngst von der Bundesregierung beschlossen, die Wehrdienstzeit auf 6 Monate zu verkürzen, so dass wieder mehr Männer zum Dienst eingezogen werden können. Und das, obwohl der Bedarf weiter gesunken ist und noch weniger offene Stellen für die Wehrpflichtigen zur Verfügung stehen als bisher. Damit ist aber schon jetzt absehbar, dass die Chancen, ausgemustert zu werden, in Zukunft wieder sinken werden. Die Anzahl der Musterungen wird dafür steigen! Und damit auch die Zahl der Intimuntersuchungen - falls sich hier nichts ändert!

Die Macht der Ärzte ist so aber auch durch die politisch gewollte Willkür im System, die die Wehrpflicht stützen soll, um ein Vielfaches größer geworden. Manch einer möchte daher bei der Musterungsuntersuchung nicht unangenehm auffallen und lässt alles mit sich machen, um so einem Zwangsdienst, den er aufgrund der Willkür als ungerecht empfindet und mit dem er sich deswegen nicht identifizieren kann, durch eine Ausmusterung zu entkommen. Sexuelle Demütigung gegen Zwangsdienst? Ein fragwürdiger Tausch! Zumal es in den meisten Fällen so nicht funktionieren dürfte, da der gerade aktuelle Stand der Quote der entscheidende Faktor in dieser Lotterie ist.

So geht alles immer weiter. Die Musterung hat ja schließlich in der Bundesrepublik bekannter Weise Tradition. Gleichgültig, ob der Kaiser, der Führer oder die Republik zum Dienst ruft oder ob es um "Gott und Vaterland", "Lebensraum" oder um "Terrorbekämpfung" geht, immer fängt es damit an und es sieht so aus, als ob man damit nie aufhören will.

Das Ganze hat ja auch seine Vorteile. Zum einen löst man so Beschäftigungsprobleme, u.a. was das KWEÄ Personal betrifft. Es ist gut für die Waffenindustrie, es kann auch für die Bauindustrie von Nutzen sein, wie damals nach dem Krieg besonders deutlich zu erkennen war und schließlich, selbst wenn es wirklich nie zu einem neuen Krieg kommt, dann hat man wenigstens ein paar Fälle von Vorhautverengung entdeckt.

Aber einmal ganz ehrlich jetzt, muss man wirklich im 21. Jahrhundert, im gleichberechtigten und friedlichen Europa immer so weiter machen? Womit lassen sich die Methoden der Kaiserzeit heute noch rechtfertigen? Muss man wirklich jungen Männern weiter zwischen die Beine greifen, sie nackt vorführen und ihre Körper als staatliches Eigentum betrachten? Muss die Hälfte der Bevölkerung für die Freiheit des Staates wirklich weiter ihre eigene Freiheit aufgeben, nur weil es so mal war und weil es nun mal so ist? Muss es deshalb auch unbedingt in Zukunft so bleiben? Muss es wirklich so weiter gehen, dass jemand, nur weil er als junger Mann 17 Jahre alt geworden ist, seine Hosen hinunter lassen muss? Muss er sich wirklich auch in Zukunft weiter vor anderen bücken und die Pobacken spreizen?

Ja, ich stelle mir inzwischen sehr viele Fragen. Muss man wirklich weiter Menschen so seelisch zerstören? Muss wirklich immer wieder nach neuen Feinden gesucht werden, nur um diese Vorgänge weiterhin rechtfertigen zu können? Es gab mal Zeiten, als dieser Feind meistens Henri oder Vladimir hieß oder ab und zu John. Heute hat man ihn in Mohamed umgetauft. Es scheint, solange jemand gefunden werden kann, der ins Bild passt, solange ist die Welt in Ordnung. Wir müssen noch nicht einmal näheres über diesen schlimmen Kerl wissen. Wir müssen nicht wissen, ob er auch zwangsvorgeführt wurde, ob man ihm auch vor dem Kampf zwischen die Beine gegriffen hat oder ob sein After auch sachgemäß inspiziert worden ist. Aber zumindest war es früher ganz sicher so. Wir können uns ruhig darauf verlassen. Bei den neuen unsichtbaren Feinden ist dies höchstwahrscheinlich nicht mehr der Fall. Aber das ist ja auch völlig egal, Hauptsache ist, hier im Land funktioniert alles so traditionsgemäß wie immer. Darauf scheint man es jedenfalls am meisten abgesehen zu haben.

Um andere missbrauchen zu können, benötigt man Opfer und solange Zwangsdienst ein Teil deutscher "Kultur" bleibt, stellt das kein Problem dar. Man braucht auch welche, die gern die Täterrollen einnehmen. Auch das stellt kein Problem dar. Es gibt sie in großer Anzahl, diese geeigneten Kandidaten/-innen, die sogar freiwillig mitmachen. Ja, dafür gibt es unter allen Völkern Individuen, die sich sehr gerne auf diesen finsteren Pfad leiten lassen.

Es sind also nicht nur Männer, die liebend gern mit Hilfe des Krieges und des Unfriedens Karriere machen. Ilse Koch war nicht die einzigste Frau, die sich aus ganzem Herzen dem Nationalsozialismus anschloss und mit Freude bei der Vernichtung mitmachte. Solche gab es zu jeder Zeit und in jeder Gesellschaft zu Tausenden und nichts spricht dagegen, dass die Keime solcher Art Höllentäter (-innen) nicht auch in der heutigen Gesellschaft ebenso zahlreich vorhanden sind. Es werden sich immer Gelegenheiten bieten, wodurch sich diese Keime selbst zum erblühen bringen oder es wird ihnen noch dabei geholfen. Man bietet ihnen einen geeigneten Spielplatz an und schon sind viele auch heute sehr gerne wieder mit dabei, wenn es heißt das Leben anderer Menschen in eine Hölle verwandeln zu dürfen. Zum Schutz der Jugend in Deutschland, müssen wir ihre Lust auf bösartige Aktivitäten aber einschränken.

"Anschließend wollte sie noch wissen, während sie so auf mein Dingens schielte, ob ich Beschwerden beim Wasserlassen habe - natürlich nicht - und ob sich auch die Vorhaut ganz zurückziehen lässt - aber ja doch - was sie dann - sie traute mit wohl nicht - auch prompt bis zum Anschlag selbst versuchen musste.

Nachdem sie die Herrlichkeit ein paar Sekunden lang betrachtet hatte, sollte ich mich umdrehen und mich nach vorne beugen, während sie da hinten herum handwerkelte und die Backen auseinander zog. Ich dachte schon jetzt kommt der Finger, aber es passierte nichts. Sie schaute vielleicht nur 3 Sekunden in den Hintern. Dann durfte ich die Hose wieder hochziehen und ihr zum Schreibtisch folgen. Dort wartete bereits die hübsche Helferin. Die hatte ständig so ein Grinsen im Gesicht."

Thomas H.

Intimsphärenverletzung in den KWEÄ, in den Gesundheitsämtern und bei der Bundeswehr ist ein großes und sehr ernstzunehmendes Problem. Es geht ja nicht nur um ein paar Einzelfälle von persönlichen Übergriffen. Jährlich geht es um mindestens 400.000

junge Männer (in 2008 war es 430 000), die oft mehrmals zwangs-vorgeführt werden. Zu dieser Zahl von Auswahluntersuchungen kommen noch weitere hundert Tausende ähnliche "Unter-suchungen" bei der Einstellung zum Bund und beim Zivildienst. Noch genauer gesagt, zur Antrittsuntersuchung und (als ob das noch nicht genügt) auch gegen Ende des Dienstes, bevor die Wehr-pflichtigen ins Zivilleben zurückkehren.

Hierbei habe Ich nun noch nicht einmal alle erzwungenen Intim-untersuchungen der Zeit- und Berufssoldaten hinzugezählt. Ich ken-ne den Umfang der dortigen Untersuchungen nicht. Aber als Beamte sollen sie alles regelmäßig mit sich machen lassen müssen, was die Behörden einmal in der Vergangenheit für sie als nötig festgelegt haben. So sieht es aus und so ist es auch. Immer wieder werden die Hoden kontrolliert, wird die Vorhaut überprüft und der Anus inspiziert. Es sieht also ganz danach aus, als ob die Freiheit Deutschlands, bildlich betrachtet, einzig und allein am Samenstrang des Mannes hängt.

"Wenn ich mit meiner heutigen Erfahrung noch mal zur Musterung müsste, würde ich die Intimuntersuchung verweigern und meine Hose anbehalten. Strafandrohung zum Trotz. Niemand hat das Recht einen anderen zu demütigen oder etwas von ihm zu ver-langen, wenn er es nicht will. Wir leben doch in einem freien Land oder etwa nicht."

Kevin K.

Ja, man fragt sich immer wieder: Worum geht es eigentlich? Die Antwort kennen wir. Wir sprechen von einer perversen Massen-industrie, die vorgibt etwas für die "Gesundheit" zu tun. Wir sehen, dass es um viel Geld geht und um sinnlose Beschäftigung. Und doch geht es auch noch um sehr viel mehr und viel Bedeutsameres. Nicht schlimm genug, dass der Steuerzahler für all das aufkommen muss, es ist noch viel schlimmer. Es zerstört die Seele von unzäh-ligen jungen Menschen.

Das Festhalten an rigiden "Untersuchungsmethoden", die noch aus der Kaiserzeit stammen, ist eine Schande für das gesamte Deutsche Volk. Es ist nicht weniger eine Schande, weil die Betroffenen keine Lobby haben, weil niemand in der richtigen Machtposition für sie Partei ergreift, weil sie noch bevor sie diese Zwangsmaßnahmen über sich ergehen lassen mussten, noch nie ihr Wahlrecht nutzen durften, weil sie bis dahin von niemand im Bundestag repräsentiert wurden und vor allem anderen, weil sie automatisch von dem Schutz des Grundgesetzes ausgenommen sind.

Gegen so eine Gruppe junger, äußerst wehrloser Menschen, die sich in diesem Moment an einem höchst sensiblen Punkt ihrer sexuellen Entwicklung befinden, geht der Staat und ihre Behörden ohne sich zu schämen, mit grenzüberschreitenden sexuell erniedrigenden Zwangskontrollen vor. Dieses Missbrauchsystem konnte bisher nur dank der Heimlichkeit, mit der es praktiziert wird und dem Schweigen der Betroffenen existieren.

"Nein, niemand ist verantwortlich" heißt es. Alle Beteiligten handeln nach Vorschriften und folgen nur Befehlen. Es ist nicht das erste Mal, das wir so etwas hören müssen. Aber sollten wir nicht danach streben, solche Begründungen auf nimmer Wiedersehen ins Archiv zu verbannen?

Jetzt, bereits 64 Jahre nach dem Krieg, sehen wir an den Grenzen Deutschlands nur friedliche Franzosen, Holländer, Belgier, Polen und so fort. Aber immer noch bilden die Deutschen, die selbst die großen Kriege inszenierten und starteten, nicht nur ein Schlusslicht in Bezug auf die Abschaffung der erniedrigenden Zwangsuntersuchungen, sondern auch bei der Abschaffung der "allgemeinen" Wehrpflicht in Europa.

Man darf sich heute gern fragen, wo sind die Feinde an den Grenzen, die das Land bedrohen? Sind die Feinde nicht im eigenen Land zu suchen? Wenn man die vielen verletzten Seelen junger Menschen denkt, sieht es eher so aus.

Am 11 März 2009 tötete der deutsche Jugendliche Tim K. bei einem Amoklauf 15 Menschen und schließlich sich selbst. Danach versuchten alle eine Erklärung dafür zu finden, wie das geschehen konnte. Warum ist es dazu gekommen? Es ist ja nicht das erste mal, dass ein Jungendlicher Amok läuft und Menschen umbringt.

Tim K. war 17, lebte nach Angaben von Psychologen in der quälend einsamen Phantasiewelt seines Computers. Ego-Shooter Spiele hatten sein Leben übernommen. Aber auf seinem Computer sammelte er auch Bilder mit Bondage-Szenen. Die Rollenzuschreibungen der Personen auf diesen Bildern waren immer die gleichen. Männer wurden von Frauen dominiert. Sie wurden gefesselt, ihnen wurden Schmerzen zugefügt. Etwas tief in ihm drin, muss Tim K. sehr geplagt haben. Aber nie hat er über seine Gedanken gesprochen. Hat er sich deswegen geschämt? Gab es wirklich

Musterung

niemand, zu dem er genug Vertrauen hatte, um sich ihm mitzuteilen? Wahrscheinlich trifft sogar beides zu.

Nach Meinung des Psychiaters Reinmar du Bols (SPIEGEL
38/2009), hat sich in Tims Kopf der Drang nach masochistischer
Unterwerfung immer weiter entwickelt. Das einzigste ihm plausible
Gegenmittel: Schiessen mit scharfer Munition. Über die Gedanken-
welt des Jugendlichen schreibt Dr. Bols: "Im Bewusstsein, dass er
die Frauen, die ihn sexuell quälten und erniedrigten, irgendwann
bald dafür bestrafen werde, konnte er die masochistische Unterwerfung riskieren". Die Wahrscheinlichkeit, dass Tim K. bewusst
Frauen töten wollte, liegt bei diesem Fall von Massenmord nahe.

Tim K. war nicht der einzigste junge Mann, der mit solchen Gedanken lebt. Es gibt mit Sicherheit eine Vielzahl andere da draußen.
In einer sehr unsicheren Welt, in der sich mehr und mehr Jungen
und Jugendliche in Abwesenheit guter Vorbilder in die Welt ihres
Computers zurückziehen, gibt es sie wahrscheinlich zu Tausenden,
wenn man nicht sogar von zig Tausenden oder mehr sprechen muss.
Ich weiß es nicht. Mir ist nicht bekannt wie viele es sind, niemand
kann das wissen. Genau so wenig kann ich sagen, ob Tim K. schon
jemals in einem KWEA war. Ich konnte nicht herausfinden, ob er
dort den Frauen schon zwangsvorgeführt wurde. Eines aber weiß
ich: Dass die Kombination von staatlich vorgeschriebenem Missbrauch mit der Gefühlswelt junger Männer, ein hochexplosives Gemisch sein kann.

Ursula von der Leyen war bis vor Kurzem Ministerin für Familien-
politik. In dieser Position geht es nicht nur um das Wohl der Familien. Letztendlich war sie ja, so könnte man sagen, auch noch eng
mit etwas "größerem" beschäftigt, nämlich der Erhaltung des Volkes. Weil es so ist und weil der Nachwuchs des Landes, hierunter
die Jugend, selbstverständlich zu ihrem Verantwortungsbereich
zählte, habe ich auch Frau von der Leyen und vor allem das Bundesministerium für Familie, Senioren, Frauen und Jugend zu dem
Thema befragt. Die Familienministerin und/oder ihre Mitarbeiter
zeigten jedoch an der Musterungsproblematik kein besonderes
Interesse.

Nein, so wurde mir mitgeteilt, das (also der Unterleib) gehört in
den Arbeitsbereich des Verteidigungsministeriums. Ganz verstehen
kann ich das aber nicht. Denn vielleicht muss das Ministerium und
die Nachfolgerin von Frau von der Leyen, Kristina Köhler, sich

trotzdem eines Tages ein paar Gedanken zum Thema Verteidigung machen. Könnte es sein, dass man da etwas missverstanden hat?

Es ist ja so, dass die ehemalige Familienministerin ihren politischen Erfolg insbesondere eng mit der Entwicklung der Geburten verknüpft hat und dass es deswegen für sie ganz schlimm ausgesehen hat. 2008, also während der Ära von Frau von der Leyen, wurden in Deutschland weniger Kinder geboren als je zuvor. Deutschland liegt einfach ganz hinten in europäischen Vergleichsstudien. Viele Frauen, besonders Akademikerinnen, wollen überhaupt keine eigenen Kinder. Frau von der Leyen und dem Ministerium ist es nicht gelungen etwas dagegen zu unternehmen. Jetzt lastet die Verantwortung auf Frau Köhler und man wird sehen, was sie zu leisten imstande ist. Es muss eine Lösung für dieses Problem gefunden werden.

Hieß es nicht so, dass das Überleben eines Landes mit der Verteidigung der Grenzen (Aufgabe der Männer) UND dem Kindergebären (mit Ausnahme von Starthilfe, Frauensache) zusammenhängt? Wie schon festgestellt worden ist, wird das deutsche Volk weder von den Dänen, noch von den Holländern bedroht. Zur Zeit sind höchstens die Lichtensteiner ein bisschen verärgert. Was die Verteidigung des Landes angeht, so sind die Mitglieder des Massenheeres einfach bedeutungslos geworden.

Aber eines Tages ohne genug Nachwuchs dazustehen, das bedeutet schon eine Gefährdung für das Volk. Mit einer zu geringen Geburtenrate ist das Überleben des Volkes tatsächlich in Gefahr. Hat das Familienministerium sich vielleicht schon einmal weitere Gedanken darüber gemacht, wie einem so ernsthaften Problem beizukommen ist?

Vielleicht wäre so ein Projekt wie nach dem Vorbild Ceausescus keine schlechte Lösung. Denn man verfügt schließlich über genug Zwangskliniken, wo die Kontrollen stattfinden könnten.

***

Musterung

Was können wir tun?

Was kann nach all dem, was wir jetzt wissen, zum Schutz der Betroffenen getan werden? Zunächst muss das Kartell des Schweigens gebrochen werden. Eltern, die dieses Buch lesen, können mit ihren Söhnen sprechen und ihnen mit Rat und Tat zur Seite stehen. Dazu gehört auch, ihnen ihre Rechte zu erklären. Kein junger Mann sollte mehr ohne ein Schreiben, in dem die Intimuntersuchung abgelehnt wird, zu den Untersuchungen gehen. Der Text könnte etwa so aussehen:

Hiermit verweigere ich die Intimuntersuchung. Mir ist bekannt, dass es sich bei der Musterungsuntersuchung zur Wehrtauglichkeit um eine nicht sanktionierte Mitwirkungspflicht handelt, die nach §45 Wehrpflichtgesetz seit 09.08.2008 auch nicht mehr mit einem Bußgeld belegt wird.

Eine Zwangsuntersuchung im Intimbereich lehne ich daher ab. Sollte ich Interesse an einer Vorsorgeuntersuchung haben, werde ich diese von mir aus bei einem Arzt meiner Wahl mit einer entsprechenden fachärztlichen Qualifikation vornehmen lassen.

_____   _____
(Unterschrift)   (Datum)

Hier ist nicht nur die Verweigerung der Intimuntersuchung festgelegt. Es wird auch deutlich, dass der Wehrpflichtige seine Rechte kennt und auch über den medizinischen Vorsorgeaspekt informiert ist. Weitere Diskussionen seitens der Behördenmitarbeiter/innen sind somit zwecklos und dürften sich erübrigen.

Kreiswehrersatzämter, aber auch Dienststellen der Bundeswehr sind letztlich Behörden wie andere Ämter auch. Eltern können daher die Dienststellenleitung (meist weiblich) und die Leitung des ärztlichen Dienstes (ebenfalls meist weiblich) der KWEAs anrufen und die Behörde auffordern, dass die Entscheidung zur Verweigerung kommentarlos akzeptiert wird und dass man sich bei einem abweichenden Verhalten seitens der Untersucherin weitere Schritte vorbehält. Aus psychologischen Gründen kann es sehr hilfreich sein, wenn nicht nur die Väter sondern auch weibliche Angehörige (Mutter, ältere Schwester usw.) mit den meist weiblichen (!) Gesprächspartnerinnen sprechen. Natürlich sollte der Tonfall immer angemessen sachlich sein.

Bei einem entsprechenden Anlass kann man sich über Fehlverhalten von Mitarbeiterinnen auch beschweren. Hier ist es unter Umständen sinnvoll, sich auch an die zuständige Wehrbereichsverwaltung zu wenden. Je häufiger sich Betroffene beschweren, desto größer wird der Druck auf die Verantwortlichen, die Missstände zu ändern.

Ähnlich kann man auch bei Untersuchungen im Fall des Zivildienstes im Gesundheitsamt vorgehen. Sollte dort dennoch Druck auf den Wehrpflichtigen ausgeübt werden, kann man auch hier Beschwerde einlegen. Wird beispielsweise damit gedroht, den Gesundheitsnachweis nicht auszustellen, mit der Konsequenz, dass dann auch die Zivilstelle, für die man sich beworben hat, nicht angetreten werden kann, kann gar eine Klage wegen "Nötigung im Amt" erwogen werden.
Schwieriger und etwas aufwendiger ist es seine Rechte in der Kaserne zu vertreten. Sinnvoll ist es hier, bereits vorher angeforderte Schreiben über die Alternativen zur Genitaluntersuchung, wie sie ja in den wenigen offiziellen Stellungnahmen des BMVg, des Verteidigungsausschusses oder des Wehrbeauftragten vorliegen, mitzubringen und der Stabsärztin vorzulegen. Will man sich nicht auf entsprechende Internetveröffentlichungen beschränken, sollte man rechtzeitig daran denken, diese anzufordern. Wie gesehen mahlen die Mühlen der Institutionen mitunter sehr langsam.
Wer ohnehin eine Vorsorgeuntersuchung bei einem Arzt machen will, kann sich über das Ergebnis der Untersuchung auch ein Attest erstellen lassen und der Untersucherin überreichen (kleiner Tipp: in dem Fall auch den Rektalbereich und die Leisten auf Leistenbruch gleich mit untersuchen lassen, damit es keine Missverständnisse darüber gibt, dass die Hose auf jeden Fall oben bleibt). Auf jeden Fall sollte man bei dieser Variante die Rechnung des Attestes dem Rechnungsführer mit der Bitte um Begleichung vorlegen. Schließlich ist diese Untersuchung aus Sicht der Bundeswehr verpflichtend und daher sollte auch sie die Kosten dafür tragen. Eine Garantie dafür kann das BASTA-Team allerdings leider nicht geben.

Generell ist es immer gut, wenn man mit solchen Problemen, die eine gesellschaftliche Solidarität erfordern, nicht alleine ist. Daher wurde die BASTA-Kampagne ins Leben gerufen. Sie setzt sich dafür ein, dass diese "Doktorspielchen" verboten werden, und eine

Verweigerung der Intimuntersuchung in Zukunft gar nicht mehr notwendig sein wird.

Die Forderungen, um dies zu erreichen, müssen klar sein:

- Schluss mit den Intimuntersuchungen bei den Musterungs- und Tauglichkeitsuntersuchungen generell.
- Nur bei Auffälligkeiten im Genital- oder Analbereich nach erfolgter Anamnese soll eine fachärztliche Untersuchung zur Abklärung veranlasst werden, die dann einem Arzt oder Ärztin der eigenen Wahl durchgeführt wird; so wie dies heute schon bei weiblichen Bewerberinnen bei den Genitaluntersuchungen Praxis ist. Das bedeutet nicht weniger als die Intimuntersuchungen komplett aus den Wehrinstitutionen herauszunehmen und im Falle einer Notwendigkeit nur noch in Einrichtungen des zivilen Gesundheitswesens bei freier Arztwahl durchführen zu lassen. Gleiches gilt analog natürlich für die Zivildienstleistenden.
- Bei der Personalplanung der betroffenen Institutionen ist darauf zu achten, dass dem überwiegend männlichen Anteil der zu Untersuchenden Rechnung getragen wird, und eine entsprechende Quote männlicher Ärzte und Assistenzkräfte bereitgestellt wird, die es ermöglicht, auch bei anderen Untersuchungen und Behandlung einen gewissen Schutz der männlichen Intimsphäre zu gewährleisten.
- Für den Alltag in der Kaserne und bei Manövern u. ä. muss ein Regelwerk erstellt werden, welches einen Schutz der Intimsphäre für beide Geschlechter *gleichermaßen* sicherstellt.

Bei weiteren Fragen zu dem Thema kann man sich daher auch an das BASTA-Team direkt wenden (www.musterung.us oder direkt per e-Mail an musterung@googlemail.com).

www.ingramcontent.com/pod-product-compliance
Lightning Source LLC
Chambersburg PA
CBHW022351280326
41935CB00007B/158